影響力の武器 戦略編

小さな《スモール》工夫が生み出す大きな《ビッグ》効果

スティーブ・J・マーティン
ノア・J・ゴールドスタイン
ロバート・B・チャルディーニ 著
安藤清志 監訳
曽根寛樹 訳

Small Changes That Spark Big Influence

誠信書房

リンジーへ

ジェネッサ，そして私の両親，アデル＆バーニー・ゴールドスタインへ

本書の縁の下の力持ちであるボベットへ，
そして，ヘイリー，ドーソン，レア，
君たちがこの本を読める年齢になったら，この本を好きになってほしい

THE SMALL BIG
by Steve Martin, Noah Goldstein and Robert Cialdini

Japanese translation published by arrangement with
Steve J. Martin, Noah J. Goldstein and Robert B. Cialdini
c/o Levine Greenberg Rostan Literary Agency
through The English Agency (Japan) Ltd.

はじめに

有名人のすっぽかしやドタキャンはよく話題になります。人気歌手のブリトニー・スピアーズは、裁判をすっぽかしました。俳優のジェラール・ドパルデューやリンジー・ローハンも、同様の騒ぎを起こしています。また有名人のすっぽかしは、裁判所に限りません。ライブに行ったファンがとばっちりをくらう場合もあります。イギリスのロックバンドのオアシスは、ライブの開始時刻に現れないことで有名でしたし、アメリカのカントリー歌手ジョージ・ジョーンズは、公演のすっぽかしを繰り返したため、その後長くファンから、「ノー・ショー《しょうもない》・ジョーンズ」と呼ばれていました。

このような有名人と違い、一般人のすっぽかしはあまり注目されることもありません。レストランに予約客が来ない。陪審員が裁判を欠席する。重役が会議の予定をうっかり忘れる。友達が喫茶店に現れない。予約の時刻に患者がやって来ない。どれもよくある話です。

しかし、こうしたすっぽかしの一つひとつはさほど問題ないように見えますが、毎年おびただしい数の会議や販売説明会、美容院やレストランの予約、学生への個別指導が、すっぽかされているのです。そして、小さな問題が積み重なった結果、大変な損害が出てしまっています。

たとえば、ある人が病院の診察予約をすっぽかしたとします。一見、たいした問題には思えません。

忙しい医者なら、患者が来ないのをこれ幸いと溜まっている書類作成の仕事をしたり、電話を何本かかけたり、あるいはちょっと休憩を取ったりするでしょう。しかし、それがしょっちゅうだと話は別です。能率が下がり、収入が減り、無駄な費用がかさみ、積もり積もった影響は巨大なものになります。イギリスではすっぽかしによって、国営保健サービスに毎年約八億ポンド（約一四九〇億円）の損害が出ていると言われています。また、アメリカではすっぽかしによって、数十億ドル（約数千億円）の損失が生じていると見積もる医療経済学者もいます。

サービス業の場合は、客に予約をすっぽかされたら売上が落ち、収入が減ります。何か対策をしないと、いずれは閉店に追い込まれてしまうでしょう。

ほかの業種でも、せっかくお金をかけて予定を組んだのに意思決定に欠かせない人がやって来なかったり、顧客が出席するはずの説明会や展示会、会合に現れなかったりしたせいで損失が出てしまうことがあります。

何か良い対処法はないものでしょうか。

じつは、人に予約を守らせたい——もっと言えば、言ったことは必ず守らせたい——ときに、大変大きな効果をもつ小さな工夫が存在するのです！　最近、私たちが複数の保健センターで行った研究では、たった二つの小さな工夫で、すっぽかしの件数が激減しました。二つとも費用がかからず、にもかかわらず非常に大きな経済効果が見込めます。これを活用すれば、社会の医療サービス全体で考えると、年に数千万ドル（数十億円）が節約できると思われます。

二つの小さな工夫の正体については後ほど説明しますが（待ちきれなければ、四四頁からの「8　約束を守ってもらうためのスモール・ビッグ」をご覧ください）、人に予約を守らせるということは、本書で解説される説得の技術のほんの一部にすぎません。ほかの人を説得し、何かをさせなくてはいけない場面は、日々の生活のなかに数限りなくあるのです。

本書を通じて繰り返し述べるのは、相手が誰であれ、説得のやり方をほんの少し工夫するだけで他者の行動は劇的に変わる、という簡単な真理です。

本書は、効果的かつ倫理的なやり方で、他者に影響を与えたり説得したりする方法を扱っており、すぐに使える五十以上の、小さな工夫で巨大な影響を及ぼす方法を提供しています。そしてここが肝心ですが、これからお読みいただく各章で紹介される工夫は、直感や当て推量によって生まれたものではありません。説得の科学が積み重ねてきた成果に基づき、どの状況でどのような工夫が大きな効果を発揮するのか、具体的な証拠に基づいた解説がされています。

今から三十年以上前に、著者の一人であるロバート・チャルディーニが、『影響力の武器――なぜ、人は動かされるのか』を出版しました。同書では、科学的な証拠の検討と、チャルディーニ自身の三年に及ぶ広範囲な実地調査からわかった、六つの普遍的な説得の原理が紹介されました。それ以来ずっと、この六つの原理は多くの研究者に繰り返し確認され、あらゆる分野の説得のプロがこの原理を利用し続けています。その六つの原理とは、「**返報性**」（恩恵を受けたら報いなくてはならないと感じること）、「**権威**」（専門家に指示を仰ごうとすること）、「**希少性**」（手に入れにくいものほど欲しくなること）、「**好意**」（好意をもつ相手ほど賛同したくなること）、「**一貫性**」（自分のコミットメント[訳註]や価値観と一貫した行動を取ろうとすること）、そして「**社会的証明**」（他人の行動を指針とすること）です。

続刊の『影響力の武器 実践編――「イエス！」を引き出す50の秘訣』では、これらの原理に加え、さまざまな戦略の利用法に関する具体的なアドバイスを紹介しました。

これらの内容は当時としては最新のものでしたが、科学の進歩に休息はありません。

ここ数年間で、神経科学、認知心理学、社会心理学、行動経済学といった分野でさらに多くの研究が行われ、そのおかげで、影響力、説得力、行動の変化がどのように生じるのかについて、ますます多くの知見が得られています。今回お届けするこの本では、それらの新しい知見と知識――そのほとんどが、ここ数年の研究から引き出されたものです――を五十以上紹介します。

各章はあえて短くしてあるので、一章につき平均十分程度で読み終えられるはずです。たったそれだけの時間で、私たちを含め多くの研究者が科学的な研究を通じて確かめてきた心理的メカニズムを、しっかりと理解できるのです。また本書は、日々のさまざまな状況（商談や職場の同僚、顧客、上司、部下とのやり取り、私生活での友人や隣人とのやり取り、それ以外の一般的な交流）で、そうした知見の実践的な応用法を解説します。また、そうした知識を、よくあるさまざまな場面（たとえば、対面でのやり取り、グループミーティング、電話での会話、電子メールの交換、インターネットやSNS）で、どう用いればいいのかも論じます。

それだけではありません。本書には、説得の科学から得られた最新の知見の紹介以外にも、内容的な新しさがあります。それは「大きな効果をもたらす小さな工夫」というテーマを重点的に扱っているところです。私たちは今回初めて、非常に大きな効果の見込めるごく小さな工夫にだけ話題を絞って、ほかの人に（完全に倫理的なやり方で）影響を与え、説得を行う手法について考察しました。

私たちはこの工夫を、**スモール・ビッグ**と呼んでいます。

このような、大きな効果をもたらす科学に裏付けられた小さな工夫に焦点を絞ることは非常に重要だと、私たちは考えていますが、それは、人が誰かを説得するときに使う一般的な方法が、うまくいかなくなってきているからです。

ほとんどの人は、自分が意思決定を行うときには、利用できる情報をすべて検討し、どう行動すべきかについて、根拠のある決断をしていると信じています。ですから、当然それがほかの人にも当てはまると考え、誰かを説得するのに一番良いやり方は、利用できる情報とそうした情報に注意を向けるべき論理的根拠を、残らず提供することだと思い込んでいます。

たとえば医師であれば、油断はできないがしっかり治療すれば治る病気の患者を診察する場合、その病気の原因に関する情報、病因論的説明、治療後の経過予想などを伝えてから、病気に立ち向かう方法（たとえば、食生活を変える、処方された薬の用量用法を守って服用するなど）をいくつも勧めるでしょう。ＩＴ部門の責任者が、許可されていないソフトウェアを会社のコンピューターにダウンロードしてしまう従

訳註：行動や発言によって、あるものに対する考えを表明すること。

業員の増加に業を煮やしたときは、部下たちに長文のメッセージを一斉送信して、彼らの行動がどのような結果を生む可能性があるか、また、なぜそうした行為が職場規定に違反すると見なされているか説明するでしょう。

情報を与えることで望ましい変化を起こそうとするのは、医師やＩＴ部門の責任者に限りません。誰もがそうしています。たとえば次のような話です。

・御社の製品は競合他社のものより性能が良いから価格が二割高いのも仕方ないのに、新しい顧客が納得してくれないですって？　だったら、あなたの主張を裏付けるような反論と追加情報をたっぷりと提供しなさい。

・チームメンバーに、最新の変更プログラムが今までのものとは違うとわからせたい？　だったらそう考える根拠をたくさん示しましょう。今度こそみんなに恩恵があるのだとわからせるのです。

・顧客に御社の株式投資プランへの申し込みをさせたい？　だったら、御社の投資実績の高度な技術的分析を、詳しく紹介しなさい。一番大きな成果を強調するのも忘れてはいけません。

・子どもに宿題をきちんとやらせ、就寝時間も守らせたい？　だったら、宿題をやると名門大学（通称アイビーリーグ）[訳注]への進学の見込みが高くなる理由を示す研究の話をしなさい。ついでに、睡眠がもたらす良い影響についての研究結果を聞かせるのもよいでしょう。

たしかにこれらの方法は正しいように思えます。ですが、説得の科学の最新研究では、あることが見落とされがちだということがわかっています。相手にただ情報を与えるだけの戦略がなぜなかなか成功しないのか、その理由がわかってきたのです。

結論から言うと、人に決定をさせるのは情報それ自体ではなく、情報が与えられる状況なのです。私たちが暮らすのは、いまだかつて無い、非常に情報過多で刺激過剰な環境です。時間に追われ、思考に忙殺される毎日のなかで、すべての情報の充分な検討などできるはずがありません。そのため相手への影響力は、情報の内容ではなく、情報を提供するときの状況と心理的な環境に大きく左右されます。情報を与えるだけでなく、伝えたいメッセージが人間の根源的な欲求に直結するように説得の仕方を少し工夫すれば、他者への影響力と説得力は大きく高まります。**情報を伝えるとき**に、状況設定の仕方やメッセージの組み立て方、タイミングや前後関係を少し工夫すれば、**相手の受け取り方と反応**は劇的に変わるのです。

影響力の理論と実践を研究する行動科学者として私たちはいつも感心してしまうのですが、驚くほど小さな工夫をメッセージに施すだけで、非常に大きな効果が出ることがあります。時間も、労力も、資金も少なくてよいのです。本書では、どのような小さな工夫を行うべきか、そして、どうすればそれを戦略的かつ倫理的に使えるのかを丁寧に示していきたいと思います。本書を読めば、負担の大きいお金

訳註：アメリカ北東部の名門私立大学八校の総称。

の力（報奨金、値引き、リベート、罰金など）に頼ったり、貴重な時間と資源を使い尽くしたりしなくても、ほかの人に対する影響力が**格段に**高まるはずです。

また、本書では、いくつかの謎を指摘するとともに、説得の科学をより深く理解することで説明できる、いくつかの疑問も取り上げます。次に示すのはその一部です。

・取引先との交渉がやりやすくなる電子メールのちょっとした工夫とは？
・ハリケーンの名前、末尾が九九で終わる価格、フローズン・ヨーグルトという表現から、効果的な説得を生み出すちょっとした工夫について何がわかるか？
・会議を今より生産的なものにしたいときに役立つ小さな工夫とは何か？
・お金をかけずに言い方をちょっと変えるだけで、ほかの人を（ついでに自分も）やる気にさせ、目標（売上目標の達成、ダイエットの成功、新しい趣味を始める、子どもに宿題をやらせるなど）をやり遂げさせる方法とは？

目まぐるしく、情報にあふれた現代世界では、最新情報がワン・クリック、あるいはワン・スワイプですぐ利用できてしまうため、情報の出し方に小さな工夫を施すことの重要性をつい軽視してしまいがちです。ですが、それは間違っています。

新しい技術と手元からアクセス可能な情報が素晴らしいことは疑いようもありませんが、私たちがその情報を処理するのに使う認知のハードウェア――つまり心と身体ですが――は、何世紀も昔からほとんど変わっていません。皮肉なことに、より良い決断を下すための情報の量が増えていくと、実際に決断を下すときに、その情報のすべてを使える可能性は逆に減っていきます。やり取りの仕方を少し変えれば結果が大きく変わるという点では、われわれ現代人と、何百年、いや何千年も昔を生きた先祖たちとの間に、さしたる違いはないのです。

倫理的かつ効果的な方法で人に影響を与えたり説得を行ったりするときには、**「小さなこと＝スモール」は、まさしく新たな「大きなこと＝ビッグ」なのです**。これから本文で見ていくように、科学的な裏付けのある小さな工夫を説得の訴えに施すだけで、その効果は絶大なものとなります。

それでは、この新しい説得の科学への旅を始めましょう。最初にご紹介するのは、書類の文面を少し変えただけで、何千もの人たちが滞納していた税金を納める気になり、それによって政府機関が数億ポンドの追加収入を得た話です。そこからあなた自身の説得行動に関して、どのような結論が引き出せるのかを考えていきましょう。

スティーブ・J・マーティン
ノア・J・ゴールドスタイン
ロバート・B・チャルディーニ

目次

1 納税期限を守ってもらうための簡単な工夫

イギリス国税庁（HMRC）は、多くの国と同様、ある問題を抱えていました。確定申告書を提出しない人や税金を滞納する人が、非常に多かったのです。

そこで国税庁は、税金を滞納した人に向けたさまざまなメッセージやその通知の方法を、長年にわたって工夫してきました。なかでも最も強調されたのが、税金の滞納によって降りかかるさまざまな良くない結果でした。利息の負担、延滞料の発生、さらには法的措置などです。こうした伝統的な手法は、一部の人には有効でしたが、効果のない人も大勢いました。そこで二〇〇九年の初頭、国税庁は著者が主催するインフルエンス・アット・ワーク社と相談し、一部の滞納者に対して、説得の科学に裏付けられた別の手法を試してみることにしました。その手法とは、今までのやり方にほんの一つ、小さな工夫を施しただけのものでした。国税庁が郵送する督促状の文面に、ある一文を追加したのです。

この小さな工夫は、とても簡単にできる点に加え、督促状を受け取った人の反応率を大きく変えた点が注目に値します。新しい督促状を送ったところ、実験で対象とされた滞納金六億五千万ポンドのうち五億六千万ポンド、つまり八六パーセントが回収されたのです。ちなみにその前年、イギリス国税庁が回収できたのは、五億一千万ポンドのうち二億九千万ポンド、つまりたったの五七パーセントです。

話をイギリス全体に移せば、この新しい督促状にさらに民間の債権回収業界のテクニックを組み合わせて使用した結果、回収できた滞納金は前年よりも五六億ポンド（約一兆円）多くなりました。そのうえ、国税庁自体の赤字も三五億ポンド（約六三〇〇億円）減ったのです。行った変更の小ささと、その費用効果の大きさを考えると、この工夫の威力には驚くばかりです。

いったい、督促状に加えられたその一文には、何が書かれていたのでしょうか。じつは、単に（そして正直に）大多数の国民は納税期限までに税金を納めているという事実が書いてあっただけなのです。たったそれだけのことで、なぜ何千何万という人たちが税金を納める気になったのでしょうか。答えは、人間の行動をつかさどる根本原理の一つにあり、この原理を科学者は、**社会的証明**――群衆による証拠――と呼んでいます。その意味は、人間の行動の大部分は周囲の人間（とりわけ、自分と似た者同士だと思っている人々）の行動によって決定されている、というものです。

社会的証明についての研究はすでに何十年も行われており、その巨大な力に影響を受けているのは人間だけではないことがわかっています。鳥も牛も魚も、ハチやシロアリのような昆虫も、群れをつくって仲間の行動に合わせて生活しています。ほかの個体の振る舞いがもたらす影響は非常に強く根源的なものであり、大脳皮質をもたない生物でさえ、その力に従っています。社会的証明という概念自体は目新しいものではありませんが、それがもつ効果とその利用法に関しては今でも新しい発見があります。「みんながそうしている」ことが、より大きな努力を要する認識や思考にしばしば勝ってしまうという事実は、人間にとっては危険と安全の両面をもっていると言えるでしょう。自らの意思決定のすべてを周囲の群衆にゆだねてしまうと、レミング[訳註]のようになりそうで心配です。ただ、大勢に合わせておけばたいていは正しい決断ができるため、安心感もあります。

大勢の人に倣うという行為に向かわせるのは、まわりの人々と同じでいたいという気持ちだけではありません。そこにはもっと根本的な理由があります。それは人間に内在する単純でありながらも強力な三つの欲求……すなわち、①なるべく効率的に正しい判断をしたいという欲求、②他者とつながり承認されたいという欲求、③自分のことを肯定的にとらえたいという欲求です。

イギリス国税庁の督促状に加えられた一見ささいな変更が、あれほど大きな成果を上げたのは、この三つの欲求を同時に刺激したためなのです。やるべきことが多すぎる現代の生活では、どんな場面（どの映画を見るか、どのレストランを行きつけにするかなど。イギリス国税庁のケースなら、税金を払うか、払うとすればいつか）であれ、「ほかのみんながやっていることをする」のが正しい判断を下すための、大変効率的な方法になりえます。

ほとんどの人が税金を期限までに払っているという事実に注意を向けさせることは、ほかの人たちと

訳註：北極付近に棲むネズミの一種。個体が増えすぎると集団自殺をするという俗説がある。

結びつきたいという欲求を刺激します。ほとんどの人がすでに行っている行動に倣えば、その人たちから承認され、社会的なつながりをつくれる可能性が増すことは、充分に見込めるからです。さらに、イギリス国税庁から督促状を受け取った人たちの場合には、三つめの欲求、つまり自分のことを肯定的にとらえたいという欲求も働きました。怠け者であることに誇りをもつ人はほとんどいません。社会のお荷物でいるよりは、ほかの人も似たようなものだと信じているときのほうが、ずっと楽で簡単です。ですが、大多数の人がきちんと税金を納めていると知れば、税金を払っていなかったごく少数の人々は、いっそう強く自分がたかり屋であるような気分を味わいます。そしてこのとき、大多数を真似て納税することが、「努めを果たしている個人」という自己イメージの回復に役立ったのです。

これほど強い社会的証明ですが、多くの人がその影響を否定することに驚かされます。著者のうち二人が、行動科学者のJ・ノーラン、W・シュルツ、V・グリスカヴィシャスとともに実施した研究では、カリフォルニア州に住む自宅所有者数百名にアンケート調査を行い、省エネの理由として考えられる項目を四つ示して、彼らが家庭で全般的な省エネに取り組もうと決心するにあたって、それぞれの項目がどの程度、実際に影響したと思うかを尋ねました。四つの選択肢は以下のとおりです。

（1）省エネは環境によい。
（2）省エネは将来世代を保護する。
（3）省エネはお金の節約になる。

（4）近所の人の多くがすでに省エネに取り組んでいる。

ほとんどの回答者が、（4）の「近所の人の多くがすでに省エネに取り組んでいる」という理由の影響を最も低く評価しました。この結果を踏まえて、今度は南カリフォルニアのある地域で実験を行い、四種類用意したメッセージ（それぞれに前述の省エネの理由が一つ書かれています）の一つを参加者に渡して、玄関に掲示してもらいました。これにより、住人のあるグループは省エネがどれだけ環境によいかを、別のグループは省エネで将来世代が保護されることを、また別のグループは省エネでどれだけお金の節約ができるかを意識しました。そして第四のグループは、近隣住民の大多数が積極的に省エネに取り組んでいることを示す、最近の調査結果を知りました。

一カ月近く経ってから、それぞれのグループのエネルギー消費量を計測してみてわかったのは、先のアンケート調査で大多数の回答者が「まったく影響しなかった」と評価していたにもかかわらず、実際に行動を変えるという点では、社会的証明の伝達が**最も**効果的なメッセージだったということでした。おもしろいのは、先の調査で大多数の回答者が、省エネ行動に最も影響のあった理由として「環境によい」を挙げていたことです。ですが実際のところ、今回の実験で「省エネは環境によい」というメッセージは、エネルギー使用量にほとんど影響を与えていませんでした。

要するに人間は、自分の未来の行動に影響しそうなものを認識するのがかなり苦手なうえに、過去の行動を振り返って、その行動に自分を駆りたてたものの正体を把握するのもそれほど得意ではないのです。以前、著者の一人がテレビ局から依頼を受け、報道ドキュメンタリー番組の制作を手伝ったことがありました。そのときの題材は、人が普段の生活のなかでほかの人を助けるのはどういう状況なのかを探るというものでした。番組ではまず最初に、ニューヨークの混雑した地下鉄駅で演奏するストリート・ミュージシャンの前を通るときに、ミュージシャンにお金を寄付した通勤客の人数を調べました。

しばらく観察してから、番組スタッフはこの状況に少し手を加えてみました。するとすぐに驚くべき変化が現れたのです。何も知らない通勤客がストリート・ミュージシャンの前を通る寸前に、番組で用意した俳優が硬貨を数枚、通勤客から見えるようにミュージシャンの帽子に入れることにしました。その結果、何が起きたと思いますか？　なんと、帽子にお金を入れていく人の数が八倍になったのです。

その後、ストリート・ミュージシャンに寄付した人への聞き取り調査を行いましたが、寄付の理由として、ほかの人がお金を寄付したのを見たからだと答えた人は一人もいませんでした。誰もが別の理由、「歌ってた曲が良かったから」とか「自分は気前がいいんだ」「彼が可哀想に思えて」などと答えたのです。

このように、人は**行動を取る前も後も**、自分に影響を与えた要因に気づくのが苦手です。そしてこの事実は、莫大な時間と労力と予算を使って商品を購入した理由を顧客に尋ねている企業や組織にとって、大きな問題と言えるでしょう。顧客の多くが気持ち良く回答してくれるかもしれませんが、その回答が現実に起きたことの正確な反映なのかは怪しく、この手の回答をもとにした市場戦略が失敗する可能性はかなり高くなります。

解決策はもうおわかりでしょう。影響戦略の土台に据えるべきなのは、人々が自分の決定に影響を与えたと言っているものではなく、その人たちにして欲しいことを、その人たちと似ている大勢の人がすでにやっていると、わかりやすく、正直に、正確に伝えることなのです。たとえば、企業の開発部門幹部が新製品の発表会に顧客を惹きつけたいなら、まずは最も来てくれそうな人たちに狙いを絞って招待してください。そうすれば、次に招待する人たちに対して、「すでにほかの大勢の方々から、出席のお返事をいただいております」と正直に言うことができます。この小さな工夫は、ほかの人の参加状況など自分には何の関係もないと言っている人にも、非常に効果的なはずです。

これとは別に、社会的証明を用いたアピールの効果をさらに強めるやり方が、イギリス国税庁の督促状の研究からわかっています。それは、「さらなる限定性の追加」です。いくつかの督促状では、期限までに納税したイギリス全土の人の数とともに、督促状を受け取った人と同じ郵便番号地域に住む人の何パーセントが納税済みかということも強調してありました。標準的な督促状への反応率は六七パーセント前後でしたが、このやり方を採用した督促状の反応率は七九パーセントにもなったのです。

もちろん、こうした知見が役に立つのは政府や国税庁の仕事ばかりではありません。世界的な大組織からマンションの管理組合に至るまで、ほとんどすべての企業や組織が、顧客や取引先から迅速にお金を回収しなくてはなりません。顧客や取引先の大多数は期限どおりに支払っているという証拠がある場合にお勧めなのが、請求書や取引明細書に、そうした重要な情報を載せておくやり方です。この小さな工夫だけで全員に期限内に支払いをしてもらうことは難しいでしょうが、少なくとも回収率は確実に高まります。そして、支払いをわざと遅らせたり、あわよくば踏み倒そうとさえする少数の相手に、組織の力を集中させるのです。

もう一つ忘れないでいただきたい大事なことは、説得する相手の意識を、頻繁に行われていて**しかも**望ましい行動に向けさせることです。著者の一人が、医師のS・バッシ、R・ダンバー=リースとともに保健センターで行った研究では、先月にすっぽかされた診察予約の件数を目立つところに張り出すと、往々にしてその翌月のすっぽかし件数が**増加**してしまいました。「はじめに」で述べたように、官民問わずどのような業種・部門においても、すっぽかしで生じるコストは大きな損失と能率の低下を招きます。望ましい行動に焦点を当てるというコストのかからない小さな工夫だけで、とてつもなく大きい差が生まれるかもしれないのです。

もちろん、やらせたい行動や引き起こしたい変化がまだ大多数の人によって行われているとまでは言えない場合には、その望ましい行動（税金を納める、予約を守る、宿題をやるなど）を実行している人の多さを強調する戦略はあまりうまくいきません。この場合、つい「それを行っている大多数の人々」の存在をでっち上げてしまいたくなるかもしれませんが、私たちはそのような考えに断固として反対します。倫理に反するだけでなく、捏造が露見してしまった場合は、それ以降何か訴えても、よくて信憑性に疑問が付され、悪くすれば誰にも耳を貸してもらえなくなってしまうからです。

そんな真似をしなくても良い方法があります。二つのとても効果的な手法があるのです。一つめは、ある状況下で広く認められた行動を強調するというやり方です。行動科学の世界では、ある状況でほとんどの人が承認する（あるいは承認しない）行動を、**命令的**規範と呼んでいます。たとえば、大多数の人がある特定の運動に賛同しているという調査結果を強調するのは、将来的な変化を生み出すうえで大いに役立ちます。カリフォルニア州では住民の八割が、さまざまな省エネに自分も取り組むことが重要だと考えています。また、仕事をもっている人の十人に九人が、機会さえあればより健康なライフスタイルの築き方をもっと学びたいと言っています。このような場合のスモール・ビッグは、呼びかけを行う人がメッセージ戦略の一部にこうした命令的規範を組みこむことでしょう。

もう一つ効果的なのは、数字を公表してある考えや行動の広い浸透を示すことです。ヴァージニア州アーリントンに本社を置くオーパワー社は、省エネをうながす「省エネ対策レポート」を提供する会社です。同社のウェブサイトでは、同社のサービスにより利用者がこれまでに消費電力量を「六十億キロワット時以上」、電気料金を「七億五千万ドル以上」節約しているというデータを、カウンター形式で表示しています。これは、自分と同じような人の大多数がすでに参加しているという具体的な証拠がない場合でも、見た人に参加をうながす効果がかなり高いメッセージだと言えるでしょう。参加者が**増えていく**様子を示したメッセージは、キャンペーンに弾みをつけたい初期の段階においても、有用な戦略となりえます。たとえば、ブログを書いているなら、過去数カ月間で、一週間の訪問者が二百人から千人近くまで増えたような場合に、そのような短期間で訪問者が五倍になったことを強調してみてはいかがでしょう。フェイスブックのユーザーなら、もらった「いいね！」の数が増えていることを宣伝に使えます。

もちろん、イギリス国税庁の例で説明したような社会的証明の応用によって、あらゆる場面で人々の行動を変えられるわけではありません。しかし、社会的証明を用いた最新の戦略には、数千でも数百万でもない**数十億ドル**の追加所得と、能率の向上をもたらしているものもあるという事実に照らせば、そうした手法を知っておくのは確実に理にかなっていると考えられます。

さて、ここまでの話から、新たな疑問が浮かび上がってきます。人がまわりの人たちと同じ行動をあえて避けるのは、どういった場合でしょうか。次章ではこの問題を考えてみたいと思います。

2 集団との結びつきを利用したスモール・ビッグ

レストランを選ぶとき空いている店よりも大勢の客で繁盛している店を選ぶ、スポーツ観戦しているときにウェーブ[*1]に加わる、あるいは前章で詳しく説明したように、人を説得して期限までに税金を払わせる——こうした場面で社会的証明を使えば、効率的に正しい決断を下せるばかりでなく、ほかの人々とのつながりや絆をつくることもできます。ほかの人たちと同じ行動をしたいという気持ちは非常に強く、集団の引力に逆らうのは単に感情的にやりづらいという範囲を超え、最近の神経科学の研究によれば、ときに痛みさえ発生させます。

*1：大変面白いことに、スポーツ会場で発生する「ウェーブ」について調べた研究によると、ウェーブ現象には競技の種類や観客の文化的背景にかかわらず、ある共通点があるのです。たとえば、ハンガリーのエトヴェシュ・ロラーンド大学の研究者たちは、ほとんど場合ウェーブの方向は時計回りであること、幅は十五シート分であること、速度は秒速十二メートルを保つことを発見しました。ちなみに、ウェーブを開始するのに必要な人数は、三十人程度だそうです。

神経学者のG・バーンズ率いる実験チームは、S・アッシュ[訳註1]が一九五〇年代に行った有名な同調実験を再現することにしました。まず実験参加者グループに、知覚に関する実験の一環として二つ一組になった立体イメージを見てもらい、その後、それぞれの大きさと形が同じかどうかを答えてもらうと伝えました。また、この実験は参加者グループ全員が対象であり、そのうち一人だけは隣の部屋に設置したfMRIスキャナーと接続されると伝え、機械の準備が整うまでは全員控え室から出てはいけないと指示しました。じつはこれはすべて巧妙に仕組まれたやらせであり、fMRIと接続される人以外は全員がサクラで演技をしていたのでした。そして、本当の参加者を対象にして、人が多数派の意見に逆らうときに脳内で何が起きるのかを突き止めるための、非常に興味深い実験が行われたのです。

まず、実験参加者がfMRIスキャナーと接続されました（名目上、「選別」されたことにしてありますが、最初からこの人が選ばれることは決まっています）。そして、二つ一組になった立体イメージをいくつか見て、一組ごとに二つの立体イメージが同じに見えるかを答えました。しかし、参加者が答えを言う前に、まず隣室にいるサクラ・グループが同じ立体イメージを見て何と答えたかを教えられました。サクラ・グループは、実験参加者が社会的圧力に屈するかどうかを見るために、わざと間違えることもありました。実験を重ねていくと、ほとんどの参加者が、サクラ・グループの間違った答えを正しいとは思えないとしながらも、なんと四〇パーセントの問題でサクラの意見に同調したのです。

さらに興味深い発見は、参加者がグループの総意に逆らうような独自の判断を下したときに、感情と関係する脳内の領域が活発に活動していたことです。この事実から、グループの意見に逆らう際には現実に感情的な負担が発生し、かなりの苦痛を伴うことが実証されたのです。

グループの意見に逆らう際にとりわけ難しいと考えられるのが、自分の社会的アイデンティティー[訳註2]にとって重要なグループ（たとえば、自分が何者か、自分のことをどう見ればいいのかを決めるのに役立つグループ）の意見に逆らうことです。例を挙げましょう。思い出していただきたいのですが、前章では、イギリス国税庁が大多数の国民は期限内に納税していると督促状ではっきり指摘しただけで、税金を期限内に納める人の数が増えました。また、さらなる限定性を文面に追加し、督促状を受け取った人と同じ郵便番号地域に住む人の大多数が納税済みであると伝えると、標準的な文面では六七パーセントだった反応率が、七九パーセントにまで上昇しました。

実験ではもう一種類、受け取る人の社会的アイデンティティーとさらにしっかりと結びついた督促状も使用されました。その督促状が指摘したのは、受け取った人と同じ郵便番号地域ではなく、同じ町に住んでいる人の大多数が期限内に税金を払った、という事実でした。それだけで反応率はさらに高まり、八三パーセント近い人が行動を起こしました。

こうした結果が示す情報の送り手に利用可能なスモール・ビッグは、ターゲットとするグループの社

訳註1：一九〇七−一九九六。アメリカで活躍したポーランド出身の社会心理学者。

訳註2：「私は歌が得意だ」「私は日本人だ」など、自分自身に関する考え（ビリーフ）の集合を自己概念というが、その中で自分がその一員であると考えている集団に由来する部分（「私は日本人だ」など）を社会的アイデンティティーという。

会的アイデンティティーをメッセージとしっかり結びつけるようにするということです。たとえば、インターネットの世界には、このやり方で説得力を強めるのに使える情報があります。ＩＰアドレスです。ウェブサイトをもつ組織であれば、ＩＰアドレス（これはウェブサイトに訪問した人の所在地を示すものです）を使って、特定地域の人々の社会的証明を伝えられます。たとえば、ニューヨーク市とヒューストンからの訪問者に対して、限定性の弱い同じ内容の情報（「訪問者の八一パーセントが豪華版パッケージを選んでいます！」）を伝えずに、それぞれに適した情報（「ニューヨークからの訪問者の八二パーセントが豪華版パッケージを選んでいます！」「ヒューストンからの訪問者の八〇パーセントが豪華版パッケージを選んでいます！」）を個別に伝えるように、ウェブサイトをプログラムすることができます。もちろん、そうした数字は正確でなくてはなりませんが……。

類似性を強調する社会的証明の手法に使えるのは、居住地だけではありません。人の名前でも同じことができます（こうした考え方を私たちは**名義**類似性と呼んでいます）。二〇一二年のアメリカ大統領選の期間中、オバマ大統領の選挙組織オバマ・フォー・アメリカは、注目すべき作戦を電子メールを使って行いました。自分たちのサイトに登録されている有権者に、自分と同じ名前の人が何人くらい期日前投票をしたか見るように勧めたのです。たとえばこんな文面のメールが届きます。「こんにちは、エミリーさん。面白い情報が見られるんですよ。あなた以外のエミリーが何人、すでに投票を済ませたのかが正確にわかるんです」。

紹介されたリンクからサイトを閲覧した人は、次にそのリンクをメールで友達に紹介するよう勧められます。「今度は友達のみんな――メーガンや、トム、キャリー、アビー、モー、ダニーと、このリンクをシェアしましょう。そうすれば、彼らも自分と同じ名前の人がどれくらい投票しているか、知ることができます」。

このように、人は所属している、あるいは所属したいと思っている集団と同じように行動しがちですが、その反面、所属したくない集団と同じ行動をすることは避けようとします。この点を研究した興味深い実験が、学者でありベストセラー作家のJ・バーガー（『なぜ「あれ」は流行るのか?――強力に「伝染」するクチコミはこう作る!』の著者）と、これまたベストセラー（『スイッチ!』『アイデアのちから』）の共著者、C・ヒースが行っています。ある学生寮の学生たちがチャリティーのリストバンドを買ったあと、比較的「オタクっぽい学生寮」の学生たちが同じリストバンドをしているのを見て、どう反応するかを調べました。二人はまず、アシスタントに「対象の寮」（つまりオタクっぽくない寮）を一部屋ずつ回らせて、あるチャリティーに少しでも募金してくれた相手にリストバンドを渡しました。次にアシスタントたちは、一週間してから、「対象の寮」の近くにある「アカデミックな寮」で、同じ作業を行いました。そこに住む学生たちは、追加コースを取ったり、グループディスカッションを催したりといった、カリキュラム以外のアカデミックな活動を熱心に行っていたので、「オタクっぽい」という評判が立っていました。研究者たちには、「対象の寮」に住む学生たちが、いずれリストバンドを着けた「オタクっぽい寮」の学生を目にするとわかっていました。二つの寮の学生たちは同じ食堂で食事をしていたからです。

ここで一つ指摘しておきたい重要な点があります。アシスタントは「対象の寮」の学生たちにリストバンドを渡したとき、同時に、キャンパスの反対側にある別の寮の学生たちにもリストバンドを渡していました。「対象の寮」の学生と「オタクっぽい寮」の学生は顔を合わせることが予想されていましたが、キャンパスの反対側にある寮は距離が離れているため、どちらもそこの学生とはそれほど交流がないと考えられました。

調査の結果は大変はっきりしていました。「オタクっぽい寮」の学生たちがリストバンドを着けるようになったあと、「対象の寮」の学生たちのリストバンド着用率は三二パーセントも下がりました。では、「対象の寮」の学生たちがリストバンドを着けなくなったのは、飽きたからではなく、「オタクっぽい寮」の学生たちと一緒にされたくなかったためだと、どうしてわかったのでしょうか？　それは、キャンパスの反対側の寮の学生（彼らは「オタクっぽい寮」の学生と交流がありませんでした）の着用率が、同じ期間に六パーセントしか下がらなかったからです。

バーガーとヒースは、ある集団と無関係であると見せたい欲求が最も強くなるのは、問題となる行動がほかの人々にはっきり見られている場合だ、と述べています。二人はこの考えを検証するため、今度は食べ物の選択に注目し、別の実験を行いました。学部生を実験対象にして、あるグループには大学で一番ジャンクフードを食べているのは学部生であると伝え、別のグループには大学院生（たいていの場合、学部生が関係をもちたいとは思わない集団です）だと伝えました。そして、対象者たちに、ほかの対象者の目がある環境と一人だけの環境のどちらかで、食べるものを選ばせました（選択肢にはヘルシーフードもあればジャンクフードもありました）。人の目がないときには、大学で一番ジャンクフードを食べているのは学部生だと聞かされた対象者も、大学院生だと聞かされた対象者も、同じ割合でジャンクフードを選びました。ですが、ほかの学部生が見ている場合は、大学院生が一番ジャンクフードを食べていると聞かされた対象者がジャンクフードを選ぶ割合は、ぐっと少なくなったのです。

これらの研究から、企業が新しい客層の開拓を目指すのであれば、その新しい客層が製品を使うようになったときに、既存の顧客が彼らと一緒にされるのを嫌って離れていかないように気をつける必要があります。私生活で言うと、ある行動（それが暴飲暴食であれ、ゴミを撒き散らすことであれ、職場に遅刻してやって来ることであれ）をやめさせたいのであれば、その望ましくない行動を望ましくない人と結びつければよい、ということです。

よい例が、サムスン電子が宿敵のアップルを当てこすったテレビコマーシャルでしょう。そのコマーシャルでは、十代の若者たちが、アイフォーンの新機種を買うために長蛇の列をつくっています。そのなかの一人が「自分は最近サムスンの電話を買ったから、ここに並んでいるのは別の人のために場所取りをしてるだけなんだ」と言います。少しして、誰のために場所取りをしていたのかが明らかになります。それは、十代の若者が決して一緒にされたくない人々……そう、やってきたのは、中年のお父さんとお母さんだったのです！

3 社会規範の効果的な利用法

これまでの章では、人に対して提案や要求をする際は、相手と似た人たちがすでに望ましい行動を取っていると指摘すると、提案の影響力が大きくなる現象について解説しました。また、その人たちが、提案する相手と同じ社会的アイデンティティーをもち、同じ内集団[訳註]に所属していれば、メッセージの説得力がいっそう強まることも指摘しました。ですが、もう一つ大切な点があります——これを聞けば、この小さな工夫を加えることで、説得力はさらに大きくなるはずです。そこでは、あなたが相手にさせたい行動が、一般的か一般的でないかが問題になってきます。例を挙げて説明しましょう。

まず、「くしゃみをするときに絶対に手で鼻や口を覆わない友人」を想像してみてください。この人の行動を変えさせたい場合、強調すべきなのは、くしゃみをするときに手で鼻や口を覆う人の良い面でしょうか、それとも覆わない人の悪い面でしょうか。

心理学者のH・ブラントンのチームは、メッセージの組み立て方の成否は、相手がそのメッセージと関係する社会規範をどのように認識しているかで決まると考えました。すでに述べたように、人は社会規範に従おうとするものです。しかし、しばしば自分を個性的にしてくれる基準に基づいて、自らを定義しようともします。つまり、自分の行動の暗示するものが、自分のアイデンティティーにふさわしいと考えられる状況であれば、たいていはすでに知っている規範にただ従うのではなく、そこから外れるメリットとデメリットをより慎重に検討するものです。ゆえに、ほかの人の行動に影響を与えようとするときには、今ある社会規範に**従う**観点より、そこから**外れる**観点でメッセージを組み立てたほうが、うまくいくはずです。

たとえば友人が、くしゃみをするときには顔を手で覆うのが規範だと思っているなら、その規範から外れている人の良くない面を強調するメッセージが最も効果的です（たとえば「くしゃみをするときに顔を**覆わない人**は、まわりの迷惑をちっとも考えていない」）。逆に、くしゃみをするときには顔を覆わないのが規範だと考えているなら、その規範から外れている人の良い面を強調するメッセージのほうが効果的でしょう（たとえば「くしゃみをするときに顔を覆う人は、ちゃんとまわりの迷惑を考えている」）。

この仮説を検証する実験で、ブラントンたちは二つの新聞記事を用意して、実験参加者にそのどちらかを読ませました。どちらもインフルエンザの予防接種に対する大多数の学生の選択に関する記事でしたが、その内容はまったく異なっていました。片方の記事では、ほとんどの学生が予防接種を受けてい

訳註：個人が自らをそれと同一視し、所属感を抱いている集団。

ることになっており、もう片方の記事では、ほとんどの学生が予防接種を**受けていない**ことになっていたのです。参加者がそれを読み終わると、今度は予防接種を受ける学生と受けない学生の行動を論じる記事を読ませました。この記事も二種類ありました。一つは予防接種を受けたことが評価されていました（たとえば「予防接種を受ける人は、ほかの人の迷惑をちゃんと考えている」）。もう一つは予防接種を受けなかったことが批判されていました（たとえば「予防接種を受けない人は、ほかの人の迷惑を考えていない」）。

研究チームの予想どおり、参加者は規範に従った人でなく、そこから外れた人の特徴を説明したメッセージにより強く影響されました。別の言い方をすると、参加者は、大多数の学生が予防接種を受けたとする記事を読んだ場合は、予防接種を**受けていない**学生を取り上げたメッセージに、大多数の学生が予防接種を受けていないとする記事を読んだ場合は、予防接種を**受けた**学生を取り上げたメッセージに、より説得されやすかったのです。

この研究から、問題となる行動に対する社会規範を最初に相手に伝えておき、その後、その規範から外れた人たちの特徴を説明すれば、メッセージの説得力が上がるということがはっきりわかります。スポーツジムが更衣室を清潔に保ちたければ、新規会員に、ほとんどの会員はタオルを床に放ったりせず洗濯カゴに入れていると教えたあと、そうしないごく少数の会員はほかの人に対する敬意に欠けていると指摘するのがいいでしょう。新入社員が相手であれば、ほとんどの社員が請求書はきちんと期日を守って提出していて、そうしない人たちは部署に迷惑をかけていると、研修期間中に伝えるのもよい手です。糖尿病と診断されたばかりの人が相手なら、ほとんどの糖尿病患者は病気になってすぐ、運転の前には血糖値を測る習慣を身につけると教え、そうしていないごく少数の人々はほかのドライバーを危険にさらしていると告げればよいのです。

でもちょっと待ってください。スポーツジムの新規会員であれ、新入社員であれ、糖尿病患者であれ、また先ほどの予防接種の実験であれ、その場面での社会規範を教えられた人々は、それまでその規範についてまったく知らなかったのです。そこで気になるのが、ある行動がどれほど一般的であるかそうでないかについて、すでに意見をもっている人にも同じやり方が通じるのかということです。じつは、しっかりと通じます。

ブラントンは、R・エンデンをはじめとする研究者たちとともに行った別の実験で、実験参加者たちに、まず大学で行われている健康的な習慣についての意見を述べるよう求め、その二週間後に、ほかの学生が書いたとされる偽の証言をいくつか読ませました。その内容は、①健康的な習慣をもつ人には良い特徴（成熟している、賢いなど）があるという意見と、②そうした習慣をもたない人には悪い特徴（子どもっぽい、頭が悪いなど）があるという意見の、どちらかでした。実験の結果、健康的な習慣が広く行われていると見なしている参加者ほど、そうした習慣を**もたない**人を否定的に描いたメッセージに影響を受け、そうした習慣が広く行われているわけではないと見なしている参加者ほど、健康的な習慣の**ある**人を好意的に描いたメッセージに影響を受けたのです。

このテーマに関する発見はほかにもいろいろとありますが、そのすべてが、メッセージの組み立て方を決める前に、説得を行う側がやっておくべき小さくて重要な作業を示しています。つまり、相手の社会規範の内容を検討する作業です。その規範から外れた振る舞いの特徴づけは、のちほど行いましょう。

したがって、あなたが社員に時間を守らせたり、オフィスの能率を改善したりしたいと考える重役ならば、まずは会議が定刻に始まらないことを部下がどの程度深刻な問題だと見なしているか、調べてみるのがお勧めです。もし、部下がそれを改善すべき問題だと見なしているなら、遅れずに会議にやって来る従業員の良い面を強調したメッセージを発すべきです。しかし、たいした問題ではないと考えているなら、必要なのは遅刻者の良くない面を強調したメッセージです。

ようするに私たちは、科学的に裏付けられたこの小さな説得のテクニックが適切に活用されることで、人々がより健康的な生活を手にし、職場では同僚への頼みごとが通じやすくなり、サラダバーにつけてあるくしゃみよけのフードカバーが無用の長物と化す、そんな素敵な世界の到来を望んでいます。

4 わずかな環境の変化がもたらす大きなパワー

一九九〇年代、ニューヨークのルドルフ・ジュリアーニ市長やアメリカ中の行政関係者は、ある理論を絶賛して信奉していました。それは社会科学者のJ・ウィルソンとG・ケリングが提案した、「割れ窓理論」というものでした。その内容とは……たとえば公営住宅や店舗の窓ガラスが一枚割れたまま放置されていると、その小さな無秩序状態が周囲に影響を及ぼし、無秩序や不適切な行いがどんどん拡散されてしまうというものです。

ジュリアーニ市長と警察長官をはじめ、この理論を信奉する行政関係者は、小さくても影響力をもつ無秩序や軽犯罪の兆候の封じ込めに、力を集中するようになりました。具体例を挙げると、落書きの除去、通りの清掃、地下鉄の無賃乗車などのささいな違反行為に厳罰を科す法律の制定などです。後に、政治家がこうした取り組みを、より重大な犯罪や違反行為の減少と結びつけて説明していますが、その点に関してはまだ科学的な裏付けはできていません。しかし、行動科学者のK・ケイゼル、S・リンデンベルク、L・ステッシュが行った研究は、一見ささいな規範違反が、その環境のほかの行動に少なからず影響を及ぼしていることを示しています。さらに重要なのは、その研究が政治家と企業双方に、大きな改善を生み出す小さな工夫を示している点です。

ケイゼルたちはいくつかの野外実験を行い、ある環境に目立たないかたちで存在する無秩序が、ほかの望ましくない行動の蔓延にどの程度影響するのかを検証しました。まず第一実験では、検証にうってつけの舞台を見つけました。それは、オランダのあるショッピングモールに近い路地です。買物客のほとんどがその路地に自転車を駐めていました。ケイゼルたちは、買物客がショッピングモールに行っている間に、ゴムバンドで自転車のハンドルに店の広告を結びつけました。ある場合には路地には何もせず、別の場合には落書きを加えました。近くにゴミ箱はないので、モールから戻ってきた買物客が自分の自転車のハンドルに広告が結びつけられているのを見たときにやることは、二つに一つでした。広告を外して家に持ち帰るか、その場に捨てていくかです。

落書きがない場合は、広告を捨てていく人の割合は三三パーセントでした。一方、落書きがあると、なんとその割合が六九パーセントにもなったのです。

別の興味深い野外実験では、ケイゼルたちは歩行者用の出入口が二カ所にある駐車場へ出かけ、運び入れたフェンス数枚で出入口の一つを塞ぎました。フェンスについた標識には、「この出入口ではなく、二百メートルほど離れた別の出入口を利用してください」と書かれていました。その一方で、研究者たちは、その気になれば**どうにか入れてしまう**程度の隙間をフェンスに空けておきました。また、

「自転車をフェンスとつなげて駐める行為を禁止する」という標識もつけました。ケイゼルたちは、この研究で一つだけ変化をつけました。それは四台の自転車の位置で、ただフェンスのそばに駐輪してあるだけの場合と、フェンスとつなげて駐めてある場合を用意したのです。

さてその結果は？　自転車がただフェンスのそばに駐めてあるだけの場合、通行禁止の標識を無視して隙間からフェンスを通り抜けた人の割合は二七パーセントでした。ところが、四台の自転車が別の標識を無視してフェンスにつなげて駐めてある場合には、なんと八二パーセントもの人が隙間を通り抜けたのです。

ここまで紹介してきた研究が立証しているのは、ほかの人が何らかの社会規範を破ったのを見た人は、自分でもその社会規範を破りがちになるだけでなく、その社会規範と関連した別の規範を破る可能性までもが高まるということです。たとえば、犬の飼い主が散歩中にフンの始末をしなければ、それは、ほかの人がそうしているのを見たからではなく、ほかの社会秩序の乱れの表れ（放置されたゴミ、煙草のポイ捨てをする人など）を見たからなのかもしれません。また、オフィスの従業員たちも、コピー機やシュレッダーのそばを通りかかって紙ゴミが散らばっているのに気がつけば、その結果として、職場のほかの規範を無視し、給湯室で調理台の上に汚れたコーヒーカップを放置したり、こぼしたものを拭き取らなくなったりするようになるかもしれません。

ですが、一見ささいな違反行為を目撃したせいで窃盗をしてしまうなどということが、本当にありうるのでしょうか。この疑問に取り組むべく、ケイゼルたちは、宛名が書かれて切手が貼られた封筒――

現金が入っていることがはっきりわかるもの――を、歩行者の目に留まるよう、郵便ポストの手前に落としておきました。このとき、一つだけ変化をつけた点は、郵便ポストのまわりに散乱するゴミの有無でした。ゴミがない場合に、現金の入った封筒を盗んだ人の割合は一三パーセントにすぎませんでした。ところがゴミが散乱していると、その割合が二倍近くに跳ね上がり、約二五パーセントの人が封筒を盗んだのです！

この結果が示すのは、環境に存在するかすかな刺激が、人々の行動にどれだけ強く影響しうるかということです。ですから、社会的で望ましい行動の推進に責任や関心をもつ人は誰であれ、人の心よりも人の環境を変えるほうが簡単なうえに手っとり早い場合が多々あることを認識し、メッセージに施せそうな小さな工夫だけでなく、相手の環境に施せそうな小さな工夫も検討するべきです。

さらにこの研究が示唆するのは、比較的どうでもいいもののように思われるささいな規範違反の兆候を放置しておくと、それがもっと重大な違反の温床となる可能性です。たとえば小売店であれば、たまに更衣室やトイレにゴミが散らかっていることくらいは、たいしたことではないと考えるかもしれません。しかし、この説得力のある研究を振り返ると、そうしたゴミが店で起きる万引きの件数を増やしているかもしれないのです。会社であれば、オフィスのどこかが乱雑だったり、修理すべき箇所を放置してあったりすると、従業員が微妙な影響を受けて手抜きをしたり、もっと悪い場合には職場の規範に対する何らかの違反行為に手を染めるようになったりするかもしれません。

では、管理職や地方議会議員、あるいは国会議員が、どのようなスモール・ビッグを行えば、共同体や公共の場での望ましい行動を引き出せるようになるでしょうか。

ここで効果的な工夫の一つは、前述した研究者たちが最近行った実験の結果に由来します。一般に考えられているのとは違い、人々を秩序ある環境（汚れたカップの残っていない従業員用キッチン、ゴミの散らかっていない公園、掃除が行き届いた歩道）で生活させても、望ましい行動をうながすことはできません。そうした行動を引き出すのは、ほかの人々が規範を大事にしていることを示す「証拠」なのです。ですから、最も効果的なスモール・ビッグは、すでに秩序の整った環境ではなく、秩序が回復していく過程を自分の目で確認できる環境で、人を生活させることなのです。つまり、職場環境で最も効果の高いスモール・ビッグな行為は、キッチンや更衣室の清掃時間の変更でしょう。従業員が仕事を終えて帰宅した後に清掃スタッフを入れるよりも、少し重なる時間を作って、職場環境が整えられていくところを従業員に見せたほうが有効だと思われます。

行政が実行可能なスモール・ビッグは、望ましくない行為を控えることだけでなく、公共性のあるやり方で、ほかの市民が行った望ましくない行為の後始末をすることも呼びかけるプログラムの開発です。自治体であれば、乱雑な環境に対して反対の意を表明したい市民グループの形成もしくは支援（またはその両方）に予算を割いて、湖や海岸のがらくたの撤去、建物に描かれた落書きの消去、通りのゴミ拾いなどをしてもらうことが考えられます。著者の一人が、R・レノ、C・カルグレンと行った研究によると、その効果は劇的なものとなりえます。その研究では、歩行者がチラシを受け取った場合、通常は三八パーセントの人がそのあたりに捨ててしまうのに対し、先にほかの人が道に落ちているゴミを

拾っている姿を見た場合には、チラシを捨てていく人は四パーセントしかいなかったという結果が出ました。

腐りかけたフィッシュタコスや一カ月前の牛乳が冷蔵庫に入っているような会社は、エンロン[訳註]と似た末路をたどると言い切るのは行き過ぎかもしれません。ですが、状況というものが、どれほど内容豊かな情報にも劣らず人の行動を形成する要因となる以上、環境に一見小さく思われる変更を施すだけでも、結果は大きく変わりうると私たちは強く主張します。

訳註：二〇〇一年に粉飾決算が明るみに出て倒産した、従業員二万人、売り上げ一〇兆円以上を誇ったアメリカの巨大企業。主に電力・ガスを供給するエネルギー供給と通信ビジネスを行い、世界四一カ国に進出していた。

5
名前が生み出す驚くべき効果

二〇一二年十月下旬に発生した巨大ハリケーン・サンディは、カリブ海と中部大西洋を猛烈な勢いで進み、アメリカ北東部に再上陸し、通過した地域を根こそぎ破壊していきました。激しい雨と時速百六十キロ近い暴風は広大な地域に損害をもたらし、被害総額は七五〇億ドル（約九兆円）以上と言われています。この大災害の後、何千人もの人々、そしてアメリカ赤十字社や国連といった組織が、瓦礫の撤去や救援活動にあたりました。多くの自治体や企業も援助を行いましたし、全国ネットのニュースチャンネルでは寄付を募る長時間番組を流して呼びかけを行い、何百万ドルという募金を集めました。

ところで、各ニュースチャンネルは災害復興の寄付を呼びかけるだけではありませんでした。ハリケーン・サンディの俗称やあだ名を数多く生み出したのも、また彼らだったのです。そうしたあだ名には、挑発的なものや、露骨に恐怖をあおるものもありました。大雪嵐《スノウィケーン》というのはその一例で、サンディとともに来ると予想された大雪を暗示した呼び方です。「フランケンストーム」という呼び名もあり、こちらはこのハリケーンがハロウィン直前にやって来たことに引っかけています。

恐怖をあおるあだ名をハリケーンにつけると復興支援の募金額が増えるという証拠は、残念ながら今のところありません。ただし、ハリケーンの**公式名称**が募金に驚くような影響を与えているらしいという証拠なら存在しています。この証拠は衝撃的なだけでなく、他者を説得する場面である小さな工夫をメッセージに施すと、結果が大きく変わることを示しているのです。

心理学の教授J・チャンドラーは、大きな被害の出たハリケーンの後に行われる復興募金を分析し、非常に興味深い発見をしました。奇妙なことに、ある人の名前（アメリカではファーストネーム）の頭文字がハリケーンの公式名称の頭文字と一致していると、その人が寄付をする確率が高くなるのです。たとえばチャンドラーは、ハリケーン・リタ（Ｒｉｔａ）の被害への募金に寄付をした人に、頭文字がＲの名前（たとえばロバート、ローズマリー）が飛び抜けて多かったことを発見しました。また、ハリケーン・カトリーナ（Ｋａｔｒｉｎａ）のときにも同じ現象が起きました。すなわち、募金した人のなかでファーストネームの頭文字がＫの人の割合が、はっきりとわかるほど多かったのです。過去にさかのぼって調べたすべての事例で、同じパターンが現れました。寄付をする割合は、ハリケーンと同じ頭文字をもつ人が常に突出していました。

マーケティング学教授のA・オルターは、その著書『心理学が教える人生のヒント』で次のような注目すべき事実を指摘しています。もし、人が自分の名前の頭文字がついたハリケーンの災害募金に**寄付しやすい**のなら、ハリケーンの公式名称を決めている気象庁は、アメリカ人にたくさんいる名前をハリケーンにつけることで募金が集まりやすくすることができる、というのです。最近の気象学はハリケーンの進路をかなり正確に予測できますので、前もってその上陸する地域を割り出し、有権者名簿からその地域に多い名前を調べてハリケーンにつければよいのです。

一見、こうした研究は、頭のおかしな科学者が行ったトンデモ科学に見えるかもしれません。人目を引くための新聞記事のネタや、週末のディナーパーティーで交わされる馬鹿話のたぐいにこういった話は多いものです。しかし、この発見を軽視することは、人間心理の根本的かつ大きな特徴を無視することにほかなりません。じつは、自分の名前というのは、私たち自身と重大な関係があるのです。

誰でも、何かの会議やミーティングあるいはパーティーなどで、同僚や友人との会話に没頭した経験はあると思います。他のことに対する注意をすべて奪われるような会話です。実際、話に集中するあまり、まわりの出来事や他の人の話し声はほとんど耳に入ってきません。ですがそんなときでも、部屋のどこか別の場所で自分の名前が口にされれば聞こえますし、すぐにそちらに注意が向かうものです。まるで人間には見えないアンテナがついて、それが常に周囲をうかがい、自分の名前が呼ばれたらすぐ反応できるよう待機しているかのようです。こうした現象は非常に多くの人に見られるため、この現象を指す心理学の用語があるほどです。「カクテルパーティー効果」と言います。

もしもまだ、人にとって名前がどれだけ重要かという点に納得がいかないようでしたら、今度会議か友人数名と一緒にいるときに、次のようなちょっとした実験を行ってみてはいかがでしょう。まず、その場にいる全員に、何も書かれていない紙を配ります。そして好きなアルファベットを五つ書くように頼みます。もしその人たちがこれまでの同種の実験の参加者と似た反応を示すなら、きっと選ばれたアルファベットと書いた人の名前、とりわけ頭文字との間には、尋常ならざる一致が見られることでしょう。

では、こうした知見はほかの人に影響を与えるうえで、どう役立つのでしょうか。

相手の注意を引くことが説得の戦略に欠かせない要素であることを踏まえれば、人に影響を与えようとする場合、相手の名前をはっきり出す回数を増やし、あるいはせめて、その要求やメッセージが相手の名前と何らかのつながりをもっていることを示すのが合理的です。たとえば、私たちがイギリスの医師たちと共同で行った実験では、診察予約を念押しする携帯メールの文面に患者のファーストネームを入れると、それだけで五七パーセントもすっぽかしが減りました。面白いことに、患者のフルネーム（たとえばジョン・スミス）や敬称（たとえばスミス様）を入れても、まったく変化はありませんでした。**効果があったのは、患者のファーストネームのみを使ったときに限られたのです。**

このようなスモール・ビッグが活用されるのは、診察予約のすっぽかしで生じる無駄を減らすためだけではありません。罰金の滞納者を説得するのにも使われています。イギリス政府の中枢で生まれた、優れた行動科学者で構成されたチーム[訳註]が明らかにしたところによれば、罰金の支払督促のメールに、罰金の金額だけでなく違反者のファーストネームも入れておくと、五割近くも反応率が良くなりました（ファーストネームなし〈二三パーセント〉。ファーストネームあり〈三三パーセント〉）。

また名前がもつ注意を引くという性質は、新規ビジネスや就労支援事業への協力を取りつけたい人の役にも立ちそうです。新しいプロジェクトに名前をつけるときは、人々の興味や注意を引き、かつ彼らの支援を願って、曖昧でミステリアスな響きの名前をつけたくなるかもしれません。ですが、ハリケーンの研究が示唆しているのは別のやり方です。自らの構想を、神話に出てくる不死鳥か何かになぞらえて部下の情熱を引き出そうとするよりは、プロジェクトの実行担当部門で働く人たちの名簿を調べ、その部署で一番多い名前をプロジェクト名に選んだほうが、おそらくより大勢からの協力を得られるはずです。せめてその部署で最も多い頭文字くらいは確認し、必ず使うことを前提にプロジェクト名を決めましょう。製薬会社の販売担当責任者であれば、薬を大量に処方する医師のリストを点検してみてはいかがでしょう。そうすれば、期待の新薬〈タカドール〉を発売するときには、販売開始後すぐにタカシ医師のところへ行くべきだとわかるかもしれません。

ネームを変えるだけで**ゲーム**の流れが変わる。まさにスモール・ビッグです。

訳註：行動洞察チーム（ＢＩＴ）。二〇一〇年、第一次キャメロン内閣が期限つきで内閣府に設置した組織。通称「ナッジ・ユニット」。心理学的な洞察に基づいてさまざまな実験を実施、人々の選択に対して「小さな後押し」を提供することで、より「望ましい」反応を導くことが可能なことを示した。二〇一四年に一部売却され、三者（政府、民間会社、ＢＩＴ）が共同で所有する組織となった。

6 共通点を探すことの大きなメリット

ビジネスは立ち止まることを知りません。しかも変化はしばしばとてつもないスピードで起こり、私たちの行く手に予想外の課題を投げ込んできます。突然の買収で、昨日の敵が今日の同僚となることもあります。ビジネスモデルが変わった結果、長年のライバルが、ジョイントベンチャー立ち上げにうってつけのパートナーとなることもあります。社内編成が変わることで、それまでいがみ合っていた部門同士が統合されることもあります。

そもそもこうした「結婚」はお互いの関係が良好なときでさえ、なかなか難しいものです。まして、それまであらゆる手段で相手との違いを強調していた者同士が、突然これからは仲良くやっていくように言われた場合はなおさらです。では、対立する者同士を一つにする場合に役立つ小さな手段とは、何でしょうか。どうすれば、関係者がかつての敵を新たな家族の一員と認め、新しい仲間と協力・協調して働き、ともに努力していく気になるのでしょうか。

一つ期待できそうな回答が、ビジネスとは別の分野、やはり激しいライバル心をもつことで有名な集団、すなわちスポーツファンを対象とした研究からわかっています。

対抗意識や競争意識は、スポーツの世界ではお馴染みの存在です。それを否定するファンはほとんどいません。とりわけ激しいのが、長年のライバルに対する敵愾心《てきがいしん》です。たとえば、大リーグのヤンキースとレッドソックス、あるいはＮＢＡのセルティックスとレイカーズ、もしくはリーガ・エスパニョーラ（スペインのプロサッカーリーグ）のバルセロナとレアル・マドリード、アメリカンフットボールのシカゴ・ベアーズとグリーンベイ・パッカーズを考えてみてください。

その対抗意識はすさまじく、こうしたライバルのファン同士が仲良く協力し合って何かに取り組む姿は、想像することさえ難しいほどです。しかし、イギリスの心理学者Ｍ・レバインが行った一連の素晴らしい研究からは、非常に激しい対抗意識がある場合でも、私たちを分断せずに結びつける力がいくつか存在することがわかっています。

レバインはまず、実験参加者であるイギリスのサッカーファン（たまたま、全員がマンチェスター・ユナイテッドの熱烈なサポーターでした）に、一人ずつアンケートを実施し、チームの好きなところを書かせました。その後、大学内の別の建物に歩いて移動して実験の続きに参加するよう、指示を出しました。その移動の途中で、参加者はジョギング中の人（じつはこの人は実験用のスタッフです）が転倒し、怪我をして苦しむ姿を目撃しました。この「怪我人」は、無地の白いシャツを着ている場合と、マンチェスター・ユナイテッドのシャツを着ている場合がありました。さらに、（正直な話、かなり勇気がいると思いますが）

マンチェスター・ユナイテッドの宿敵、リヴァプールのシャツを着ている場合もありました。

あらかじめ密かに配置された観察係がクリップボードを手に持って待ちかまえ、参加者であるマンチェスター・ユナイテッドのサポーターのうち、何人が立ち止まって「怪我人」を助けるかを数えました。その結果、あなたがジョギングに出かけて不運にも怪我をしてしまった場合、着ているシャツ次第で助けてもらえる可能性がかなり変わってくることがわかりました。この実験では、「怪我人」が無地のシャツを着ていた場合には、参加者の三分の一が手を貸すために立ち止まりました。また「怪我人」がマンチェスター・ユナイテッドのシャツを着た「仲間」だった場合には――もう答えはおわかりでしょうけど――ほぼ全員が助けに行きました。

では、ジョギングをしていた人物が、宿敵リヴァプールのシャツを着ていた場合はどうなったでしょうか。マンチェスター・ユナイテッドのサポーターたちは、ほとんど救いの手を差し伸べなかったのです。この結果は、人が最も熱心に助けるのは、自分の同類と見なした相手であるという傾向を如実に示しています。

ですが幸いにも、状況に小さな工夫を施すと、はじめは部外者だと見なしていた相手への支援や協力に、人はずっと前向きになります。同じ実験がもう一度行われ、そのときマンチェスター・ユナイテッドのサポーターたちは、まずチームの好きなところではなく、サッカーチームのサポーターをしていて良かったと思う点について尋ねられました。すると、ライバルチームのシャツを着た人を助ける割合が、二倍に上昇したのです。

したがって本章のスモール・ビッグとは、「共同作業を成功させたり仲間意識を高めたりしたいときは、お互いの共通点を強調するのが大切である」と言えます。管理職やチームリーダーをしている人がチーム内で協力と助け合いをする雰囲気をつくりたいなら、余分に時間を割いて、チームの面々がもつ共通点に意識を向けさせると良いでしょう。彼らを分断するものでなく、結びつけるものを意識させてください。

ところで、類似性がもつ好ましい影響を最大限生かす方法は存在するのでしょうか。ご安心くださ い。それは存在します。

ベストセラーになった話題作『GIVE&TAKE「与える人」こそ成功する時代』の著者で、ウォートンスクール（ペンシルベニア大学の経営学大学院）のA・グラント教授が提唱するのは、見つけようとする共通点の**種類**をほんの少し変えるというやり方です。

新しい同僚、新しいチーム、新しい部署の仲間と共有している一般的な類似性に焦点を当てる代わりに、**特異な**共通点を見つけて、それを強調するように教授は勧めています。つまり焦点を当てるべきは、新しい同僚との共通点のうち、ほかの集団との間ではあまり共有されていない特徴です。そうした特異な共通点を突き止めれば――特に関係構築の初期段階には――まわりに馴染みたいという欲求と個性をもちたい（この場合では、ほかの競合集団とは違っていたい）という欲求の両方を、同時に満たせるでしょう。

管理職の人が特異な共通点を発見したいときに有効なのが、まだ仕事を開始していないうちに、チームの面々に自己紹介カードを書かせるというやり方です。ただし、「好きなテレビ番組は？」とか「旅行で行ってみたい場所は？」という聞き方をすると、おそらくうまくいきません。その聞き方でわかる共通点は、たいていはかなり一般的なものになるからです。お勧めは、五から十個ほどの項目をリストにして書き出してもらう方法です。好きなテレビ番組を聞くのであれば、リストが長くなればそれだけ、あまり有名ではないとか、あまり評判が良くないものの自分は大好きな番組を、チームの他の人が好きであると気づく可能性が高まります。

小さな部門の再編成であれ、大企業同士の合併であれ、「雨降って地固まる」までには時間がかかるものです。新たにできたチームの面々に、積極的に特異な共通点を探すよう働きかけるのは、おそらく協力、協調、そして仲間意識の形成を早める、小さくとも大きな手段でしょう。

7 「よく知っている人」という思い込み

『新婚さんゲーム』は、一九六六年に始まったアメリカのクイズ番組です。この番組では、新婚夫婦がお互いについての質問（少しずつきわどいものになっていきます）に答え、どれくらいお互いのことを知っているか（あるいは知らないか）を証明していきます。放映開始から半世紀近くが経った今なお、系列局の再放送が好評であることから考えて、この番組に視聴者の心を強くとらえる魅力があるのは間違いありません。[*2]

相手の好み、欲求、ニーズを言い当てる力が求められるのは、『新婚さんゲーム』のようなテレビの

＊2：話はそれますが、この長寿番組で著者たちのお気に入りの場面は、司会者が妻に、ある質問への夫の回答を予想させるところです。質問：「あなたが奥さんにやらせてほしいと言い張った、一番変な場所はどこですか？」ご主人の答えは「車の中」でした。では、奥さんの答えは？　「お尻！」です。当然このシーンは放送ではカットされましたが、『歴代珍回答集』には毎回必ず登場します！

世界だけではありません。あらゆる影響戦略においてそれは重要になります。特に、影響を与えるべき相手との関わりができたばかりで、相手の好き嫌いや価値観があまりよくわかっていない段階では、それはいっそう難しいはずです。新規の顧客や取引先をよく知らないときには不安を感じるでしょう。ただし、自分に時間をかけて築いた他の顧客や取引先に対する知識がある場合は、気持ちが大きく揺らぐことはないと思います。また長期的な関係を築き、定期的に接触をもつようにしておくことの大きなメリットの一つは、時間が経つにつれて、相手のニーズや嗜好を言い当てやすくなっていく気がするところです。

ですが、じつはいつもそうとは限らないのです。相手とのつきあいが長く、その人の好き嫌いやニーズ、価値観を正確に言い当てられると思っていたのに、じつはちっともわかっていなかったということがあります。それどころか、知り合ってからの期間が長くなればなるほど、相手の好みを正確に言い当てるのが難しくなるという証拠があるのです。

行動科学者のB・シャイベヘンネ、J・マタ、P・トッドによる研究があります。実験参加者はまず、百十八種類の品物を一（とても嫌い）から四（とても好き）の四段階で評価しました。それに加えて、知り合いを一人挙げ、その人がこれらの品をどう評価するかも予想しました。このとき、参加者グループは二つに分けられ、片方のグループでは知り合ってからの時間が比較的短い（平均で二年程度）相手の、もう片方のグループでは知り合ってからの時間がずっと長い（平均で十年以上）相手の好みを予想しました。

研究者たちが用いた四段階評価という方法は、この研究の重要な要素でした。これにより、知り合いでも何でもない人が質問に答えたとしても、確率論から考えて平均で二五パーセントの正解が得られることになるからです。幸いなことに、そして誰もがほっとするのではないかと思いますが、どちらのグループでも、知っている相手の好みについては、知り合いでも何でもない人がするよりも正確に予想できました。つまり、二五パーセントより高い値でした。

ただし……**それほど**差がついたとは言えなかったのです……。

相手と知り合ってからの期間が平均で二年程度だったグループの正答率は、きっちり四二パーセントでした。興味深いのは、相手と知り合ってから十年以上が経っているグループの正答率が、この数字より下だった点です。正確な数字を言えば、三六パーセントにしかなりませんでした。

そして、おそらくこの実験結果で最も衝撃的なのは、参加者の誰もが、予想した相手について自分が全然わかっていないということに、ほとんど気づいていなかった点です。実験の前に行ったテストでは、どちらのグループの参加者も、自分は少なくとも六〇パーセント程度は相手の好き嫌いや価値観を当てられるだろうと考えていました。もちろん、ここで問題になるのは、このような結果が出た理由です。

なぜ知り合ってからの時間が長くなるにつれて、相手の好き嫌いや価値観への理解が**増す**のでなく、**減る**のでしょうか。考えられる理由はいくつかあります。私たちが他人について学んだり知識を交換したりするのは、お互いについて知ろうという意欲の非常に高い、知り合ったばかりの段階だということが挙げられます。時間が経つにつれてそうした強い意欲は薄れ、互いについての新しい情報を交換する機会がだんだん減っていくのかもしれません。そしてその結果、相手の身の上や環境に生じた変化に、気づけなくなってしまうのでしょう。

有力な説明はほかにもあります。つきあいが長い人同士はたいていの場合、長い時間をともにしてきているので、互いに対してほかの人よりも深い関わりをもっていると考えています。そのため、相手を実際以上によく知っていると思い込み、結果として、お互いの物事に対する姿勢や好みに生じる変化(特に、ゆっくりと少しずつ生じているような変化)に気づきにくくなるのかもしれません。

また、つきあいが長くなってくると、互いに罪のない嘘をついたり、腹を割って率直に話し合うのを避けたりしたくなる場合もあるようです。そういった行為は大切な関係を守る役割を果たすこともありますし、そうした文脈で考えれば、理解のできる行動です。しかし、長いつきあいを守るための戦略が相手への理解と知識を浅くしてしまい、その結果、関係が損なわれる場合もあるのです。ですから、人は年を取るにしたがって賢くなっていくものなのでしょうが、得られた知恵を人間関係に及ぼすには、つきあいの長い相手と好き嫌いや価値観について、継続的で正直な情報交換をしっかり行うことがとても大事です。そうした交流をすることが、賢明であるばかりでなく、健全であるようにも思われます。

このような取り組みは、仕事上のつきあいにおいても役に立つでしょう。会社の買い付け担当者に自社サービスを売り込むセールスマンや、サービス機関の法人営業担当者を思い浮かべてみてください。どちらの場合も、そうした役割を担う人は、取引先との間に生産的で有益な関係を築くために、すでに莫大な時間と労力を費やしていると考えられます。また、そうした立場の人が、顧客や取引先との業務を自分だけで行いたがっても不思議ではありません。なんだかんだ言っても、相手のことを一番よく知っているのはその人なわけですから。

ですが、本章で紹介した研究が示しているのは、相手についてよく知らない同僚をときどきミーティングに連れていくことで、何か大きな新しい商機の発見につながるかもしれないということです。なぜなら、ミーティングの常連の人（重役や管理職）が尋ねれば「その答えなら当然知っているはずなのに」と信頼を失ってしまうような質問を、連れていった同僚がしてくれるかもしれないからです。

同様に、顧客対応を主な業務とする組織の人材育成部門であれば、新入社員を**最も優秀な**社員の下だけでなく、**最古参の**社員の下にもつけるようにすると、二種類のメリットが見込めます。新入社員が顧客とやり取りをする貴重な経験を得られる一方、豊富な経験をもつ従業員も、何年ものつきあいがある顧客についての貴重な新しい知見を得られるでしょう。相手がつきあいの長い顧客であれ、ずっと一緒にやってきた取引先であれ、新しい情報を定期的に交換して普段から情報の更新に気を配るようにすることは、このうえもなく大切なのです。これが本章のスモール・ビッグです。

8 約束を守ってもらうためのスモール・ビッグ

「ちょっと確認させてください」。保健センターの責任者はそう言って、一枚の紙に目を落としました。「先月は三五五人で、先々月は三〇九人ですね。だいたい月平均三百人前後だと思います。深刻な問題と言っていいでしょう」。

責任者が話しているのは患者の「すっぽかし」――医療業界ではＤＮＡ（やって来なかった人たち《ディド・ノット・アテンズ》）と呼ばれます――つまり、予約だけしておいて現れない人の数についてです。じつは予約を守らない人の問題は、保健センターに――もしくは医療業界に――限った話ではありません。「はじめに」で述べたように、毎年、何百万件という美容院やレストランの予約、ビジネスミーティングやセールスプレゼンテーション、学生への個別指導がすっぽかされています。個々のレベルで考えれば、レストランの予約が一件すっぽかされることくらい、たいした問題には思えません。無駄になるのはごくささいな金額です。しかし本書のテーマは、いかにして小さなことで大きな違いを生み出すかであり、予約のすっぽかしに関して言えば、その損失の合計は目もくらむような大金になります。「はじめに」で解説したように、患者が予約を守らないために生じる損失は、イギリス全体で年間八億ポンド（約一四九〇億円）と試算されています。多くの人が自分のコミットメントに則った行動を取らなかったばかりに、それだけの大金がドブに捨てられたのです。

また、「はじめに」では、人にコミットメントに則った行動をさせる方法が存在し、負担のない小さな工夫を二つ加えるだけで、かなり劇的な改善が見られるようになると述べました。

社会的な影響力の根本原理の一つに関わっているのが、コミットメントと一貫性との関係です。ほとんどの人間の心には、以前行ったコミットメント（特に、自ら進んで行ったもの、それを成し遂げるために努力が必要なもの、そして人前でなされたもの）と矛盾しない行動を取りたいという欲求が強く根付いていると、この原理は述べています。

例となる実験を紹介しましょう。その実験では、海水浴客のふりをした研究者が、砂浜で肌を焼いている人のすぐ近くにビーチタオルとラジオを置いて、ひと泳ぎしに行くという筋書きのドラマが繰り返し演じられました。シナリオAでは、研究者が肌を焼いている人（本研究の調査対象です）に、自分の荷物を見ていてほしいとお願いします。ほとんどの人が同意し、「もちろんいいですよ」と愛想のいい、口頭のコミットメントを行いました。シナリオBでは、研究者は肌を焼いている人に何も頼まず、そのまま海へ向かいました。さて、実験はそこから始まります。置き引き犯を演じる別の研究者が駆け寄ってきて、ラジオをひったくり、そのまま逃走しようとします。口頭のコミットメントを求めるという小さな行為は、肌を焼いていた人がこの狂言窃盗を目撃して、置き引き犯を追いかけるかどうかに大きな違いを生みました。口頭のコミットメントを求められなかったグループでは、二十人中四人しか、その違法行為を正そうとしませんでした。対照的に、荷物を見ていてほしいと頼まれていたグループでは、二十人中十九人までが、すぐに行動を起こしました。なぜでしょう？　それは彼らが口頭のコミットメントを行っており、置き引き犯を追いかけるという行為は、そのコミットメントと完全に合致していたからです。

口頭のコミットメントを求めるという小さな工夫が、ビーチでの窃盗を減らすのにこれほど大きな効果を発揮するならば、同様の戦略を使って保健センターのすっぽかしも減らせないだろうか、という考えが当然浮かびます。

この疑問に答えるべく、私たちは大勢の患者を抱える保健センター三カ所で、ひと続きの実験を行いました。実験では、予約を取る電話をかけてきた患者さんに、日時が決まると予約の詳細を復唱するよう求め、それから電話を切るようにしました。後に調べてみると、この小さな工夫にはなかなかの効果があることがわかりました。すっぽかしが三パーセント減少していたのです。読者から「大騒ぎしすぎではないか」と言われそうですので、二つほど重要な点を指摘しておきましょう。第一に、この対策は、実行するのに何の負担もなく、せいぜい一秒か二秒余計に時間がかかるだけです。第二に、三パーセントの減少というと比較的小さいように思われるかもしれませんが、問題の規模を考えれば、実際には極めて大きな数字なのです。一〇億ドルの問題に当てはめて考えれば、節約できる金額は三千万ドルになります。

ここから導かれる結論は明らかです。私たちは毎日の忙しさのあまり、つい会話やさまざまなやり取りを短く切り上げてしまい、すぐに次のやるべきことに意識を向けてしまいます。しかし、同意したことについて何らかのかたちで口頭のコミットメントを得ずにそうしてしまうのは、好機を無駄にしていることになります。たとえ、その好機がたいした結果をもたらしそうにない場合であってもです。たとえば管理職の人は、チームミーティングの終了前に、各出席者が決定事項を声に出して確認するようにすれば、ミーティングで決まったことに対するより大きなコミットメントを得られるでしょう。親御さんは、お子さんがあと一回だけゲームをしたり、一本だけお話を読んだり、テレビ番組を見たりするのを許す前に、まず口頭で寝る時間に同意させておけば、寝かしつけるときのうんざりする押し問答が減らせるはずです。

こうした口頭でのコミットメントは、完全に明示されなくてもよい場合があることもわかっています。たとえば、営業開発部門の管理職の人が、顧客候補を講演会に参加させて専門家の講演を聞くよう説得したい場合、質疑応答用の質問をあらかじめ提出してもらうことで参加率を高められるでしょう。顧客候補から先に質問を引き出したことがささやかなコミットメントとして働き、講演会の参加見込みが高まるのです。

これらの例からわかるのは、ちょっとした口頭のコミットメントが、効果的な影響力を引き出す費用いらずのスモール・ビッグになりうるということです。しかし、何か将来に対するコミットメントを確実に得られるような、さらに良いやり方はないものでしょうか。じつはあります。ですが、それがどんなものであるかを理解するには、まず私たちが実験を行った保健センターへ話を戻さなくてはなりません。

私たちは研究に協力していただいた保健センターすべてに、共通点があることに気づきました。三カ所とも、患者に次回の診察日時が書かれた予約票を渡していたのです。たいていの場合、予約の詳細を記入しているのは保健センターの受付担当者でした。そのやり方ではうまくいかないのではないかと、私たちは考えました。一貫性の原理によれば、人々の意欲が最も高まるのは、自分が能動的に行ったコミットメントとその後の行動を一致させようとするときだからです。

そこで、私たちはほかの小さな工夫——患者が消極的にではなく積極的に予約の設定に関わるようになる工夫——の効果を検証しました。具体的には、次回の診察日時を患者が**自分で**カードに記入するよう、受付担当者に頼ませたのです。四カ月以上このやり方を試してみたところ、このやり方を採用したグループのすっぽかし率に、なんと一八パーセントもの減少が見られました。このスモール・ビッグの効果を、先ほど同様、一〇億ドルの問題に当てはめて考えれば、節約できる金額は三千万ドルではなく、一億八千万ドル（約二一六億円）になります。そして、そうするのにかかる費用はというと、そう、ゼロです。

保健センターでの実験から得られたこの新たな知見が光を当てるのは、現代的なやり取りや会議のなかで私たちがしばしば陥る、重大でありながらあまり注目されないもう一つの落とし穴です。やらなくてもいいとわかっている場合、人が自分で何かすることはまずありません。たとえばセールスマンの場合、彼にはミーティング後にも山ほどやることがあるのに、顧客のほうにはやるべきことがほとんど、あるいは何もない場合も多いはずです。この状況では、セールスマンのほうが顧客よりもはるかに販売プロセス自体に熱心になっていると予想されます。個人トレーナーの場合なら、担当した顧客のための専用エクササイズ・プログラムを作成し、自分がどれほど親切で熱心かを伝えようと考えるかもしれません。でもひょっとすると、顧客がそのエクササイズプログラムの作成にそれほどコミットしていない可能性を、見落としているかもしれないのです。

では、顧客や取引先になりそうな相手に、進んでコミットメントを書いてもらえる見込みがまったくない場合は、どうしたらよいのでしょう。あるいは、参加者が大勢いるため、全員で作業を共有するのは無理があったり、誰か一人を指名して全責任を負わせるのは不当なミーティングだったら？　その場合は、あなた自身がすべての作業を書き出し、それを全員に送付するほうがよいでしょう。その際、自分の電子メールの一番上に、短くても重要な一文を忘れずに追加してください。送った資料が問題ないと**彼らが**思うなら、一言「同意します」と返信するように頼みましょう。プロジェクト成功への、幸先の良い第一歩になるはずです。

しかし、ときにはどれだけ頑張っても説得の試みがうまくいかない場合もあります。そうした場面で利用できる、コミットメントと一貫性の原理に関連した小さな工夫には、ほかにどのようなものがあるのでしょうか。次章で紹介したいと思います。

9 行動力を倍加させる小さなコミットメント

私たちの前著『影響力の武器 実践編――「イエス!」を引き出す50の秘訣』(おかげさまで世界累計五十万部を突破しました)の読者であれば、著者が同僚のB・グリスケビシウスとともに行った研究をよくご存じでしょう。その研究では、ホテルが宿泊客にタオルの再利用を呼びかけるのに使うカードの文面をほんの少し変えるだけで、宿泊客のタオル再利用率が大きく変わる現象を紹介しました(この研究について知らない読者のためにお伝えしておけば、カードの文面を「大多数のお客様はタオルを再利用しています」という、ありのままの事実を指摘したものに変えただけで、再利用率が二六パーセント上昇しました)。

こうしたカードは、ホテルを頻繁に利用する何百万という人々にとってはすでにお馴染みだったので、私たちがワークショップや講演でこの話題を出すと討論は非常に盛り上がり、さまざまな考察が行われました。そうしたときによく出たのが、ホテルの支配人が宿泊客にタオルやベッドカバーの再利用をお願いしたい場合に使える、ほかの戦略はないだろうかという質問でした。たとえば、まだ宿泊客が客室にも入らないうちに、つまり受付でチェックインをしているときなどに小さなコミットメントを求めることで、環境に配慮した行動をする気にさせられるのか？といった質問です。

じつは、すでにほかの研究者たちがこの問いについて検討しています。その研究では、宿泊客がチェックインするときに一見ごくささやかなコミットメントをしてもらうだけで、大きな違いがいくつか生まれることがわかりました。タオルやベッドカバーの再利用率が上がるだけでなく、ほかにもさまざまなとても良い効果があったのです。

行動経済学者のK・バカ＝モーツらの研究チームはカリフォルニアの人気ホテルと協力し、一カ月間、同ホテルの宿泊客がチェックインするときに、環境保護に関連したコミットメントを行うよう求めてみました。ある場合には全般的なコミットメントを求め、宿泊客に「滞在中は環境に配慮した行動を取ります」という項目のチェック欄に印をつけるよう、うながしました。別の場合には、より具体的なコミットメントを求めました。つまり、「滞在中にはタオルを再利用します」という項目のチェック欄に印を入れさせたのです。

宿泊客の一部には、全般的もしくは具体的なコミットメントのどちらかを求めるのに加えて、「フレンズ・オブ・ジ・アース」（国際的な環境保護団体）のバッジを渡しました。また比較対照のため、チェックインの際に何のコミットメントも求めなかった宿泊客の一部にも、このバッジを渡しました。

そしてもう一つ、別の対照グループとなった宿泊客に対しては、ごく普通のチェックイン手順を踏み、バッジは渡さず何のコミットメントも求めませんでした。

さて、結果はどうなったでしょう？

この研究が最初に目を向けたのは、実際に快くコミットメントを行った宿泊客の割合でした。その数字はとても高いことがわかりました。全般的なコミットメントを求められたグループでは、およそ九八パーセントが快くコミットメントを行いましたし、より具体的なコミットメントを求められたグループでも、割合こそ幾分減ったものの、それでも八三パーセントがチェック欄に印を入れました。そういうわけで、一見したところではコミットメントを行うよう説得するときには、具体的なコミットメントよりも全般的なコミットメントを求めるほうが成功しやすいようです。

もちろん、この結果からはすぐに別の疑問が生まれます。全般的なコミットメントと具体的なコミットメント、どちらがより実行されるのでしょうか。

結果を見ると、チェックインの際に具体的なコミットメントを行った宿泊客のほうが、タオルの再利用を行っていました（再利用率は六六パーセントと六一パーセントでした）。さらに興味深いのは、タオルを再利用するという具体的なコミットメントを行った宿泊客のほうが、環境に配慮したほかの行動を取る傾向がずっと強かったという点です。たとえば、部屋を出るときに電気を消す、チェックアウトの前にはエアコンとテレビを消すといったことを、具体的なコミットメントを行った人たちのほうがきちんとやっていました。この発見は極めて意外ではないでしょうか。普通に考えれば、環境保護全般についてコミットメントを行った人のほうが、ただタオルを再利用するというコミットメントを行った人よりも、環境に配慮した振る舞いをしそうなものです。

ここでのスモール・ビッグな知見はどのようなものでしょう？　それは、人々を説得して複数の関連し合った行動を変えさせるという課題に直面したときには、ある二つの手順からなる手法を採用すれば、最善の結果が得られるということです。まず、求めようとする最初のコミットメントを具体的なものにしておきます。次に、そのコミットメントが実行される環境に、最初の具体的なコミットメントと**関連し**、内容的にも完全に合致する、望ましい振る舞いのきっかけとなるものを用意するのです。

例を挙げましょう。あなたはオフィスの管理職で、リサイクルを推進しつつ、全般的なエネルギー費用の削減も行うという課題を抱えているとします。ホテルでの実験を踏まえれば、まずは従業員に一つの行為だけを対象とした具体的なコミットメント（夜退社するときに紙ゴミをリサイクルゴミ箱に入れるなど）を求め、その後、その行為と関連したエネルギー費を減らす行動ができそうな場所に、きっかけとなるものを用意するのがよいでしょう（リサイクルゴミ箱を照明のスイッチの横に置くなど）。こうすることで、「一石二鳥」の影響戦略を生み出せるかもしれません。また、照明スイッチの横に「環境に配慮すると言ったことをお忘れなく。電気はちゃんと消しましょう」と書いた小さなカードを置いておけば、さらに効果的でしょう。この追加措置の大切さについては、次の章で説明します。

ですが、あわてて先に進む前に、ホテルの実験でバッジをもらった宿泊客たちの実験結果を見てみましょう。予想どおりと思う方もいるかもしれませんが、（チェック欄に印をつけるという）小さなコミットメントを行ってバッジを渡された宿泊客は、ただコミットメントを行っただけの人よりもタオルの再利用に積極的でした。また、滞在中には、環境に配慮したさまざまな行動に、最も進んで取り組みました。

このことからわかるのは、この小さなバッジがもつ二つの重要な機能です。バッジは、それをつける人に自分の行ったコミットメントを思い出させるきっかけとなり、同時に、ほかの人に対してそのコミットメントを知らせる合図にもなっていたのです。この小さなバッジの効果から、慈善事業への寄付を求める場合に、ただ寄付を呼びかけるだけでは不十分だということがはっきりします。寄付をした人に自らのコミットメントを示せるようなもの（襟章、羽根、窓に貼るカード、バンパーステッカーなど）を配ることも、欠かせないのです。

ところで、環境に対する最初の小さなコミットメントを行うことなしにバッジを渡された宿泊客は、どう行動したのでしょうか。彼らは全グループのなかで、最もタオルの再利用を行いませんでした。じつを言えば、実験対象としなかった宿泊客たちよりも、再利用率が低いくらいだったのです。

これは、これまでの研究が繰り返し示してきた結論と一致します。つまり、コミットメントに従って行動する可能性を最大限高めるには、そのコミットメントが**主体的に**行われなくてはなりません。ホテルからバッジを押しつけられた宿泊客の場合、そこにはどう見ても主体性などありません。ただバッジだけを渡すというやり方は、まったくの逆効果なのです。

じつは、コミットメントに則った行動を取るかどうかに関わる極めて重要な要因が、ほかにも二つあります。一つは、そのコミットメントにどれくらい行動が伴っているかということ。もう一つは、コミットメントを行う個人やグループが、それをどれくらい公《おおやけ》に行うかということです。宿泊客にバッジを押しつけたとき、ホテルのスタッフは宿泊客が自ら行動する機会を潰し、さらには宿泊客が公にコミットメントを行うという選択肢を根こそぎ駄目にしてしまいました。この二重の誤りが、悲惨な数字となって結果に表れたのです。

もちろん、影響を与えたい相手が顧客や取引先といった組織外部の人間に限られる企業は、ほとんどありません。ビジネスの課題の一部は、常に内部の人間（従業員や同僚）を説得して行動を変えさせることと関係しています。

ここまで紹介してきた研究の舞台となったホテルでもそうでした。宿泊客にタオルを再利用するつもりがあっても、清掃スタッフが勝手に取り替えてしまうということがよくあったのです。ですが、清掃スタッフに適切なタオル交換を行わせるのに最善の説得戦略は、おそらく宿泊客にタオルの適切な再利用をさせる場合と同じでしょう。具体的に言えば、まずホテルの支配人は、清掃スタッフに自発的でささやかなコミットメントを求めるべきです。たとえば、宿泊客の希望に耳を傾けることをどれくらい重要だと考えているか尋ねるのもよいでしょう。その後であれば、宿泊客がタオルの再利用を希望している場合には、タオルを取り替えずに掛け直すのが、宿泊客の希望に耳を傾けていることを示すやり方の一つだと勧めることができます。もちろん支配人は、「お客様のご希望をお聞かせください」と書かれたバッジの着用を清掃スタッフに義務づけたりせずに、彼らが進んでそれを着用する機会だけを提供すべきです。

彼らが進んでバッジをつけたとき、ひょっとしたら――実現不可能と思われている――使わない部屋の電気を消すようにもなってくれるかもしれません。

10 思わぬ逆効果を防ぐためのひと工夫

あなたは普段から、可能な限り、リサイクルするように心がけているのではないでしょうか。もしかすると勤め先には環境配慮のための規約があって、紙の使用量を減らし、しかも使った紙はなるべく再利用するように社員に奨励しているかもしれません。そうした会社は少なくありません。天然資源保護のためにリサイクルを推し進める企業や団体は増え続けています。

ですが、リサイクルを勧めるための戦略が、実際には**逆効果を招き**、資源の利用が**減る**どころか**増えてしまう**場合があるのです。説得の科学の研究者たちは、特定の条件下では、こうした逆効果が生じうると考えています。そして、このことは職場の環境規約だけでなく、説得の試みにとっても重要な意味をもっているのです。

影響力は何もない真空状態から生じることはまずありません。ただし、ある特定の一つの行為にだけ注意を集中させた場合、まったく想定外の逆効果が生じるかもしれないのです。おそらくあなたにも、これまでの経験で思い当たる節があるでしょう。ルームランナーを普段より十分長く使うと、ほんの少し健康になった気がすると同時に、多めに運動したのだから朝のコーヒーにおいしいマフィンを添えてもいいような気がしてきます。昼食でヘルシーなサラダを選ぶと、それでデザートを食べる権利を「買った」気がしてきます。少なくとも、職場に戻るときに階段ではなくエレベーターを使う権利くらいは手に入れた気がします。

行動科学者のJ・カトリンとY・ワンは、この「お目こぼし《ライセンシング》」効果――つまり、ある好ましい行為に取り組んだのだから、別の好ましい行為を怠ってもいいと思うこと――は、環境に配慮した行動を奨励する際にも発生するのではないかと考えました。たとえば、ペーパータオルのリサイクルと処分をもっとしっかり行わせるためにリサイクルゴミ箱を導入したら、かえってペーパータオルの消費量が**増えて**しまう場合があるのではないかと考えたのです。

この考えを検証するために、彼らは二つの研究を実施しました。最初の研究では、実験参加者に、はさみの新製品を評価するよう指示しました。評価すべき点には、紙からさまざまな形（三角形や四角形）を切り抜くときの使い勝手も含まれており、試し切り用の紙が二百枚ほど用意されていました。参加者の半数は、リサイクル設備などいっさいない、普通のゴミ箱が一つ置かれただけの部屋で試し切りを行いました。残りの参加者たちは、同じ作業を、通常のゴミ箱のほかにリサイクルゴミ箱も備えた部屋で行いました。このとき、切り抜いて作る形の大きさや、その作業で使ってよい紙の量についての具体的な指示は、あえて出しませんでした。作業で出たゴミを、用意してある容器にすべて捨てるようにとだけ伝えました。また、作業の後、参加者たちに「環境保護に関する意識」というアンケートを実施し、環境に対する考え方と姿勢を尋ねました。

結果はまったく驚くべきものでした。リサイクルゴミ箱のある部屋で、はさみの評価を行った参加者は、普通のゴミ箱しかなかった参加者の三**倍近く**も紙を使ったのです。そして興味深いことに、紙の使用量の増加は参加者の「環境保護に関する意識」、つまり実験後のアンケートへの回答の内容とは無関係に生じていました。

そういうわけで、この第一の研究は、お目こぼし効果《ライセンシング》のはっきりとした事例を示しました。紙のリサイクル設備の存在が、紙の使用量の――減少ではなく――**増加**を、実際に引き起こしたのです。こうした研究に対して考えられる批判の一つが、研究室という環境で実施されたのだから、その結果は現実世界の反映になっていないかもしれない、というものです。そこで、カトリンとワンは、研究の場を大学の研究室から現実世界のある場所へ移しました。今度の舞台は――男性用トイレです！

実験場所の変更に先立って、彼らはまず十五日間にわたり、そのトイレのペーパータオル使用量に関するデータを収集し、一日の平均消費量を算出しました。算出が終わると、トイレのシンク近くに、大きなリサイクルゴミ箱を設置しました。そのゴミ箱には、「このトイレは、ペーパータオルのリサイクルプログラムに参加しています。このリサイクルゴミ箱に捨てられたペーパータオルは、すべて再利用されます」という標示がついていました。その後また十五日間かけて、ペーパータオルの使用量を調べました。

研究室での実験結果と同様に、リサイクルゴミ箱の設置以降、ペーパータオルの使用量は増えていました。具体的に言えば、一人あたりの平均使用量は一・五倍になりました。一見しただけでは、この程度の増加はたいした問題に思えないかもしれません。しかし、このトイレが平日は毎日、平均百人以上が利用している事実を踏まえれば、これは相当な増加です。年換算すると、このトイレ一カ所だけで、使用されるペーパータオルの枚数が一万二千五百枚も増えたことになります。リサイクル設備の存在が、資源の消費量を――減らすのではなく――大幅に増やしてしまったのです。

では、なぜこのようなことが起こったのでしょう。一つ考えられる説明は、罪の意識と関係しています。つまり、もし人々がさまざまな製品を浪費したり廃棄したりするときに罪悪感を覚えるなら、それをリサイクルすることで、無駄遣いと結びついた否定的な感情が弱まるように感じるのかもしれません。そしてリサイクルに協力して否定的な感情が弱まると、今度はお目こぼし効果《ライセンシング》が発生し、無駄遣いをしてもどうせリサイクルされるのだからと考えて、消費量はますます増えてしまいます。

あるいは、リサイクルするという選択肢自体が、無駄遣いの言い訳になってしまうとも考えられます。もしかすると、人々は胸のうちでこう言っているのかもしれません。「なあに、リサイクルできるんだったら、もうちょっと使ったって別にかまわないだろう」。

こうしたお目こぼし効果《ライセンシング》の発生原因がどんな心理的メカニズムであれ、すぐにはっきりわかる結論が一つあります。環境に配慮した行動を取るよう人々を説得したいときに、それを行いやすい設備を供給するのは欠かせないことですが、それだけでは求める結果を得られないかもしれないということです。

特に望み薄なのが、消費されている資源の使用者にほとんど、あるいはまったく負担が存在しない状況です。紙のリサイクルの例は完全にそうした状況でしたし、あなたが職場の同僚に影響を与えなくてはいけないという場面も、そうした状況に当てはまるかもしれません。

次のような場面を想像してみてください。何ということでしょう、あなたは「幸運！」にも会社のエコ担当委員に選ばれてしまいました……。目下あなたは、同僚を説得して紙の使用量を減らさせ、使った紙のリサイクルや退社時に電気を消していくなどの環境に配慮した行動を取らせるという、あまり嬉しくない課題を抱えています。想像をさらに進めましょう。あなたは熟考のうえ、リサイクルゴミ箱などの設備を社屋のあちこちに設置し、電灯には省エネ電球を使うよう手配しました。そうした品々が欠かせないのはたしかですが、そのせいで同僚が資源の節約どころかますます無駄遣いする危険があることとはすでにわかっています。あなたは何か手段を講じて、お目こぼし効果《ライセンシング》が発生してしまう可能性を減らしたいと考えます。さて、その工夫とはどのようなものでしょうか。

方法はいくつかありますが……まずは、リサイクルゴミ箱や電気のスイッチがある場所に、「リサイクルは環境保護に効果がありますが、資源の節約にはそれ以上の効果があります」というメッセージを掲示しましょう。こうすれば、最近増えつつある調査結果——リサイクルのメリットは非常に目立つことが多い一方で、そのコストは人にほとんど知られていない——を踏まえることになります。

もう一つ良い方法は、コミットメントと一貫性の原理の知見を採用し、同僚たちがそれまでに行った環境保護に対するコミットメントや約束を強調することでしょう。リサイクル設備の導入計画をスタートさせる前に、同僚からささやかなコミットメントを求めておけば、なお良いでしょう。「9 行動力を倍加させる小さなコミットメント」で取り上げたホテルの実験を思い出してください。実験では、宿泊客のチェックイン時にささやかなコミットメント（チェック欄に印を入れる）を求めると、タオルとベッドカバーの再利用率だけでなく、部屋を出るときに照明とテレビを消していく割合も高まりました。これこそ、「正の波及効果」の例です。

人の行動を変える場合に第一に重視すべき法則は、「変更を人々の行いやすいものにする」です。しかし、この章で取り上げたように、「変更を人々の行いやすいものにする設備を導入することは極めて重要ではあるが、それだけでは不充分な場合もある」という警告も存在します。効果的に影響力を行使する人は、潜在的なお目こぼし効果《ライセンシング》も考慮し、それを取り除くための小さな工夫を講じて、自分の戦略が大きな成功を収めるようにするものなのです。

11 従業員のやる気を高める簡単レシピ

従業員の生産性を高めるのは、一流の管理職たちにとってさえ難しい課題となります。そのため多くの管理職が、部下の意欲を向上させるためのさまざまな秘密道具をもっています。よく使われるのが、貢献度が特に高い部下に昇給をもちかけるという方法です。また、得た利益を社員に分配する制度をつくり、全体の士気を底上げするというやり方もあります。成績上位者を表彰し、豪華なご褒美（スマートフォン、週末の有給休暇、CEOとのランチなど）を渡すこともできます。

こうした手法はどれも効果はあると思いますが、否定的な側面ももっています。たとえば金銭的な誘因には、その後新たな基準が生まれてしまう傾向があります。従業員がある職務を見事にやり遂げて報奨金を手に入れた場合、将来また同様の報奨金をもらえると期待しがちになり、その期待が裏切られたときには意欲を失いかねません。また金銭的な誘因は、ときとして従業員が元々もっていた意欲を低下させてしまうこともあります。おそらく、こうした否定的側面のなかで最も大きな問題は、導入にかかる金銭的な負担が大きいという単純な事実でしょう。

しかし、行動科学の研究から、ある材料を一つ生産性レシピに加えれば、負担なしで成績を向上させられることがわかっています。さらに言えば、そうするのに必要なのは、ほんの五分で終わるような小さな工夫一つなのです。

「6　共通点を探すことの大きなメリット」で紹介したウォートンスクールのA・グラント教授を覚えていますか？　グラントは、労働者がしばしば能力を発揮しきれないのは、ある根本的な材料を見失っているからだと考えました。それは仕事の意義と重要性です。そして、従業員に自分の仕事が重要である理由を思い出させれば意欲が大幅に向上し、その結果、より生産的になるはずだと推測しました。

この考えを検証するために、ある実験が実施されました。舞台は大学のコールセンターで、そこでは職員が卒業生に電話をかけ、大学の奨学金への寄付を呼びかける仕事を行っていました。グラントはまず、コールセンターの職員を三つのグループに分けました。そして、第一グループには、ほかの職員が書いた作文を読ませました。書かれていたのは、彼らが仕事から得られる個人的な利益と見なしているものについてでした。たいていの場合、金銭的援助を受けた話や、仕事を通じて得られたスキルや知識のことが書いてありました。グラントの研究では、この第一グループは「個人的利益」グループと呼ばれます。

一方、もう一つのグループが読んだのは、この職場の募金活動によって恩恵を受けた学生の書いた作文でした。そこには、奨学金が彼らの生活に肯定的な影響をもたらし、それなしではとても叶わなかった大切な目標や夢を達成する道を与えてくれた、という話が書かれていました。グラントの研究では、この第二グループは「職務の意義」グループと呼ばれます。

そして、対照用に作った第三グループは、何も読みませんでした。次にグラントは、この実験の前の週と一カ月後に、職員が取りつけた寄付件数と金額を全員分調べました。

その結果、驚くべきことが判明したのです。

「個人的利益」グループと対照用のグループは、寄付の件数、金額とも、ほとんど変化はありませんでした。ですが、「職務の意義」グループは、一週間に取りつけた寄付の件数が二**倍以上**（平均して九から二十三件）になっていたのです。また金額も二倍以上（週平均で一二八〇から三一三〇ドル）に増えていました。

では、このグループのみ、これほど目覚ましい増加が生じたのはなぜだったのでしょうか。さらに分析を進めた結果、増加の主な原因は、それまで意欲に欠けていた従業員が、彼らの読んだ感動的な体験談と自分とのつながりに気づき、やる気になったという事実にあることがわかりました。そうした成果に元気づけられたため、一時間あたりにかける電話の件数が増え、より多くの人と話し、その結果、より多くの寄付を集めたのです。

この知見は、現在ほかの人々の意欲を高めるという課題に取り組んでいる人すべてに、時宜を得た教訓を与えています。民間企業、公的機関、社会事業団体の別を問わず、ほとんどの仕事には、何らかの意義と重要性があるはずです。ですから、部下を管理する立場の人にお勧めの小さな工夫は、従業員が仕事の意義や重要性を見失わないですむような何らかの手段を講じるということです。

そうした手段とは、どういったものでしょうか。自社の従業員や製品、あるいはサービスにどれほど助けられたかという顧客の体験談や感謝の言葉・報告をまだ集めていない企業であれば、今すぐ始めてください。すでにそういったものを集めている企業なら、それを掲示板の目立つところに貼りだすのが、大きな効果の見込めるもう一つの小さな工夫でしょう。あるいは、従業員が読んでくれるのを待つのではなく、自分で部下のところまで持っていってしまってもいいでしょう。従業員が彼らの努力の生み出した影響に関する体験談を読むよう手配したA・グラントに倣って、チームリーダーや監督者は毎回のミーティングを、良い仕事をしてくれたという顧客の喜びの声の紹介から始めてはいかがでしょう。ここまで論じてきたコミットメント戦略に関する知見のいくつかに照らして考えれば、リーダーが体験談を読み聞かせるのではなく、従業員それぞれが気に入った体験談を選び、それを同僚に朗読すればいっそう効果的でしょう。

もう一つ、腕利きの管理職なら実行しそうな工夫として、顧客にお願いして、体験談を従業員たちに直接聞かせるというやり方があります。最近では、スカイプやフェイスタイムといったテクノロジーの登場により、こうしたことを実行するのに顧客が実際にオフィスまでやって来る必要すらなくなっています。ですから、たとえばアイオワ州のエイムズで働く人たちが、自分たちと自分たちの製品がケニアのナイロビにいる顧客に与えている影響を知るのも、かなり簡単になっています。A・グラントの研究でわかったさらなる知見から、この手法の潜在的な利点を示す証拠が得られています。つまり、コールセンターの職員に、奨学生と直接顔を合わせて彼らの体験談を聞く機会を与えると、やる気と仕事の成績がいっそう上がったのです。

このスモール・ビッグの利用法には無限の可能性があります。たとえば、製薬会社が販売員に自分たちのしている仕事の意義を思い出させたいなら、患者に自社の薬で生活がどれほど改善されたかを語ってもらうよう手配してみてはいかがでしょう。ソーシャルワーカーやホームヘルパーも、自分たちが利用者の生活に起こした変化を直接知ることができれば、大事な仕事をしているのだという気持ちがきっと強まります。

最後に、グラントがコールセンターで遭遇した体験をご紹介しましょう。彼はある人物の机に次のような標語が置かれているのを見たそうです。「この職場で頑張って働くのは、ダークスーツを着てるときに失禁してしまうようなものだ。本人は生暖かさを感じるが、ほかの誰にも気づかれない」。もしかすると、これこそ管理職の皆さんが、いの一番になすべき最も小さな工夫なのかもしれません――良い仕事をした従業員にはひとことと、「よくやってくれた」と、声をかけましょう。

12 「つながりが薄い人」の活用法

一九七三年、当時ＡＢＣ放送でゴールデンタイムの番組編成責任者をしていたバリー・ディラーは、映画一本に支払われるテレビ放映権料の記録を塗り替え、映画『ポセイドン・アドベンチャー』の全米テレビ放映権に三三〇万ドルを投じました。

このとんでもない金額だけでも、世間の度肝を抜くには充分だったでしょうが（今の金額に直せば一五三〇万ドル〈約一八億円〉にもなります）、さらに驚くべきことに、ディラーは契約書にサインをした時点で、すでにこの取引で少なくとも百万ドルの損が出るとわかっていたのです。

では、何が災いして経験豊富な海千山千の人物が、払うべきではなく、払いたいとも思わず、さらには払う必要すらなかった大金を払ってしまったのでしょうか。また、あなた自身が交渉を行うときに、この人の轍を踏まずにすむ小さな工夫とは、何でしょうか。

七〇年代のテレビ業界の話はいったん脇に置いて、まったく違う場面を覗いてみましょう。舞台は現代のビジネススクールです。ハーバードビジネススクールのM・ベイザーマン教授は、交渉術を教える講座の第一回授業でいつも、ある面白い実験をしています。財布から二〇ドル札を取り出して、競売にかけるのです。この競売には誰でも参加できますが、守るべきルールが二つあります。入札は一ドル刻みで行わなければならず、次点の者は何ももらえないうえに、ペナルティとして最後に入札したのと同じ金額を支払わなくてはなりません。競売が始まるとすぐに、現金をそれより安い値段で手に入れようと思う人々の手が次々に挙がります。ベイザーマンは言っています。「いつでも同じパターンです。入札は勢いと熱気を帯びて始まります」。ですが、すぐに興味深い現象が起こります。

入札の金額が一四ドルから一六ドルのあたりに到達すると、突然、入札者たちは獲物を安く手に入れようとしているのが自分だけではないことに気づきます。勢いよく挙がっていた手は、急に次々と引っ込み、そのままポケットの奥深くに突っ込まれます。入札者の数は一気に減り、最高値の入札額を争っている二人だけが残ります。**本当に**興味深い現象が生じるのは、ここからです。入札を続ける二人は、自覚のないまま新しい競技に巻き込まれています。今や彼らは、勝つためではなく、**負けないため**に入札しているのです。

傍で見ている誰の目にも明らかな話ですが、入札者の二人は、競売が制御不能に陥る前に損切りすべきです。しかし、そうなることはめったにありません。ベイザーマンによれば、二百回以上競売を行ってきて二〇ドルに達する前に入札が決着したことは、ただの一度しかないそうです。ときとして落札価格は一〇〇ドルを上回ることもあり、これまでの最高記録は、なんと二〇四ドルです！

では、このとき何が起きているのでしょうか。どうやらベイザーマンの競売では、二つの要素が組み合わさって、入札者の行動に影響を与えているようです。一つはコミットメントと一貫性の原理（最初にコミットメントを行ったら、たとえそれが小さなものであっても、そのコミットメントと矛盾しない行動を取らせようとする圧力が、自分の内側からも外側からもかかってくるという原理）です。簡単に理解できる話ですが、ほんの一ドルだけ参加費を払いベイザーマンの競売に参加するのは、ほぼ誰にでも進んで行えるささやかなコミットメントです。ですから、多くの人が実際に入札の手を挙げるのも、驚くようなことではありません。その後に続く入札が一ドルという細かい刻みだけで進むことにより、入札者たちの一貫性への欲求はますます煽られます。彼らはこう思っているかのようです。「一ドルはもう入札した。安い金額だ。だから、入札金額にもう一ドル足したってたいしたことはない」。もちろん、その競売に多くのライバルがいることはすぐ明らかになり、これが希少な資源を巡る競争（思い出してください。この二〇ドル札を落札できるのは、たった一人です）だと悟った瞬間、説得力に富んだ二つめの力が発動します。勝利への欲望よりも強力な、負けるのを避けたいという欲求です。

そして、本質的にはこれと同じことが、ABC放送のディラーにも起こったのです。ライバル局もその映画の放映権に興味をもっているのはわかっていました。すでに、権利を落札するために時間と資金を注ぎ込んでいました。言うまでもなく、本人の面子もかかっています。これらの理由が相まって、ディラーは突き進むしかなくなりました。そして入札額はエスカレートし続け、落札できても損になるとわかっている金額をあっけなく超えていったのです。

ディラーのエピソードがよく示しているのは、競争的交渉に関わる人がよく陥ってしまう落とし穴です。「コミットメントのエスカレーション」として知られるこの落とし穴の犠牲になるのは、個人だけに限りません。ディラーが放映権の交渉をしていたのとほぼ同じ時期に、ロングアイランド電力[訳註]は七千万ドルを投じた原子力発電所を稼働させる予定でした。しかし、予定は遅れに遅れ、その間に予算超過を繰り返し、ついには、もはや稼働させても元が取れないというデータまで出たにもかかわらず、計画が中止されるまでにはさらに十年もの月日がかかり——最終的に注ぎ込まれた金額は、なんと六〇億ドル（約七千億円）以上になりました！

コミットメントのエスカレーションが残念な結果を引き起こし、将来的な金銭・資源の損失につながりやすいことはわかっているので、その効果を弱めようとする戦略がいろいろと用いられています。そうした戦略のなかで最も一般的なのが、交渉を始めるかどうかの決定と実際の交渉とを、別の人間に担当させるというやり方です。たとえば、新しいコンピューター・ソフトウェア・システムの導入を検討している会社であれば、新システムを導入するかどうかの決定を一人の意思決定者に委任し、意思決定がなされた後は、購入の交渉という次の仕事を別の人間に担当させるのです。このやり方は、導入の決定役とその後の交渉役を変えれば、コミットメントのエスカレーションとそれに付随して生じる金銭的リスクを回避できるという考え方に基づいています。

理屈で考えるとこれは良い戦略に思えますが、たいていはうまくいきません。ごく単純でありながらも見逃されがちな原因があるためです。意思決定役と交渉役を別の人間に担当させるというやり方は、たしかに当事者二人を**物理的に**分けてはいますが、それだけで、二人の間に存在しているかもしれない**心理的なつながり**まで断ち切れるとは限らないのです。ここから興味深い疑問が導かれます。交渉担当者は、ただ意思決定を行った人物と関係があるというだけで、その人物の行ったコミットメントに引きずられたりするのでしょうか。そして、もしそうしたことが起きるなら、その結果はディラーやベイザーマンの学生たちが経験したことの再現になりがちなのでしょうか。

こうした疑問を検証するために、社会心理学者のB・ガニア、N・シバナサン、A・ガリンスキーは、いくつかの研究を行いました。その実験の一つで、実験参加者たちはまず、ある会社の財務部長に関する記事を読みました。以前、同社の消費者部門に、五百万ドルの投資を決めた人物です。また、過去五年間の成績は、同部門よりも、部長が投資しないことを決定した別の部門のほうがずっと良いとも教わりました。その後、自分がその財務部長の後任になったとして、一千万ドルの新規投資をどう行うか考えるように言われます。けれども、その決定を下す前に、半数の参加者には「視点取得」という作業を行わせました。つまり、前任者が投資の決定をしたときに、どのようなことを感じ何を考えていたのかを検討させたのです。残りの参加者には、客観的な判断を下すようにとだけ言い、前任者の考えは考慮に入れさせませんでした。

実験の結果から、前任者の見方を検討するように言われた人々は、以前の感心できない投資に影響さ

訳註：一九一一～九八年までアメリカに存在した電力会社。

れただけでなく、前任者のコミットメントをさらにエスカレートさせがちだったことがわかりました。そのグループでは、消費者部門への投資額が、何も言われなかったグループよりも平均で四〇パーセント多かったのです。おそらく、この結果で一番興味深いのは、最も収支が良くなる決断を下せた参加者には、五〇ドルの現金を支払うと言ってあったにもかかわらず、このような現象が現れた点でしょう。

ですが、ここでいったん立ち止まって考えてみましょう。現代のビジネスの世界はペースが速く競争も激しいため、他人の視点取得どころか自分の視点取得すらおぼつかないくらいです。ですから、ひょっとすると企業を代表して意思決定業務や交渉業務を行う調達責任者や仕入れ担当者は、そもそもほかの人の決定と自分には深いつながりなど何もありはしないのだから、自分の仕事が過度の影響を受ける心配はなさそうだと確信して、ほっとするかもしれません。

しかし、研究者たちがさらなる研究を通じて明らかにしたところによれば、そうした確信は間違っているようです。じつは、一見無意味に思えるようなつながり——たとえば、生まれ月や大学の卒業年が同じといったもの——だけでも、それが原因で相手のコミットメントにこだわってしまうことがあるという証拠が出ているのです。

では、こうした知見を念頭に置いたとき、ほかの人のコミットメントに影響されるという落とし穴を避けるために行っておくべき小さな工夫には、どのようなものがあるのでしょうか。ちょっと想像してみましょう。あなたは組織の調達部門の責任者で、交渉担当者と購入担当者からなるチームを率いています。本章で紹介した研究の結果を踏まえると、あなたはチームのメンバーを選ぶときに、ほかの能力が同程度なら、何らかの措置を講じて、交渉を頼んでくる部署の人間とのつながりがなるべく少ない人物を選ぶようにするべきです。

社長の皆さんも、これらの研究から導かれる結論を考慮してみてはいかがでしょう。たとえば、販売部門で良い成績を収めているベテラン社員がいれば、出世させてやりたいと思うのは人情でしょうが、その人物と前任の販売部長との間にあると見込まれるつながりのせいで、あなたがじつは打ち切りたいと思っている決定や戦略の寿命が延びてしまうかもしれません。逆に、もし前任の販売部長が採用していたアプローチや戦略を続けさせたいのなら、その人物を後任に据えることこそ、まさしく適切な判断でしょう。

そして、もちろん、あなた自身が交渉や意思決定を行う場面では、あなたの行動や決定を惑わしうる、この目立たなくとも強力な影響力を意識することが、とても大切です。この知見を意識して行動するだけで、自分が『ポセイドン』的な冒険に巻き込まれ、ビジネスで大失敗をするような事態は充分避けられます。たとえば、スタンフォード大学ビジネススクールのJ・フェファー教授が中心となって行った研究からわかったことですが、もし、あなたが組織内で特定のプロジェクトを監督する立場にいるのなら、そのプロジェクトがうまくいったかどうかの評価は、組織内の別の人間にやらせたほうがいいのです。なぜかと言えば、監督の立場だった人間は、プロジェクトの価値を高く――ときには劇的に高く――見積もりがちだからです。さらに言えば、評価の担当者とあなたとのつながりが薄ければ薄いほど、プロジェクトの評価はより客観的になるでしょう。

13 目標到達へのプランづくりが導く確実な成果

ほかの人を説得して何らかの行動を取らせたい場合、「イエス」ほど心地よい響きをもつ単語はないのではないでしょうか。ですが、こちらの頼みに「イエス」と言わせても、行動が伴わないこともありえます。これが特に多いのが、相手がある行動を行うのに同意してから、それを実行するまでの間に時間的なずれがある場合です。同僚や取引先の人が気軽に頼みを引き受けて――「了解、きみの提案は来週の会議にかけておくよ」「もちろん、そっちにも報告書を送るよ」「任せておいてくれ。新しい部長に紹介するから」――結局はその約束を守ってくれなかったというのは、多くの人に覚えのある話でしょう。おそらく同僚は、あなたの求めに口先だけで返事をしたわけではありません（少なくとも、そう思いたいものです）。ただ、あなたの頼みを引き受けてからそれを実行するまでの間に、あまりにも多くの用事や雑事が彼らの注意を奪い、あなたの勝ち取った最初のコミットメントがかき消されてしまったのでしょう。

幸い説得の科学には、最初のコミットメントに従って行動するよううながすための、隠された戦略が存在します。それは、「いつ、どこで、どのようにして、やると言ったことをやるのか、具体的なプランを作らせる」というものです。行動科学の世界では、この具体的なプランのことを**実行意図**と呼びます。

小さな工夫を一つ追加して実行意図の促進を助けてやると、結果は大きく変わります。それをわかりやすく示しているのが、行動科学者のD・ニッカーソンとT・ロジャーズの行った研究です。二人が知りたかったのは、有権者に、選挙当日に投票所へ行くまでの具体的なプランを立てさせると、実際に投票を行うかどうかに何か影響があるのかということでした。この疑問に答えるため、ニッカーソンとロジャーズは大規模な実験を行いました。その実験では、二〇〇八年の大統領予備選挙の有権者、約五万八千人の家に電話をかけ、事前に用意した数種類の筋書きのどれかに沿ったやり取りを行いました。

第一のグループに使われた筋書き（標準シナリオ）では、選挙の話をし、投票は国民の重要な責務であると伝えることで、人々に投票をうながそうとしました。第二のグループに使われた筋書き（自己予測シナリオ）は、おおむね標準シナリオと同じものですが、投票するつもりかどうかを尋ねるという要素が加わっていました。この自己予測シナリオはある先行研究を土台としていましたが、その研究では、社会的に好ましい行動を行うかどうか予測させ、その際、相手が「その行動を行う」と言うように話をもっていくと、そう言った人はその行動にコミットしたように感じるため、その行動の実行率が高まることがわかっています。

一方、第三のグループに使われた筋書き（投票プランシナリオ）は、自己予測シナリオとほとんど同じものでしたが、さらに踏み込んだ質問を三つ用意して投票の意思を示した人に、その場で投票プランを練るよう勧めました。質問の内容は「何時ごろ投票に行きますか？」「どこから投票所へ向かうでしょうか？」「投票へ行く前は何をしていますか？」というものでした。こうした質問をするのは、これらの具体的な問いに答えることで、参加者たちが当日やらなければならないほかのことをすべて考慮に入れた具体的プランを立てやすくなり、来たるべき投票日にはそうしたプランに沿って行動しやすくなると考えられるためです。また、ほかのグループとの対照用に、いっさい接触を行わない有権者のグループ（約二三万人）も用意しました。

予備選挙の後に投票を行ったかどうかを報告するように求めれば、さまざまな偏りが生じて不正確なデータが出てしまう可能性があるとわかっていたので、研究者たちは公式の投票記録にあたって、参加者たちが実際に選挙に行ったかどうかを調べました。その結果、最も効果があったのは、投票プランシナリオだったことがはっきりしました。対照用のグループと比べてこの筋書きを用いたグループでは、四パーセントも投票率が高かったのです。さらに、この筋書きが最も効果を発揮したのは、有権者が一人しかいない世帯であることもわかりました。そうした世帯に絞って見ると、投票率は九・一パーセントも上昇していました。

そうなった理由について考えられる説明はいくつかありますが、証拠とよく合致しているように思われるのは、有権者が複数いる世帯では調整しなくてはならない予定が多いため、具体的な投票プランを自発的に立てる見込みが有権者一人の世帯よりもずっと高いという可能性です。だとすれば、有権者一人の世帯では有権者が複数いる世帯よりも、外部の第三者から具体的なプランを立てるように言われたおかげで得をする機会が多いことになります。

この研究から明らかなように、説得の場面において相手から「イエス」を引き出すのは、しばしばスタートにすぎず、ゴールではないのです。人々が言ったとおりに行動する可能性を最大化するには、「イエス」と言わせた後に、さらにいくつかの具体的な質問を行い、目指すと約束したゴールまでどうやって到達するつもりなのか、はっきりさせることを考えなくてはなりません。

そうするのに、細々としたことにまで口を挟んだり、詰問する必要はありません。もっと言えば、質問が、なすべき課題の細かな部分や具体的な側面とほんの少し関係しているだけで充分です。たとえばダイエットクラブのリーダーなら、各セッションの最後に、次回のセッションにどうやって来るか――何時ごろ職場を出るのか、子どもを預ける算段はついているかなど――を、会員にちょっと尋ねてみてはどうでしょう。その実行プランを会員全員で共有すれば、さらに二つの利益が見込めます。実行プランがほかの人に対して公表されること（それにより、コミットメントと一貫性の原理がしっかり働きます）と、会員たちがお互いについての情報を知り、将来のコミットメントを固めるかもしれないことです。たとえば、家が近いという情報に気がついた会員同士が、今後のセッションに一緒に通うようになるかもしれません。

ほんの少しだけ違った場面を例に取れば、会社員がほかの部署で働く同僚を毎週の定例ミーティングに参加するよう説得したいときに、「水曜日、午後四時のミーティングに参加できますか？」というありきたりな質問を少し変え、「水曜午後四時のミーティングの前の予定はどうなっていますか？」と聞くだけで、相手の出席見込みが高まるかもしれません。

発せられる質問にほんの少し手を加えることによって生じる驚くべき効果は、再就職支援の研究でも実証されています。その研究では、職業紹介所を訪れる求職者への質問が、それまでの二週間に行った求職活動に集中している点に着目し、彼らの意識が今後の実行意図に向くように質問を変えてみました。「就職するうえで役立つと思われる活動で、今後二週間以内に取りかかるつもりのものが何かありますか？」と尋ねたのです。イギリスの行動洞察チーム（「5 名前が生み出す驚くべき効果」参照）が実施したこの研究は、大きな変化を引き起こす小さな工夫の卓越した例を提供しています。三カ月の試行期間を設けてみたところ、実行意図プランを考えるよう導かれた求職者は、十三週目に失業保険から抜けている割合が標準的な質問を受けていた求職者より、二〇パーセントも多くなりました。

ほかにも、この説得戦略を用いて推進されている非常に重要な活動があります。予防接種です。行動科学者のK・ミルクマンたちは、従業員に無料のインフルエンザ予防接種を行っているある大企業で実験を行いました。その実験では、無料予防接種を受ける資格がある従業員全員に、社内の特設会場でインフルエンザの予防接種を受けるように通知しました。通知には、実施日の一覧と会場の場所が書かれていました。実験参加者のうち二つのグループに対しては、さらに文章の追加された通知が送られました。一つめのグループに届いた通知では、予防接種を受けるつもりの日付を書き込むことがうながされていました。二つめのグループに届いた通知は一つめのグループへの通知と似ていましたが、さらにもう一歩、実行意図に踏み込んだ内容になっていました。それは、予防接種を受けるつもりの日付だけでなく、**時間**も書くようになっていたのです。実験の結果、日付を書くようにうながす通知を受け取ったグループでは、追加の文面が何もないグループより、予防接種の受診率が一・五パーセント増加しました。一方、より具体的な情報――日付と時間――を書くようにうながす通知を受け取ったグループでは、四・二パーセントの上昇が見られました。

これらの上昇率は小さいものに思われるかもしれませんが、もし舞台が巨大な多国籍企業であったら、どれほど大きな差になるかを考えてみてください。予防接種によって従業員がインフルエンザの苦しみから逃れられるだけでなく、職場での感染拡大も防げるかもしれません。さらに、この研究でとりわけ興味深いのは、これまでに紹介してきたほかの実行意図の研究とは違って、従業員に公《おおやけ》のかたちではなく、私的なかたちで意図を述べさせている（もっともこの研究の場合は書かせているわけですが）点です。ここまで論じてきた諸研究では、たいていの場合、公になされるコミットメントを推奨していたわけですが、この研究は私的になされたコミットメントであっても効果があることを示しており、この説得戦略の使い勝手の良さを立証しています。

14 「未来へのロックイン」が導くより良い選択

ときには、どれほど頑張っても、またどれほど効果的な説得方法を知っていても、説得の試みがうまくいかないこともあります。**やるべき**だが**やりたくはない**という場面においては、ほかの場面では効果的な影響戦略が力を発揮しないことがあります……なぜでしょうか。原因はいくつも考えられます。それが募金のお願いであれ、健康的な食生活をさせることであれ、取引先を他社から自社に変えさせることであれ、職場に新しいワークスタイルを導入することであれ、説得がうまくいかない場合に最も頻繁に挙げられる理由は、最も単純なものでもあります。つまり、相手は行動を変えるべきだとわかってはいますが、**今すぐ**変える気はないのです。

D・ギルバート、Y・トロープ、N・リーベルマンといった社会心理学者が実施した調査により、人間はたいていの場合、**すぐ先の未来**に起きる出来事と**はるか先の未来**に起きる出来事を、まったく別物として考えていることがわかっています。すぐ先の未来に起きる出来事についてはとても具体的な条件に照らして考える一方、はるか遠い未来のように思われる出来事については、より抽象的な条件に照らして考えることが非常に多いのです。たとえばあなたが、職場の同僚たちに、地元のホームレス救護施設の週末ボランティアへの参加を呼びかけるとしましょう。そのとき、同僚がその作業をどう考えるかは、それが今週末の話か、八カ月後の話かで変わってきます。もし今週末の話であれば、彼らはボランティア活動を引き受けた場合にこうむる具体的な損失――たとえば、買い物に行けなくなる、週末にスポーツチャンネルで放映される注目の試合を見逃してしまう、寝不足の解消ができなくなるなど――を意識しがちです。

一方、ボランティアへの参加が八カ月後の話であれば、相手はその呼びかけをずっと漠然としたレベルでとらえ、自らのもつ全般的な価値観、道徳観、信条とその頼みが、どれくらい関係しているかを考える場合が多くなります。ですから、何カ月も先のボランティア活動への参加を頼まれた人は、自分がそれを**やりたいか**よりも、自分がそれをやる**べきか**に意識が向きやすいのです。そのうえで、人の役に立つのは自分の価値観と合致するという結論が出れば呼びかけに応じ、そのコミットメントに従って行動してくれる見込みが高くなります。

行動科学者のT・ロジャーズとM・ベイザーマンは、こうしたコミットメント戦略を「**未来へのロックイン**」と呼び、これを利用するには、話のもっていき方に小さくて重要な工夫を施す必要があるとしています。頼むときは、今すぐの変化ではなく、将来のある時点での変化に対する同意を得るようにすればよいのです――もちろん、その変化は本人のためになり、欲を言えば、相手の個人的な価値観と合致していなくてはなりません。この小さな工夫の効果を実証するため、研究者たちはガソリンを一ガロンあたり二〇セント（一リットルあたり約六円）値上げして全体的な消費量を下げさせるという政策案を、実験参加者に聞かせました。その際、参加者の半数には、その政策は即座に実施されると伝え、残りの半数には、実施は四年後になると伝えました。すぐに政策が実施されると考えた人たちの支持率は二六パーセントでしたが、あと四年間は実施されないと考えた人たちの支持率はそれよりもずっと高く、四〇パーセント以上になりました。ほかにもいくつかの実験を行った結果、慈善事業への寄付や健康関連の選択といった領域でも、同様の効果が生じることがわかりました。

行動経済学者たちは、この手法が別のある重要な分野でも有効であることを明らかにしてします。その分野とは、「将来に備えた貯蓄」です。この説得戦略の最もはっきりとした実証例を見てみましょう。R・セイラー（『実践行動経済学』の共著者）とS・ベナルツィは、この説得戦略で、企業年金制度（401k）の加入率が大幅に上昇することを示しました。彼らが「明日もっと貯蓄」というプログラムで従業員に求めたのは、今すぐの加入ではなく、将来の賃金の増加分の一部をプログラムに回す約束でした。このプログラムが成功した理由はいくつもありますが、一つ大きな理由としては、従業員の意識をプログラムと直接的に結びつく具体的な条件（たとえば「毎月懐に入る金額が減る」）から逸らし、より大きな価値や目標を達成するための抽象的な条件（たとえば「家族のためになる」）と結びつけた点です。

この調査の結果からわかるのは、すぐに行動を変えるよう求めて抵抗されるより、将来の行動を変える約束をとりつけるほうがうまくいきやすい場合がある、ということです。たとえば、あなたが管理職で、従業員を説得して会社のシステムや業務手順を関係者全員にとってより良いものに変えたいとしましょう。さらに、これまでのシステム変更の試みが期待したほど成功しておらず、今度の導入プランにも抵抗が予想されるとします。そんなとき、話のもっていき方をちょっと変え、従業員に三カ月後に行われる変更について同意するよう求めれば、幸先の良いスタートが切れるでしょう。こうすることで、始めから新しい業務手順への変更に同意してくれる人の数も、将来へのコミットメントを行ってくれる人の数も、即座の変更を求めた場合よりもずっと増えるはずです。

未来へのロックインが使えそうな領域はまだあります。たとえば、インターネットのブロードバンド、ケーブルテレビ、携帯電話といった日常的なサービスの料金プランへの申し込みです。最も安くて魅力的なプランの契約は、しばしば契約日から一年半あるいは二年間破棄できないようになっています。こうした、その日から有効になる長期契約の話を聞いたときに、すぐ発生する具体的な負担を嫌ってプランを拒否する人もいるはずです。ですが、もしこの契約が加入後三カ月経ってから有効になるとしたら、プランを拒否する顧客の数が減るばかりか、サービスを提供する側も顧客を三カ月長く押さえておけるというメリットがあります。そうなれば、みんな万々歳です。なぜなら顧客の側も、最初の三カ月を使って、そのサービスが満足いくものかどうかを考えられるようになるからです。

もちろん、最も理想的なのは、まったく待たなくてよい状況であることはわかっています。しかし……これは私たち著者がよく担当編集者に言っていることなのですが……ちょっと待たされるくらいは、いくら待っても駄目なのと比べれば、ずっと良いと思いませんか？

15 「将来の自分」への義務感が人を動かす

私たちは日常的に、義務と道徳的責任を訴えてくる説得のメッセージを目にしています。コマーシャルは、生命保険に加入するのが家族に対する義務だと言います。政治家は、国産製品を買うのが同胞に対する義務だと言います。環境問題の専門家は、世界の自然資源を保護するのが将来世代に対する義務だと言います。そして、私たちの良心は、自分を育ててくれた親が年を取ったら面倒を見るのが子どもの義務だと言います。人生において正しいことをするのが、ほかのさまざまな人に対する義務であることははっきりしています。しかし、そのなかでも特に義務を果たさなければならない相手を一人選ぶとしたら、誰でしょうか？

私たちがその回答として提案したいのが、「将来の自分」という答えです。

社会心理学者のC・ブライアンとH・ハーシュフィールドは、長期的に見て本人の利益となる行動を（たとえ短期的には負担が大きく見えたとしても）取るように説得する場合、将来の自分に対する道徳的責任感に訴えかければよいという仮説を立てました。

まず二人は、大多数の人が将来に備えた貯蓄が充分にできていないという事実に注目しました。具体的な行動としては、退職後に備えた貯金のことです。彼らは前述の仮説を検証するため、毎月の給料から退職金の積み立てに割り当てている金額がそれほど多くない、約二百人の大学職員を研究対象としました。

この研究では、実験参加者全員に定年後の貯金の大切さを改めて説き、退職金の貯蓄プランに割り当てる金額を増やすよう強く勧めるメッセージが送られました。けれども、メッセージの最終段落の文面は、参加者を無作為に分けたグループごとに大きく変えてありました。

たとえば、「標準的な将来の自己利益」グループに対して送られたメッセージには、「長期的観点から見た利益をよく考えてください。今すぐ貯蓄への割り当て額を増やすようお勧めします。長期的に見た暮らしの安心が脅かされているからです。引退後に使えるお金の多寡を決めるのは、現在のご決断です」と書いてありました。

一方、「将来の自分に対する義務」グループには、「退職した時点でのご自身に対する責任をよく考えてみてください。今すぐ貯蓄への割り当て額を増やすようお勧めします。〈将来のあなた〉には、今のあなただけが頼りです。〈将来のあなた〉の経済的安定性を決めるのは、現在のあなたのご決断なのです」というメッセージが送られました。

二週間後、研究者たちは大学の福祉課に報告を求め、メッセージを読んで退職プランに割り当てる金額を変えた実験対象者の数を確認しました。「将来の自分に対する義務」グループの貯蓄率は、「標準的な将来の自己利益」グループよりも〇・八五パーセント（約十七人）高くなっていました。一見これは大した差に思えませんが、もしアメリカ人の平均収入にあたる年収四万五四八五ドル（約五五〇万円）の三十歳男性が、貯蓄に回す金額をそれまでの五パーセントから五・八五パーセントに増やした場合、結果がどうなるかを考えてみてください。定年を迎えるまで一度も昇給がなかったとして（極端に控えめな推定ですが）、定年の六十五歳を迎えたときには、このごくささやかな増額により、貯蓄総額は六万八七九七ドル（約八二五万円）も増えています。見方を変えれば、この人は「将来の自分に対する義務」を訴えたメッセージに反応したというだけで、およそ一年半ほど早く仕事を辞められるようになるのです！

この研究から、「将来の自分」に対する義務感に訴えかける手法が、強力な影響戦略になりうることがわかります。ですが、「将来の自分に対する義務」というメッセージが、誰にでも有効だったわけではない点は見落とさないでください。じつは、将来の自分に対する親しみの度合いは、人それぞれです。もっと正確に言うと、この実験では将来の自分にほとんどつながりを感じない人には、「将来の自分に対する義務」メッセージも、「将来の自己利益」と同程度の効果しかないという結果が出ました。では、将来に備えた貯蓄プランを人に勧めるときには、将来の自分に特に親しみを感じている人だけを見つけ出して対象にすべきなのでしょうか。そうではありません。万人に有効とまでは言えないにせよ、将来の自分につながりを感じていない人に対する「将来の自分に対する義務」メッセージの効果が、「標準的な将来の自己利益」メッセージに劣るわけではないという事実から考えて、誰に対してもこの手法を用いるのがおそらくは最も良いでしょう。

将来の自分に対する道徳的義務を考えるように求めるという小さな行為が、退職後の蓄えに大きな差を生むという考えを知れば、財務顧問、人事部門の管理職、政治家は喜ぶに違いありません。ですが、将来の自分について考えることの重要性に人々の意識を向けさせる、さらに効果的な方法はないものでしょうか。じつはあります。未来の自分がどんな姿になっていると考えられるか、写真にして見せるのです。

H・ハーシュフィールドと六人の研究者が共同で行った実験で、実験参加者たちは、まず実験の数週間前に、自分の写真をネット上にアップロードしました。そして実験当日には、退職基金にどれくらいのお金を回そうと思っているかという質問に、画面上の目盛りを操作して答えました。そのとき、半数の参加者の画面には、数週間前にアップロードした「現在の自分」の写真が表示してありました。一方、残りの半数の画面に表示されていたのは、その人が七十歳になったときにどのような顔をしているかを示す「年を取った自分」の写真でした。このわずかな違いから大きな差が生じました。「現在の自分」が表示されていたグループでは、貯蓄プランへの割り当てが平均で収入の四・四パーセントだったのに対し、「将来の自分」が表示されていたグループの平均は、六・二パーセントになりました。年を取った自分の写真を使い、参加者を将来の自分と接触させる手法で、貯蓄に回す金額が約三〇パーセントも増加したのです。

ここから導き出される結論は明らかです。誰かの行動を変えるという課題を抱え、しかもその相手がかなり長い間その変更から生じる利益を無視しているなら、そうした相手には、将来の自分に対する義務を指摘するだけでは足りません。将来の自分の姿も見せるべきです。たとえば、あなたが患者に禁煙を勧めたいと思っている医師なら、インターネット上で公開されているエイジ・プログレッション・アプリ（自分の年取った将来の顔が予測できる）を使い、喫煙がどれほど老化を早めるかという点を強調してはいかがでしょう。

ですが、説得すべき相手が大勢いるなど、誰か一人の将来の写真を使うのは具合が悪い場合もあるかもしれません。D・バーテルズとO・アーミンスキーの行った追加調査から、そうした場合にも使えるもっと簡単な方法がわかっています。現在の自分と将来の自分とがつながっているという感覚を強めるには、時間の経過に伴い、人生のいくつかの側面が変わるとしても、個人のアイデンティティーの芯になる部分――つまり、その人が本当はどんな人間なのかという部分――は変わらないのだと思い出させるだけでよいことがわかりました。

ですから、食べ過ぎや無駄遣いを減らすよう説得したいときは、罪悪感を強めたり誘因を複雑に組み合わせたりする戦略を使うよりも、将来の自分とのつながりを相手にちょっと思い出させるほうが効果的かもしれません。

本章で勧めたスモール・ビッグは、少々使える範囲が狭すぎて役に立たないと思われたでしょうか。ですが、少なくともこの新しいやり方を試してみて、うまくいくかどうかを確かめてほしいと思います。それは、将来の自分に対する今のあなたの義務なのです。

16 目標値の「幅」がやる気を誘う

一九一九年、『カンザスシティ・スター』紙で風刺漫画を描いていたウォルト・ディズニーは、同紙の編集長によれば「創造性が足りなかった」ために解雇されました。二〇一二年、イギリスの生物学者ジョン・ガードンは、生理学と医学に対する長年にわたる類いまれな貢献が評価されてノーベル賞を受賞しましたが、イートン校[訳註1]在籍時には、担任から通知表に「将来の夢は科学者になることのようですが、現在の成績を鑑みるに馬鹿げた話です」と書かれています。そしてハリウッドの伝説によれば、RKO[訳註2]のスタジオ主任は、まだ駆け出しの映画俳優だったフレッド・アステア[訳註3]をスクリーンテストで不合格にし、「演技ダメ。歌ダメ。頭は禿げかけ。ダンスは少々」と評したと言われています。

訳註1：イギリスの名門パブリックスクール。
訳註2：アメリカにかつて存在した大手映画会社。
訳註3：一九三〇～五〇年代にかけて、ミュージカル映画などで活躍したアメリカの俳優。

幸いこうした初期の挫折があっても、彼らは自ら定めた目標を諦めずに、大きな成功へと駆け上っていったのでした。ですが、人はときに目標を断念してしまうこともあります。ノーベル賞受賞者やハリウッドのシンボルになる人の映画にでもなりそうな大目標ではなく、ささやかで大切な日々の目標（もう少し貯金する、体重を減らす、クレジットカードの負債を払う、今月の販売目標を達成するなど）をです。

自分で以前設定した目標に、もう一度取り組まなくてはならないことはよくあります。同様に、管理職やチームの責任者、教師や親も、部下や生徒や子どもの意識を以前立てた目標に向け直し、改めてそこへ向かわせなくてはいけないときがあります。自分や他人のために目標を設定する場合は、やるべきことをしっかりと具体化するのが、伝統的に受け継がれてきた知恵です。たとえば、半月で体重を一キロ減らしたいなら、毎日一時間、六マイル（約九・六キロ）走りましょう、一年後の休暇旅行のために貯金するなら、毎月百ドル貯めましょうといった具合です。ですが、誰でも知っているこの知恵は、自分やほかの人を目標に**再挑戦させる**ときにも効果があるのでしょうか。

マーケティング学の教授M・スコットとS・ナウリスは、新しい目標を立てたり新しい試みを始めたりする場合は単一の数値目標を設定するのが有効であるが、以前立てた目標にもう一度挑戦する場合は、その方法がうまくいくとは限らないと考えました。彼らは、しっかりとした数値目標（たとえば「一週間で一・五キロ体重を減らす」）よりも、その数値を中心に上下に幅を持たせた数値目標（たとえば「一週間で一～二キロ体重を減らす」）を定めたほうが、以前の目標に再挑戦しやすくなると考えたのです。

この仮説を検証するために行われた研究のなかに、ダイエットクラブを舞台にしたものがありました。その研究では、十週間のプログラムへの参加に同意した会員たちが、始めに期間中の減量目標を決め、その後二つのグループのどちらかに振り分けられました。片方はきっちりとした数値目標を設定したグループで、もう片方は幅のある数値目標を設定したグループです。たとえば、最初の週に一キロ体重を落としたいと思っている会員の場合なら、その人が、きっちりとした数値目標を設定するグループであれば「今週中に一キロ痩せる」という目標が、幅のある数値目標を設定するグループであれば「今週中に〇・五キロから一・五キロくらい痩せる」という目標が与えられます。

各週の初めに参加者は体重を量り、その週の減量目標を設定します。その後、グループセッションに参加し、健康的な生活習慣について学びます。十週間の期間の最後に、研究者たちは参加者の成績――何キロ体重が減ったか――と、もう一度十週間のプログラムに取り組むつもりがどれくらいあるかを確認しました。体重の落ち具合については、二つのグループの間に大きな差は見られませんでした（最初の三週間を例にとれば、幅のある目標設定をしたグループは平均で約一・二キロ、きっちりした数値目標を立てたグループは平均で約一キロ痩せました）が、幅を持たせた目標設定という手法は改めて目標に取り組むため、もう十週間分のプログラムに登録するよう説得するときに、大きな効果がありました。きっちりとした数値目標を立ててダイエットに取り組んでいたグループで、そのダイエットプログラムに登録した人は五〇パーセントそこそこにすぎなかったのに対し、幅を持たせた数値目標を立てていたグループでは八〇パーセント近くが登録し、料金の二五ドルを払ったのです。

ダイエットクラブのリーダーやフィットネスクラブの経営者は心して聞いてください。両グループの落とせた体重が同じ程度だったとしても、栄養士なら誰でも言うように、ダイエットで最も大事なのは継続して体重を減らし続けることです。持続性への鍵となる要素が、長期間にわたって人々が目標に何度も挑戦するよう手助けすることである点を踏まえれば、これは実行可能で大きな差を生む小さな工夫の一つと考えられます。ですが、どうしてこのような効果が生まれるのでしょう？

これまでの研究では、目標に向かっている人に重要な影響を与える要素が、二つ示されています。**やりがいと到達可能性**です。目標を立てると、人は充分にやりがいを感じます。これは、そうすることでいずれ達成感が得られるからですが、そのためには、目標を成し遂げられるという現実的な可能性が必要になります。きっちりとした数値目標（この場合だと、比較的達成しやすい数値、あるいは比較的達成困難な数値、あるいはその両極の間のどこかに見つけた妥協点となる数値の、どれかを選ばなくてはならないかもしれません）とは異なり、幅のある数値目標には、やりがいと到達可能性の両方を保証するという長所があります。要するに、幅のある数値目標を用いると、目標の到達可能性とやりがいの両方から生じる達成感を得られるので、ある目標に再挑戦しようという気になるのです。

言うまでもなく、ウォルト・ディズニーやアステア、ジョン・ガードンが初期の挫折の後に成功したのは、ただ何か小さなこと（目標の設定の仕方を変えるなど）を行ったからではありません。ノーベル賞を受賞したり、ハリウッドのシンボルになったりするには、大変な犠牲を払い、仕事や研究に打ち込み、長い年月を仕事に捧げ、才能を育み、発展させなくてはなりません。それはすべて大きな《ビッグ》ことです。

ですが、本書を通じて繰り返し示すように、小さな《スモール》ことも大切なのです。

ここで紹介した研究がはっきりと実証しているように、何かに取り組む場合には、自分やほかの人の目標設定の仕方を少し変えると、結果が大きく変わります。教師が単語の書き取りテストの成績が芳しくなかった生徒をもう一度頑張らせたいなら、翌日のテストで「十問中八問正解する」という目標の代わりに、「七問〜九問正解する」という、幅のある数値目標を設定してみてはいかがでしょう。コールセンターの責任者をしている人が電話がけの件数を高く保ちたいなら、あるシフトにはきっちりとした数値目標（「一日〇件の電話をかける」）を、別のシフトには幅のある数値目標（「一日〇〜△件の電話をかける」）を設定してみて、この小さな工夫が生む違いを調べるとよいかもしれません。債務管理や金融貯蓄を生業とする会社は、幅のある数値を使った返済（あるいは貯蓄）目標——たとえば、返済（あるいは貯蓄）額を月々三〇ドルとするのではなく、月々二八〜三二ドルとする——を認めれば、顧客の返済（あるいは貯蓄）プランがずっと滞りにくくなるでしょう。

人々を再び目標に向かわせる手法に施されたこの小さな工夫は、より広範な政策とも密接な関わりをもつかもしれません。世界保健機関の勧告に従って、アメリカ、イギリス、ドイツを含むいくつもの国が、毎日五皿の野菜と果物を食べるよう勧める「ファイブ・ア・デイ」プログラムを採用しています。こうしたプログラムの多くは、さまざまな成功理由を十把一絡げにした評価しか行っていません。本章で紹介した研究が示しているのは、「ファイブ・ア・デイ」の規定を少し変更（「一日五皿」ではなく、「一日に四〜六皿」とするなど）すれば、以前挫折してしまった人たちが、もう一度取り組む気になるかもしれない、ということなのです。

17 「望ましい選択肢」を選んでもらう工夫

多くの人が気づかずに暮らしていますが、情報過多な生活を送る私たちは、日々の生活で下す選択の多くを、わざわざ考えて選ばずに自動的に行っています。そしてこのことをよく知っている国会議員や、企業年金制度（401k）の貯蓄プランや、車のディーラーは、「初期設定」選択（デフォルト・オプション）の強い力を使って、私たちの行動にさまざまな影響を与えています。

たとえば、節税効果がある企業年金制度の貯蓄プランに加入するときに、雇用主が何もせず初期設定のとおりに従業員自動登録をしてしまうと、倍も高くついてしまうことがあります。[訳註] また、本人が明確に拒否の意思を示していない限り臓器提供に同意していると見なされる国々では、ドナーカード（臓器提供意思表示カード）の携行率がそうでない国の四倍以上になることがあります。もう一つ、初期設定を最大限に利用しているのが、インターネットの宣伝業者です。彼らはユーザーが自分からメール送信を拒否しない限り、大量の広告メールを送りつけてきます。

初期設定が、意思決定や行動に影響を与える場面で非常に便利で効率的な武器となるのは、それが私たちの怠け心に**便乗して**働くことが多いからです。初期設定を少しいじれば相手は自分で何一つ考えることなしに行動や決定を変えてくれるのですから、わざわざ考えてほしいと頼む必要がどこにあるでしょう。ですが、強い魅力があってどこでも使われているにもかかわらず、初期設定の手法にはいくつかの問題があります。

問題点の一つは、初期設定を選ぶという選択がほとんどの場合、能動的ではなく受動的な行為であるところです。そのため、以前の章で示したとおり、コミットメントに則った行動を取るよう説得する場面では苦労すると考えられます。もう一つの難題は、初期設定の使用が最も力を発揮するのは最善の行動が一つに絞られる場合なので、意思決定をする前にいくつかの選択肢を検討してもらいたい場合や、それぞれのニーズに合わせた選択をしてほしい場合には、あまり役立たないことです。

では、初期設定の利用をやめてほかの戦略を採用すればよいのかと言えば、そうではありません。行動科学者たちが提供する二つの小さな工夫を使えば、余分な時間も資源もいっさいかけずに、初期設定を使った手法の効果を大きく高められます。

訳註：米国の企業年金制度では、加入者の従業員が積み立てを行うと、それに応じて提供者の雇用主も従業員のために積み立てを行う。自動登録の場合、雇用主側の選択肢は従業員の積み立てた金額と同額か、その半額であり、初期設定では同額に設定されている。

行動経済学者のP・ケラーたちの研究から、初期設定を利用した戦略は、「強化能動選択」という二段階のアプローチを採用するとその効果が高まることがわかりました。

強化能動選択アプローチの第一段階では、初期設定の設置方法を少しだけ変える必要があります。選択肢を一つだけ出してそれを希望するかしないかを選ばせるのではなく、選択肢を二つ出してそのどちらかを選ばせるようにするのです。ケラーたちの行った実験では、ある教育機関の職員を二つのグループに分けました。そして全員に、本人の健康を守れるだけなく月々の保険料の節約にもなる、インフルエンザの予防接種を受ける機会を提供しました。

最初のグループ（選択肢一つのグループ）は、「秋のインフルエンザ予防接種を希望する場合は、チェックボックスに印をつけてください」とだけ言われました。

二つめのグループは、一つではなく二つの選択肢のどちらかを選ばせるようにしました。具体的には、次の二つの選択肢から一つを選んでもらいました。

（1）秋のインフルエンザ予防接種を希望します。

（2）秋のインフルエンザ予防接種を希望しません。

その結果、能動的に選択を行ったグループでは、予防接種を希望する割合がずっと高くなりました（希望者は選択肢一つのグループで四二パーセント、選択肢二つのグループで六二パーセント）。これは、初めに選択肢を一つだけ用意するやり方もそれなりに有効ではあるものの、相手に能動的な選択を行わせるという小さな工夫によって、結果がさらに大きく変わったことをしっかりと示す証拠です。

研究者たちはまだ満足しませんでした。どうすれば能動的な選択の効果がさらに高まるかという問いを立て、説得の科学の別の根本原理に解答を見つけたのです。それが**損失回避**、つまり、人に備わっている、損をしたり、みすみすチャンスを逃したりしたくないという強い傾向です。人間心理に宿ったこの傾向を用いて、研究者たちは能動的な選択を行うグループに対し、行動しないでいると失われるものを指摘するという強化策を試しました。

具体的には、このグループの参加者に、次の二つの選択肢から一つを選んでもらったのです。

（1）インフルエンザの罹患リスクを減らし、五〇ドルを節約したいので、秋の予防接種を希望します。

（2）たとえインフルエンザの罹患リスクが増し、五〇ドルの節約ができなくなるとしても、秋の予防接種は希望しません。

具体的な損失に関するメッセージを能動的な選択に加えるという小さな行為で、結果は大きく変わりました。今度は参加者の七五パーセントが、予防接種を受けると答えたのです。この興味深い実験結果を受けて、ケラーたちは舞台を研究室の外に移して同様の手法を何度かテストしました。そのなかには、薬剤管理会社[訳註]の利用者一万一千人を対象とした大規模な実地調査もありました。どの場合でも、強化能動選択戦略のほうが、高い効果があることがわかりました。

この研究は公衆衛生の分野に限定されて行われ、目的はインフルエンザの予防接種を受けるよう説得することでしたが、この強化能動選択アプローチはほかの場面でも極めて効果的です。たとえば、ソフトウェア開発者が、機能制限のある無料版から全機能が利用できる有料版へとユーザーを移行させたい場合には、初期設定を用いた標準的なやり方ではなく、ユーザーが能動的に選択できる**二つの選択肢**を示すように、ポップアップウィンドウの文面を変更するべきです。また、その際には、無料版を使い続けると手に入らなくなるもの（ダウンロード速度の向上や拡張機能など）を忘れずに指摘して、能動的な選択を後押ししましょう。

金融機関が顧客に別の預金口座への切り替えを説得したいなら、顧客がユーザーページにログインしたときに、今使っている口座と改良された新しい口座の二つを選択肢として示してみてはいかがでしょう。このときもやはり、切り替えを行わないために生じている損失は、しっかりと指摘するべきです。小学校の校長なら、より多くの保護者に子どもを週末の「学校まで歩こう《ウォーク・トゥ・スクール》」運動に参加させるよう説得するのに、学校まで車で送るか歩いて行かせるかの二択を用意して選択させる、という手法が使えるでしょう。ここでも、歩かせないことを選んだ場合に子どもが失ってしまう、新鮮な空気や普段より増える運動量、そして社会との一体感というものを、しっかりと指摘しておきましょう。

どんなものであれ、影響を与えるという課題がある場面で、この二段階のアプローチを機能させる手順は常に同じです。まず、相手に積極的に選んでもらいたい二つの選択肢を考えます。そして次に、**さらに一手間かけて**、あなたが好ましいと考える選択肢を選ばないと失うものを指摘し、あなたが推す選択肢を後押しするのです。

この二つの小さな工夫で、あなたの説得力は今までよりずっと大きくなるでしょう。

訳註：医療制度・製薬会社・小売薬局・患者間の橋渡し役として、処方薬プログラムの管理に取り組む第三者組織。

18 「先延ばし」に対処するためのスモール・ビッグ

アメリカの小売業者ベストバイ社は最近の年次決算で、使われないまま有効期限を迎えた商品券が四千万ドル（約四八億円）分以上あったと発表しました。この現象はベストバイ社に限った話ではありません。消費者需要調査会社のＣＥＢタワーグループの試算では、使われないまま有効期限が切れてしまう商品券の総額は、毎年二〇億ドル（約二四〇〇億円）近くに達しています。

これほど莫大な金額が使われずじまいになっていると知って、消費者団体のなかには、法律を変えて小売業者に商品券の有効期間を延長させ、消費者が商品券をもっと使いやすくするべきだと主張しているところもあります。ですが、説得の科学の知見に照らして考えるなら、そのような変更は状況を改善するどころかますます悪化させそうです。私たちの考えでは、必要なのはまったく違った手法です。そしてその手法は、ある根源的な欲求を活性化させる小さな工夫一つでできるのです。この小さな工夫によって、去年のクリスマスにあなたが従妹にあげた二五ドルのギフト券を、しっかりと使ってもらえるかもしれません。またこの工夫は、あなたが誰かを説得して、今日やるべきことを明日に先延ばしさせないようにするときも、きっと役立つでしょう。

ぐずぐずしてしまうときは誰にでもあります。運動をする、新しい研究課題に取りかかる、あるいは庭の芝刈りをするなど。やらなくてはならないことが何であれ、先延ばしをしようとするとき、多くの人が驚くべき創造性を発揮して先延ばしの理由を考え出します。スペインの諺に「明日は常にその週で一番忙しい日である」というものがあります。[訳註] 先延ばしと聞いてまず思い浮かぶのは、やりたくないと思っている課題ですが、じつのところ人は、楽しいと思う作業ですら翌日に持ち越してしまいがちなのです。いったいなぜでしょう。

理由の一つとして考えられるのが、人が目の前の課題の処理に追われているときに抱く、「この課題さえ片づければ、もっと楽しいことをする時間が取れる」という誤った思考です。課題はほかにも山とあり、一つ片づけてもすぐに次がやってきてしまうことに気づいていないのです。いつまで経っても忙しさは減らず、結局は楽しい活動であってもやらずじまいになってしまいます。

情報過多の現代では、やりたいこともやりたくないことと同じくらい先延ばしにされやすくなってきています。そのことに気づいた行動経済学の研究者、S・シューとA・ニーズィーは、大変興味深いひと続きの実験を行いました。この実験で二人は、有効期限に小さな工夫をすることで、人が課題をやり

訳註：物事を明日に先延ばしにすればするほど、明日やるべきことが増えていく、という意味。

遂げる確率に驚くべき変化が起きることを発見しました。

二人は実験を始めるに先立って、地元でおいしいと評判のカフェでコーヒーとケーキに交換できる六ドル分の商品券を実験参加者に見せ、それにどれくらい魅力を感じるかと尋ねました。また、もしその商品券がもらえたら、利用すると思うかどうかも尋ねました。参加者には知らされていませんでしたが、彼らの評価した商品券は額面はすべて同じである一方、有効期間は二種類ありました。一つは三週間で、もう一つは二カ月になっていたのです。当然のことながら、商品券を評価する場面では、有効期間が長いもののほうがより高く評価されました。

興味深いことに、この好意的な評価は、商品券を使うかどうかの予想にも影響を与えたようなのです。有効期間が二カ月ある商品券を評価した実験参加者の七〇パーセント近くが「利用すると思う」と答えた一方、有効期間三週間のものを評価した参加者で「利用すると思う」と答えた人は、五〇パーセント程度にとどまりました。明らかに人は、より長い有効期間による、より高い自由を好ましく思うようです。さて、ここで思い出していただきたいのは、「はじめに」で示した、人は自分の将来の行動を予想するのがひどく苦手であるという証拠です。そうなると、好まれるのは有効期間の長い商品券であるにせよ、実際に使われる見込みが高いのは有効期間の短い商品券のほうであるということも、考えられるのではないでしょうか。

シューたちが検証しようとしたのはまさにその点であり、そして驚くべき結果が出ました。参加者の予想とは裏腹に、カフェまで足を運び商品券を利用した人の数は、有効期間が短いものを渡されたグループのほうが、五倍も多かったのです。有効期間の長い商品券のほうが好まれたのは、それを利用するための時間的余裕があったからなのかもしれませんが、現実には、そのせいで利用する人がかえって少なくなっていました。

こうした実験結果を生んだ主な理由が、ほかの要素ではなく先延ばしの傾向にあることをはっきりさせるための最終確認として、研究者たちはいくつかの追跡調査を実施しました。その結果、実際に商品券を使った人たちは、とても満足していると答えていました。一方、商品券を使わなかった人たちは、後悔の念を表明していました。そして、ほとんどの人がその理由として、「忙しすぎて時間がなかった」や「もう少し経ってから使おうと思っていた」といった選択肢を選び、「忘れていた」や「ペストリーが嫌い」「面倒だった」といったほかの理由は選びませんでした。

この実験の結果から、こちらの申し出や提案を受け入れるよう顧客や取引先を説得したい場面で、誰にでも使えてすぐに効果の出る小さな工夫がわかります。返答期間を長めに設定すれば提案がより魅力的になるという誤解を捨てて、非常に短い期限設定をするべきだと、この研究は教えています。たとえば、ソフトウェア会社がユーザーの新規登録者数を増やしたいなら、ポップアップウィンドウの文面を標準的な「今すぐ登録」「明日知らせる」「七日後に知らせる」から、「今すぐ登録」「明日知らせる」「三日後（登録受付最終日）に知らせる」へと変え、さらに、おまけの特典やプレゼントを用意して早期登録をうながせば、登録者数の増加が見込めるでしょう。フィナンシャルアドバイザーや投資部門の責任者が、投資家候補を説得して、最新の投資情報に関するオンラインセミナーや講演に参加させたいなら、招待状に書く申込締切の日付を延ばすのではなく前倒しにすれば、応募者数が増えるかもしれません。これと同様のやり方を試したほかの研究では、電子メールの招待状に締切が迫っていることをはっきり書いておくと、クリックによる登録率が八パーセント増加しました。

最後に、もしもあなたのパートナー、友人、仕事の仲間などが、高級でたぶんおいしいワインを一緒に飲もうと約束しながら、それを飲むにふさわしい特別な機会がやって来るのを待って、お楽しみを先延ばしにしているという話をシューとニーズィーが聞いたら、きっとヒット映画『サイドウェイ』[訳註]の一場面に、相手を説得できそうなヒントがあると指摘するでしょう。

マイルス　うちにはとっておきのワインが何本かあるんだ。なかでも特別なのが一九六一年もののシュバル・ブラン。

マヤ　六一年もののシュバル・ブランを取ってあるというの？　あなた何してるのよ。もう飲み頃が過ぎちゃってるかもしれないじゃない。なぜ飲まないの？

マイルス　さあ、なぜだろう……。大事な人との特別な日のためだよ。結婚の十周年記念のために取っておいたんだ。

マヤ　六一年もののシュバル・ブランを開ける日こそ特別な日じゃない！

訳註：二〇〇四年のアメリカ映画。

19 待つ間の「苛立ち」を「楽しみ」に変える

イギリスのパンクロックバンド、ザ・クラッシュが一九八一年に発表した歌のなかに、VH1[訳註]のハードロック歴代ベスト一〇〇にもランクインした、『とどまるべきか、去るべきか？』というタイトルのヒット曲があります。この問いは、曲が発表された三十年前と変わらず今も頻繁に問われていて――恋の問題だけではなく、ビジネスの問題にもつきものです。

毎日、何百万という消費者がさまざまなサービスを待つ列に並び、あとどれくらい待てばいいのかわからずに、「とどまるべきか、去るべきか？」と自問しています。レジに並んだ買物客は、もっと早く順番が回ってくることを期待して別の列に並び直すかもしれません。インターネットの利用者は、クリックしたリンク先のダウンロード速度が速くなることを祈りつつ、ブラウザの更新ボタンを押しま

訳註：アメリカの音楽専門テレビチャンネル。

す。顧客相談窓口に電話した消費者は、待ち時間が短くなるほうに賭けて一度電話を切り、しばらくしてからかけ直します。私たちはかつてないほどハイスピードで、情報過多の時代を生きていますが、それでもかなりの時間を、順番待ちやデータの読み込み待ちに費やしています。

マーケティングを専門とする研究者のN・ジャナキーラマン、R・マイヤー、S・ホックは、平均的なアメリカ人の行列待ちに費やす時間が生涯で二年以上になることもあるという点に着目し、人々が行列にとどまり続ける要因と、待ち続けることに見切りをつけさせるものの正体を突き止めようとしました。彼らの発見から、顧客にサービスを提供するすべての企業や団体に実行可能で、しかも顧客の数・満足度・サービスへの評価が大きく向上する、小さいながらも重要な工夫がいくつかわかっています。

この調査の中核をなしているのは、「並ぶに値する列は並び続けるのにも値する」というアドバイスが、めったに守られていないという素朴な直感です。たとえば、これまでの研究で、コールセンターに電話をかけた人の三人に一人が、待たされている間に我慢できなくなって電話を切り、もう一度かけ直すことがわかっています。じつを言えば、このやり方で得をする人はほとんどいません。たいていの場合、電話を切った人は電話をかけ直すまでしばらく待つため、結果的に待ち時間の合計はずっと長くなってしまうからです。

説得の科学のレンズを通して見ると、「とどまるべきか、去るべきか?」を決定するときには、人がもつ二つの根本的な欲求が争っています。まず、列に並ぶ時間が長くなればなるほど、待つのをやめればできそうなほかの活動に意識が向いていきます。そうしたほかの活動をやらないのは「損失」とも言えますので――損失を避けたいと思うのは、万人共通の根本的な欲求の一つです――これ以上の損失を避けるためだけに、待ち続けるのをやめたとしても不思議ではありません。

しかし物事というのは、たいていは見た目ほど単純ではないものです。列に並んでいる人々は、自分から積極的なコミットメントを行っているため、一貫性の原理が働いて列に並び続けるとも考えられます。一分、また一分と待ち時間が積み上がっていくにつれてゴールは少しずつ近づいているわけですから、待ち続ける気持ちは強まっていくのかもしれません。

では、損失を避けたい気持ちと一貫性を保ちたい気持ちとが葛藤を起こしている状況において、人はどのような行動を選ぶのでしょうか。ジャナキーラマンたちの研究によれば、ほとんどの人はまず間違いなく最悪の決断をしてしまいます。途中で待つのをやめてしまうのです。この最善とは言いがたい決断の原因が、苛立ち・欲求不満・不愉快さなのは間違いないでしょう。そして、もし、こうした顧客候補を待たせているのがあなたの会社だったら、望ましい状況とはとても言えません。

ここで一つの疑問が生まれます。待っている顧客の苛立ちを和らげ、担当者が出る前に電話を切ってしまう人を減らすために、何かできることはないでしょうか。わかりきった答えはいくつかあります。たとえば、電話対応スタッフを増やして研修を行うとか、需要と処理能力を分析し、業務をより効率的に行うことで待ち時間を減らすといったものです。これらの対策を講じるのはとても重要ですが、かなり大がかりで費用のかかる試みでもあるようです。でも本書のテーマは、ごくささやかで資源をほとんど必要としない方法です……何か別のやり方はないものでしょうか。研究施設内で行った複数の実験と、インドのコールセンターから収集した実地のデータを用いて、ジャナキーラマンたちは簡単に導入できるスモール・ビッグを検証し、素晴らしい結果を得ました。待っている人たちにちょっとした暇つぶしか簡単な作業を提供し、待ち時間の間にそれをやらせておくだけで、電話を切ってしまう人がずっと少なくなったのです。ずいぶん単純な話に聞こえますが、実際に効果があります。

私たちは、この手法をビジネスのさまざまな場面に応用し、ほとんどの人にとってとても苛立たしい体験を肯定的なものにしたり、さらには将来のお得意様を生み出したりできないかと考えています。金融機関であれば、電話で待っている顧客に、自動音声システムを使って資産運用に関する情報提供を行ったり、銀行の店舗まで来て待っている子連れの顧客のために、お金について学べる子ども向けの活動を提供してはいかがでしょう。レストランの接客係であれば、子どもが塗り絵をするのにも使えるプレースマットをテーブルに置いておく代わりに、席が空くのを待っている家族に手渡すとよいかもしれません。ビザの申請窓口に長蛇の列ができている大使館であれば、待っている間の有益な暇つぶしとして、現地に着いてから役に立つ情報——よく使われるフレーズとその意味、そしてチップの渡し方（や店や駅のホームでの列の並び方！）といった習慣についての知見など——をまとめた小冊子を配る、といったやり方が考えられます。

暇つぶしという言葉で思い出す、二つの素晴らしい例があります。一つは、私たちが運営しているブログ『インサイド・インフルエンス』の読者から教えてもらった話です。その人が勤務している携帯電話会社に、ある顧客が電話をかけてきました。システムに障害が出ていたため、カスタマーサービスの担当者は相手を電話口で待たせるのは申し訳ないと考え、後ほどこちらからかけ直すと伝えました。ところが顧客のほうは、すでにもう待たされているのだからそう簡単に電話を切られるわけにはいかない、このまま待たせてもらうと言い張りました。すると担当者はこう返答したのです。「わかりました、お客様。では、よろしければ、お好きな歌を教えていただけないでしょうか？」。相手は、いきなりそんな質問をされてすっかり面食らったようでしたが、とりあえず好きな曲を教えました。その人がどれだけ驚いたか想像していただきたいのですが、「フランク・シナトラの『ニューヨーク、ニューヨーク』だ」と言った途端、なんと電話の向こう側で担当者がその歌を歌い始めたのです。

二つめの面白い例を教えてくれたのは、イギリスで私たちの本を担当してくれている編集者です。その人が動物愛護団体のキャット・プロテクション・エージェンシーに電話をかけたときにやはり待たされていると、受話器の向こうから、音楽ではなく、猫が喉を鳴らす「ゴロゴロゴロ……」という音が聞こえてきたそうです。

そういうわけで、本章のスモール・ビッグは、「企業は、電話で待たされている間に聴く音楽を顧客が選べるようにするべし」ということになりそうです。お勧めはないかですって？

もちろん、ザ・クラッシュです！

20 「実績」に勝る「将来性」の魅力

次のような場面を思い浮かべてみてください。あなたは、自社こそ大口契約に値する企業だと、新規顧客を納得させようとしています。あるいは、新規採用や昇進の有力候補になりたいと思っているとします。その場合、より成功が見込めるアピールの仕方は何でしょう。これまでの経験や実績を強調することでしょうか。それとも、自分の将来性を強調し、顧客や採用担当者に今後自分がもたらしうるものを指摘したほうがよいでしょうか。

著者の一人がちょっとした（正直なところ科学的とはまったく呼べないような）調査を職場の人たち相手に実施した結果、回答の傾向ははっきりしていました。これまでの経験と実績を強調すべきという回答が大勢を占めたのです。一見、これは筋の通った話に思えます。現実に存在する実績には当然、将来的な成功の可能性よりもずっと強い説得力があります。何と言っても、そうした実績はすでに達成**されている**のですから。コンクリートのようにしっかりと実在し、疑いを差し挟む余地はありません。ですから、複数の企業が新規の大口契約を争うような場合に、ほかの点が同じなら、経験が浅く可能性のみがある新規参入企業より、何年もの経験があって業界内で高い評価を受けている企業のほうが選ばれやすいのはたしかです。出世についても同様で、すでに目立った業績のある人のほうが、これから業績を上げる可能性があるだけの人よりも取り立てられやすいはずです。

ところが、実際はいつもそうなるとは限りません。スポーツの世界では、将来性を重視されて目の玉が飛び出るような金額を受け取るスター候補がごろごろしています。元NFLのクォーターバック、ジャマーカス・ラッセルは、二〇〇七年のドラフトの全体一位指名選手で、六一〇〇万ドル（約七三億円）という驚くべき金額で、オークランド・レイダーズと契約しました。レイダーズはラッセルの可能性を非常に高く評価し、それだけの金を払う価値があると考えたわけですが、その可能性は結局フィールドで開花することはありませんでした。ビジネスの世界に話を移せば、有望ではあっても経験に欠ける人物が、より経験豊富な同僚を追い越して出世していく例を知っている人は多いでしょう。事業開発部門や販売部門で働いたことがある人なら、きっとどこかで、経験や実績が（少なくとも書類上は）自分の足元にも及ばない競争相手に、契約をさらわれたことがあるはずです。

では、誰かを説得する場面で強調すべきは、**将来の可能性**なのでしょうか。それとも、**これまでの実績**なのでしょうか。

説得の科学を研究するZ・トーマラとJ・ジア、そしてM・ノートン（『「幸せをお金で買う」5つの授業』という素晴らしい本の共著者です）によれば、強調すべきは将来性です。なぜなら——いささか直感に反する話ではありますが――意思決定を行う人は、何かの分野で大成功する可能性をもつ人を、同じ分野で実際に大成功している人以上に評価する傾向があるからなのです。別の言い方をすれば、将来性への期待は、しばしば現実を押しのけるのです。

ある研究で、トーマラたちは、大企業の財務部の上級職に応募してきた人物を評価するよう、実験参加者に求めました。応募者がコーネル大学で学士号を取ったこと、専攻は経済学で、成績評価点平均（GPA）は三・八二だったこと、そしてニューヨーク大学でMBAを取得したことが、全参加者に伝えられました。そして、参加者の半数には、応募者に関連業務の経験が二年あり、最近受けた「リーダーシップの達成度調査」というテストでは百点満点中九十二点の成績だったと教え、残りの半数には、応募者に関連業務の経験はなく、最近受けた「リーダーシップの将来性調査」というテストでは百点満点中九十二点の成績だったと教えました。そして、どちらのグループにも、テストは応募者が今後二年間でどれくらい活躍できそうかを評価していると説明しました。

驚くべきことに、応募者への評価は、実績があると考えたグループより**将来性があると考えたグループ**のほうが高くなりました。応募者には関連業務の経験がなく、客観的に見ればかなり見劣りしていたのにです。興味深いことに、五年後、応募者がさらに活躍していると思うかという質問に対しても、より好意的な評価を下したのはやはり将来性があると考えたグループのほうでした。その後行われた追跡研究で、将来性と実績の違い以外には差のない人物二人のどちらか一方を、実験参加者に選ばせたときも同じ結果になりました。こうした結果は、将来性がもつ力をはっきりと物語っています。

　じつは、将来性が実績以上の説得力をもつのは、採用の場面ばかりではありません。トーマラたちは、こうした「**将来性への嗜好**」効果が、もっと消費者本位の環境、つまりソーシャルメディアのウェブサイトのユーザーの間にも存在する証拠を発見しました。その研究では、フェイスブックのユーザーに、あるコメディアンに関する引用文をいくつか載せた広告を見せました。ユーザーの半数が見たのは、「次に天下を取るのはこの人かも」や「来年はこの人が話題を独占するかも」といった、将来性を強調したコメントでした。残りの人たちが見たコメントはコメディアンの実績を強調したもので、「今いち押しなのはこの人だと、評論家が皆言ってる」や「今、皆の話題をこのコメディアンが独占」などでした。

　求人応募者への評価に関する研究と同じく、ここでも実績より将来性を好む一般的傾向が現れました。つまり、コメディアンの実績ではなく、将来性を強調したコメントを見たユーザーのほうが、ずっと強い興味（広告のクリック率で測定しました）と好感（リンク先で「いいね！」をクリックした人の割合で測定しました）を示したのです。

　いったい、なぜこうなるのでしょう。

　トーマラたちによれば、将来性がしばしば実績以上に注意を引きつける原因の一つとして考えられるのは、現実がすでに起きた疑問の余地なく確実なものであるという事実です。一方、将来性には、メッセージや情報にはっきりと不利な点が混じってしまう危険があるにせよ、その不確実性には素晴らしい長所があります。つまり、より大きな興味をかき立てやすいのです。

ではこのことから、人が何かを決定するときには、実績よりも将来性のほうを信頼して決めていると言えるのでしょうか。そうではないと思われます。ですが、将来性には相手を刺激し、より多くの注意を引きつける性質があることを覚えておき、説得に活用するのは効果的だと言えます。実際トーマラたちはまさにこの点を力説して、まず将来性で注意を引きつけた直後に裏付けとなる情報（信頼できる情報源からの証言、リーダーシップ判定テストの高得点記録、あるいはそれ以外の説得力のあるメッセージなど）を提供すれば、友好的な姿勢を引き出したり好印象を与えたりする確率は高くなると述べています。

では顧客候補に対して、自分たちの会社こそ、ともにビジネスを行うにふさわしい相手であると主張する場面を想像してみてください。あなたの考えでは、自社の強みは関連分野での経験と新しい考え方との融合にあります。その場合、目立たないながらも注意しておくべきとても重要なポイントが一つあります。もろもろの強みを紹介していく順序です。まずは、その提案から将来的に見込まれる利益に相手の注意を向けさせ、それから、これまでの御社の商品をアピールしてください。

同じように、自分が昇進希望の申請をするときや人の推薦状を書くときは、あなた（もしくはあなたが推薦する人）のこれまでの経験の紹介からではなく、その役職に就いた場合のさまざまな可能性を強調するところから始めたほうが、より効果的です。そうすることで、採用担当者の興味を引ける見込みが増し、興味を引ければ、その後伝えるこれまでの実績や経験に関する情報をよりしっかりと聞いてもらえます。同様に、大学を受験するときなら、願書と一緒に提出する身上書の初めのほうで、自分の提供する将来性に大学の入学審査職員の注意を向けさせるべきです。

あまり条件の良くない地所を売り出そうとしている不動産業者なら、その地所の将来性により強く焦点を当てるような工夫をすると、見込み客の心により好ましいイメージを生み出せるかもしれません。たとえば、くたびれたボロ屋をホームオフィスにしたり、大好きなお義母さんのための素晴らしい別荘にしたりする可能性を強調してもいいですし、あるいは、「この改装プロジェクトであなたの夢を実現できます」と謳ってみてもいいでしょう。

将来性を強調するというやり方は、履歴書に書かれた業務経験が強力な競争相手に見劣りしてしまう場合にも役立つと思われます。そうしたときのお勧めは、個人の実績ではなく、本章で述べられた理論に重点を置くことです。この小さな工夫だけで採用が決まるかと言えば、そうは問屋が卸さないかもしれませんが、少なくともこの工夫は面接への扉を開く鍵にはなりますし、面接まで行けば、本書が紹介するほかのいろいろなスモール・ビッグの知見を用いて、良い結果の出る見込みを高められるはずです。

21 退屈な会議を一変させる四つの工夫

「会議。それは膨大な量のメモと時間が無駄遣いされる場所」という格言があります。あなたも一度くらいは「いったいこの会議に何か意味があったのか」という思いを抱えながら、会議室を後にしたことがあるのではないでしょうか。四半世紀以上の昔、心理学者のG・スタッサーとW・タイタスは、人々が集団で意思決定をする際にとるコミュニケーションについて、大変重要な論文を発表しました。この研究の結論は、今もなお多くの点で傾聴に値します。

彼らは、会議では参加者全員がすでに知っている情報のやり取りに、膨大な時間が使われていることを発見しました。さらに悲惨なのは、参加者のなかで本当の意味で新しい情報――つまりほかの人たちがまだ知らない情報――をもっている人物は、その新しい情報にほかの参加者の注意を引きつけられない場合が多いとわかったことです。

そのため会議で下される決定は、良くても無難なもので、悪くするととてもお粗末なものになってしまいます。

この発見は最新の研究でも裏付けられています。たとえば、J・ラーソン・ジュニアたちが行った研究を取り上げてみましょう。ラーソンたちは、何人かの医師に具体的な症例二件をビデオで見せました。医師たちはいくつかの小グループに分かれてビデオを見ましたが、それぞれのグループが見た映像は少しずつ異なっていました（そして、そのことは医師たちに伝えられていませんでした）。さらに、一部の医師には、それぞれの症例に関してほかの人の知らない情報が与えられました。結果として、医師全員に関連情報の一**部**が知られてはいるものの、誰も**すべての**情報は知らないという状況が生まれました。

医師たちはビデオを見たあと、二つの症例について、自分とは別のグループの一つと話し合って病名の診断を下し、どのような治療法が必要かを決めるよう言われました。研究者たちはうまく情報を振り分けて、医師**全員**がそれぞれの知識を提供した場合に限り、正確な診断と治療法の決定ができるようにしておきました。けれども、非常に正確な診断を下せるほど情報が共有されることは、めったにありませんでした。結果として、最善とは言いがたい意思決定がなされ、それに則ったさらにお粗末な治療方針が立てられました。要するに、良くない結果となったのです。

では、どうすれば情報が惜しげもなく提供され、効果的に交換されるようになるのでしょうか。本章では会議を活発で和やかなものにするためのスモール・ビッグを、四つ紹介します。

大きな違いを生む小さな工夫の一つめは、**まず**各出席者に情報提供を呼びかけてから会議を始めるというものです。情報を提供するのは当然だろうと思われるかもしれませんが、実際の場面では当然どころかほとんど実行されていません。この工夫により、出席者による情報提供がほかの人の動向に左右されにくくなります。これがとりわけ効果的なのは、会議の目的が新しいアイデアを出し合うときでしょう。先にアイデアの提供を呼びかけておくと、たいていは発言数が増えるため、より多くの発案が見込めます。じつは研修や家族会議では、これと似たやり方が使えます。たとえば、グループ全員が知恵を出し合えば解決の見込める状況や課題に直面したときには、アイデアや提案を全員同時に提出させる代わりに自分の考えをまとめる時間を与え、それを書き出させたあと、順番に提出していくようにしたほうがずっと効果的でしょう。こうすれば、何か洞察に富んだアイデアをグループ内のより控えめな人がもっていた場合に、それが、より積極的に発言する人の声にかき消されてしまうのを防ぎやすくなります。この小さな工夫は、ほんの少しの時間、全員が黙り込むだけでできます。

大きな違いを生む小さな工夫の二つめは、会議の中心人物が、常に**一番最後**に発言するようにするということです。会議の中心にいる人が、グループに対する自分の影響力に気づいていないという状況は、驚くほどよくあります。リーダーや管理職、家族の年長者といった人々が最初にアイデアを出すと、しばしばほかの人々は、知らず知らずのうちにそれに倣ってしまうため、ほかのアイデアや洞察が失われることになります。こうした無用の影響を避けるやり方の一つは、中心人物が自分の意見や考えを公表する**前に**、ほかの人たちの意見や考えに耳を傾けることです。

三つめの有益な工夫は、チェックリストの価値を認識することです。最善ではない決定を下すことなく全員が正しい行動を取っていると確認するために、医者の間で現在日常的に行われている方法の一つが、簡単なチェックリストの使用です。A・ガワンデが著書『アナタはなぜチェックリストを使わないのか？』で詳しく語っているように、こうしたリストには驚くほどわかりきった、それでいて万が一チェックしそこねたら大変な事態になってしまう項目――この人が患者で間違いないか、カルテはあるか、患者に何かアレルギーはあるか、患者の血液型はわかっているかなど――がリストアップされています。

パイロットが離陸前にチェックリストを確認するのと同じように、会議の主催者が、会議前のチェックリストに載せておくべき必須項目――来るべき人が出席しているか、必要とする専門知識に偏りはないか、実りあるやり方で反対意見を出す人が誰か来ることになっているかなど――を検討することには、たくさんのメリットがあります。

そして四つめですが、マーケティング研究者のJ・チューとJ・J・アーゴによる最近の研究で、会議での座席配置にほんの少し手を加えると、参加者が何に注意を払うかという点に、ある影響の出ることがわかっています。たとえば、座席の配置を円《まる》くすると、たいていの場合、参加者の帰属意識が強まります。そのため、参加者がグループ全体の目的に目を向け、参加者の誰か一人ではなく、グループ全体の利益を強調したメッセージや提案に納得する見込みが高まります。一方、座席を角がある配置（L字型を考えてください）や四角い配置にすると、逆の効果が生じます。そうした座席配置には、参加者個々人の個人志向を強める傾向があります。そのため、参加者は、自分たちの個人主義を高められる個人志向のメッセージや提案のほうに、より好意的な反応を示しやすくなります。

チューたちの結論によれば、会議の目的が参加者間に協力・協調の雰囲気をつくることであるなら、座席の配置を円くするほうがより良い結果を生みやすくなります。ですから、もしチームリーダーの抱える課題が、一致団結しての取り組みが欠かせない次のステップや将来の行動を生み出すために従業員を説得することなら、座席配置は円くしておくのがお勧めです。従業員のなかに、ほかの人と距離を取っているという評判のある人物がいる場合には、この配置がとりわけ重要になるでしょう。

ですが、より個人的な業務に対する責任に従業員の意識を向けるのが目的なら、座席配置は角のある形（L字型やロの字型）にしたほうがいいでしょう。

もちろん、場合によっては、会議に共同作業と個人作業の**両方**の要素が求められるかもしれません。そのため、会議の途中で座席配置の変更が必要になることもあるでしょう。たとえば、会議のまとめ役が会議の最初のほうでは共同作業が欠かせないと判断しているなら、その間は人々が円くなって座席に座り、その後必要が出てきた段階で座席配置に少し手を加え、角のある形に並べ直して、会議の焦点を個々人の注意と集中が必要な議題に変えるのがよいでしょう。会議の企画者が行える別の小さな工夫は、参加者それぞれが座る椅子を指定しておき、好きな席を選ばせないことです（似た者同士は固まるということをお忘れなく）。ウェディングプランナーに聞いていただければわかりますが、座席札に自分の名前が書いてあると、人々は驚くほど従順に指定された席に座るものなのです。

22 成功を導く服の着こなし

想像してください。あなたは何週間も何カ月も不屈の精神で懸命に働いてきましたが、とうとう努力が報われるときが来ました。電話が鳴ります。相手は、あなたが必死にアプローチを続けていた大口取引の見込みがある重要な新規顧客の秘書です。顧客は来週あなたに会いたいと言っているそうです。あなたは束の間、自分を褒める時間を取ったあと、今決まった予定のためのプランを練り始めます。この会合は千載一遇のチャンス……おそらく相手に素晴らしい印象を与えられる機会は、その一回限りでしょう。もちろん、信用できる人物であると見られたいものです。それに、親切で感じが良く、話しやすくて、影響力をもった人だとも……。

さて、そのためにはどんな服装をしていくべきでしょうか。

長年にわたり説得の科学の研究者たちは、服装によって影響力の強さがどう変わるかを調べています。なかでも最もよく知られているのは、おそらく社会心理学者のL・ビックマンの研究でしょう。

ビックマンはある一連の研究で、きちんとした服装がもつ強力な影響力を実証しています。彼は、調査員が歩行者を呼び止め何らかの要求に従うよう求める、という実験を数多く行いました。要求の中身は、道路に散らばったゴミを拾ってもらうことだったり、バス停のそばの特定の場所に立ってもらうことだったり、場合によってはなんと――これこそ私たちのお気に入りなのですが――見ず知らずの人の駐車料金を肩代わりすることだったりしました。

どの場合も、ビックマンが行う小さな工夫は同じでした。要求を行う人物ではなく、その人の服装だけを変えるのです。着せる服は、カジュアルな場合もあれば、警備員などの制服の場合もありました。印象的なことに、研究の実施に先立って行われた調査では、依頼者の制服が人の承諾の意思決定に及ぼす影響を、ほとんどの実験参加者がびっくりするほど低く見積もっていました。ですが当然、結果は予想とまったく異なり、依頼者が警備員の制服を着ていると、頼まれたことを行う人の数はしばしば二倍にもなりました。

それ以後行われたほかの実験でも、同様の効果が観察されました。たとえば、イギリスで実施された研究では、人がヘルスケアの専門家から受けた健康上の注意を覚えている割合は、その専門家が聴診器を身につけていると著しく高まりました。興味深いのは、このとき聴診器の出番はまったくなかったということです。聴診器は、専門家が病気の兆候を見つけるのに役立つ効果的な道具としてだけでなく、身につけている人物が信用でき、知識があることを患者に伝える、効果的な道具としても働いたのです。

諸研究が示すところによれば、ひと目でそれとわかるビジネススーツにも、同様の説得力が備わっています。ある人が赤信号と車の流れを（ついでに言えば法律も）無視して通りを横断したときに何人がついていくかを調べた実験では、その人がカジュアルな服装ではなくスーツを着ていると、ついていく人の数が三・五倍にもなりました。

注目すると興味深いのは、これらの研究や類似した研究のすべてで服装は他者の行動に影響を与えていますが、それはなぜなのか煎じ詰めてみると、一つの単純な理由しかないという点です。それは、要求をする人間の専門分野についてほかの情報が何もないということです。このことから即座に導き出される結論は、はっきりしています。誰かと初めて会うときに大切なのは、自分の知識と信用にふさわしい格好をするということです。そうすることは、説得の科学の根本原理の一つと完全に合致しています。その根本原理は、そう、「権威」です。権威という原理は、とりわけ確信をもてない状況下で影響力を発揮し、自分より深い知識があり、信用できると思える相手の助言や提言に従うよう、人に働きかけます。

ですが、現代のビジネスミーティングでは、そこまで単純な場面はほとんどありません。ビジネスフォーマルとカジュアルな平服を両極とした無数のドレスコードが出現しているので、おそらく利用してより効果が高いのは、人間の意思決定に影響するもう一つ別の強力な動因、すなわち**類似性**のほうでしょう。

先のいくつかの章で説明しましたが、効果的な説得を行うのに有望なやり方の一つは、相手との間に存在する、真の類似性を強調することです。類似性を強調しつつ相違点を目立たなくさせるのには、説得する相手となる集団のドレスコードを把握し、ミーティング当日はそれに合わせるというやり方が一番でしょう。ですが、やはりこのような手法にも落とし穴がないわけではありません。たとえば、もしそのドレスコードが普段自分では選ばないものだったら、相手の基準に合わせることで本当の信頼性を示していると言えるのでしょうか。そして、もしそう言えるのだとしても、類似性のもつ利点があだになって、あなたの権威や信用に傷がつく可能性はないのでしょうか。

もっと簡単に言い直せば、より説得力があるのは権威なのか類似性なのかという問いに、はっきりした答えはあるのでしょうか。

残念ながら、この問題に直接答える研究は見つかりませんでした。ですが、説得の場面ではよく見られることですが、より効果的なのは、二つの要素を両方とも取り入れたやり方だろうと私たちは推測しています。つまり、そうしてよい場面であれば、影響を与えたいと思う相手（個人の場合もあれば集団の場合もあるでしょう）とよく似た恰好をする——ただし、相手より一段階立派に見えるようにするというやり方が考えられます。たとえば、服装をあまりうるさく言わないオフィスに出向く場面で、あえてネクタイを締めたりジャケットを着たりするのも、悪くないかもしれません。

23 説得は「自分が何をどう話すか」より「相手が何を思うか」

たいていの場合、説得の目的は、メッセージを作成・発信して、相手の態度・決定・行動を変えさせることです。そのため、メッセージをどう準備するのが最善かという問題は極めて重要です。

この問題については社会心理学者たちが長年にわたって多くの重要な知見を提供していますが、なかでもA・グリーンワルドによる「認知反応モデル」の知見は、特に有益なものです。このモデルはあまり目立たないのですが、説得に関する考え方を一変させるような側面をもっています。グリーンワルドによれば、メッセージが引き起こす変化を予測する際に最も良い基準は、メッセージ自体が何を言っているか**ではなく**、メッセージの受け手がそれを受け取ったときに心のなかで何を言うか、なのです。

どのような工夫をメッセージに施せば説得力が大きく変わるのか……。研究者が伝統的に注目してきたのは、メッセージの明瞭さ、構造、論理性といった要素でした。メッセージの内容を受け手に理解させることが、説得には欠かせないと考えられていたからです。もちろんこれはそのとおりなのですが、認知反応モデルはある重要な知見を追加しました。じつは、変化の直接的な原因はメッセージ自体にはないのです。何らかの変化が生じる場合、その直接的な原因は、「セルフトーク」（あるメッセージにさらされたあと、人間の内部に生じる認知反応）という別の要因の結果です。もっと簡単に言えば、メッセージの受け手が、メッセージを受け取った後に、心のなかで何を考えるかが重要なのです。

このモデルを支持する研究結果はたくさんあります。たとえば、グリーンワルドの説得実験の一つでは、あるトピックに対する聴衆の態度の変化は、聴衆が説得の訴えに含まれていた要素について何を覚えているかよりも、訴えを聞いたとき自分がそれに対して行ったコメントについて何を覚えてるかということと、より強い関連を示しました。

では、実際に説得を試みる場面で、この見解からどのような結論が導けるでしょうか。ちょっと考えてみましょう。あなたは、街の人々に、高速道路の制限速度を下げることへの支持を訴える手紙を書こうとしています。認知反応モデルから確実に言えるのは、手紙を読んだ人が胸のうちでどのようなコメントを発するかを考えもせずに、このような試みを行うのは愚かだということです。

では、どのような小さな手段を講じれば、手紙の効果が大きく変わるのでしょうか。第一に考えるべきは、手紙を読んだ人が、そのあらゆる面について肯定的な考えをもてるようにする、ということです。そのためには、訴えようとするメッセージの肝の部分（議論の力強さや論理性など）だけではなく、それとはまったく異なった肯定的な反応を生みそうな諸要素についても検討しなくてはなりません。たとえば、手紙の投函は、高速道路で頻発する事故について地元の新聞が報じるまで待ったほうがよいかもしれません。そうすれば、手紙が届いたときそれを読む人たちは、ほかの情報（ここでは新聞の記事）とよく合致しているので、そこに書かれたメッセージに妥当性を感じるでしょう。あるいは、手紙への好意的な反応を増やすために、高級な紙に文面を印刷して、素人っぽさをなくしてみてはいかがでしょう。メッセージの受け手は、訴える側が説得の運動に気配りと費用を投入すればするほど、メッセージの妥当性を信じているのだと考えます。

ですが、メッセージから肯定的なセルフトークが生じるようにするよりもさらに重要な大切な点は、いかにして否定的な――特にあなたが述べた立場への反論というかたちでの――セルフトークが生じるのを避けるかです。

あるメッセージに対して聴衆が反論を思い浮かべてしまうと、メッセージの効果が台なしになりかねないということは、説得の科学の研究者たちが繰り返し示しています。ですから、手紙には、制限速度が速いと自動車事故の死傷者が増えると主張する、著名な交通安全の専門家の言葉を引用するのがよいでしょう。

最近、J・エンゲルマン、M・キャプラ、C・ヌセール、G・バーンズによって実施された脳撮像の研究が、なぜそうした工夫に効果があるのかを教えてくれます。この研究では、実験参加者に日ごろ馴染みのない金融関連の選択を何度か行わせ、その際いくつかの設問には、専門家（有名な経済学者）による助言をつけました。専門家の助言が利用できる場合、参加者の選択はその助言から非常に影響を受けました。その理由は、参加者たちの脳活動パターンに表れていました。専門家の助言がついた設問では、批判的な思考と反論を行う際に活性化する脳の領域が、ほとんど反応を示していなかったのです。

こうした発見は、なぜ専門家の言葉が非常に効果的なのかを説明するのに役立ちます。人々は本物の権威の見解を、単に――ほかの重要な諸要素ともども吟味して――いくつかの選択肢から一つを選ぶ際に決定的な役割を果たす、重要な一要素として考えているわけではありません。そうではなく、そして自分の考えに自信がないときは特に、専門家の意見をほかのすべての要素に優先させているのです。はっきり言えば、ほかの要素について考えることを認知のレベルですらやめてしまうのです。この研究を実施した研究者の一人が、この発見によって生まれた伝統的な意思決定モデルへの疑問を説明する際に言ったように、「このような（＝伝統的な）世界観では、人は助言を受けると、それをほかの情報と組み合わせ結論に至るとされている。もしそれが本当に正しいのであれば、脳の中の結論を導く領域が活性化したはずである。しかし本研究では、専門家から助言を受けた場合に、そうした活動が消えてしまうということが明らかになった」のです。

この研究から、説得を行う際に注意すべき二つの教訓が得られます。一つめは、人が批判的思考と反論を行う力を手放して専門家の助言に従うことが多い以上、あなたが関連した専門知識をもっていることを早い段階で相手に知らせないのは愚かだということです。それに加えて、自分の組織で、情報の受け手とやり取りをするかもしれないほかの仲間たちの信頼性についても、何らかの手段を講じてはっきりさせておくべきです。単純な話ながら、ほかの点では洞察力のある人々が、自分と自分の仲間の信頼性を告げないまま影響を与える試みを始めてしまうことは、驚くほど多いのです。

このことをちょっと頭に入れておけば、非常に目覚ましい結果が出るでしょう。

今度は、たくさんの保健センターを苦しめている問題を例に取ってみましょう。つまり、サービスへの需要が高すぎ、施設にその需要を満たすだけの人手がないように思われるという問題です。こうした問題に直面した場合、すぐに効果の出るわかりきった対策は、単純に人の数を増やすことです。ですが、そのような対策にはとてもお金がかかるということに加えて、多くのサービス機関が証言しているように、サービスへの需要というものには施設の人手が増えれば増えた分だけ大きくなるという困った特性があります。イギリスの場合、医師免許をもらったばかりの医者には、世界中の同僚と同じように、大学卒業後さまざまな病院や保健センターでのローテーション勤務が待っています。この制度のおかげで保健センターの人手不足はかなり軽減されていますが、そうした経験の浅い医者に診察されるのに抵抗があるのか、内勤医の診察を受けられるまで待つという患者も少なくありません。ですが、ここが考えどころです。最近、国内有数の医学部を卒業したばかりで、最新の技術と知識を身につけているという点を踏まえれば、新人医師の診察を受けるのは患者にとっても悪くない話だと言うこともできるでしょう。医療制度の人不足は深刻なのかもしれませんが、一方で人員を活用しきれていない場合もしばしば見受けられます。このような状況を改善するために、保健センターのいくつかでは新人医師の信頼性と最新知識を、たいていの場合彼らの写真までつけて、徹底的に強調するというやり方が試されました。受付スタッフも、非常に一般的な「代診医でよければ診察が受けられますよ」（「代用教員だったら担任できる」という言葉と同じ意味だと考えてください）という言い方をやめて、新人医師の信用を強調した

「大学の医学部から当センターに来たばかりの、非常に優秀な先生に診察してもらうのはいかがでしょう」という言いまわしを用いることで一役買います。こうした、ささやかで比較的安あがりな対策により、需要と処理能力のバランスが劇的にもち直しました。保健センターのなかには、診察の待ち時間が半分にまで減ったところもあります。そうした改善の原動力は、大がかりなシステム変更ではなく、状況に加えられた小さな変更だったのです。

そして、自分や仲間の専門家としての立場を、聴衆の意識にしっかりと植えつけるのと同じくらい大切なのが、その地位を守るために経歴、経験、技能を誇張なく正直に伝えることです。つまり、もし自分の専門知識を大袈裟に述べ、あとになってそれが見かけ倒しだったと露見したりすれば、おそらくそれ以後、自信をもって主張できる範囲のことでさえ、せっかくの専門知識に説得力が伴わなくなってしまうでしょう。

24

「自信なさげな専門家」の意外性が生み出す説得力

前章では、自分の専門性をさりげなく強調してからメッセージや提案を出すというやり方が、しばしば受け手の反応を大きく変えるということを論じました。今から二千年以上前、古代ローマの詩人ウェルギリウスは、「専門家に従いなさい」と助言しました。そして、J・エンゲルマンたちが脳撮像の研究で実証したように、その言葉は今日でも充分通用します。いや、それどころか、今日のほうがいっそうよく当てはまるとさえ言えるかもしれません。私たちは日々、公私を問わず情報の洪水にさらされながらそのなかを進まなくてはなりません。これほど情報過多な状況にあって、私たちが求めるのは、手っとり早い意思決定の方法であり、専門家の意見というのはそうしたものの一つなのです。ですから、知識や知恵に秀でた人物が私たちの意思決定にとても強い影響を及ぼすのは、不思議なことではありません。

幸い、手を貸したいと思っている専門家に不足はまったくないようです。ビジネスの世界に目を向ければ、何らかの団体に正しい選択を行う手助けをしたくてたまらない専門家が、数えきれないほどいることがよくわかります。私たちの私生活にしても、状況は変わりません。フィナンシャルカウンセラーは最新の投資アドバイスを手に準備万端ですし、子育てアドバイザーのところへ行けば最新の子育てテクニックが、個人トレーナーにつけば健康維持に関する最先端のアドバイスが手に入ります。

ですが、ここにはある種皮肉な状況が生まれています。情報過多な現代社会で頼りになるのはどうすべきかを教えてくれる専門家ですが、その数が多すぎるのです。しかも全員が、自分の助言こそ耳を傾け従うべきものだと主張します。こんなにたくさんの人々が専門家を名乗り情報が飽和したこの世界で、どうすれば誰の言うことに従うべきかがわかるのでしょうか。

おそらく、私たちが耳を傾けるのは、最も自信満々な話し方をする専門家でしょう。人が確信ありげな専門家の話に納得しやすいのは、直感的にわかりますからね。そうでしょう?

ところが、じつはそうでもないらしいのです!

消費者心理を研究しているU・カーマーカーとZ・トーマラは、最も自信のありそうな物言いをする専門家の提案や助言に、いつも強い影響力があるとは限らないと考えています。そして、二人の研究からは、多くの場面において最も説得力があるのは、専門家自身が確信をもてないなかでする提案や助言であるということがわかっています。とりわけ、はっきりとした答えが存在しない問題に対して行われる助言については、このことがよく当てはまります。

カーマーカーとトーマラの研究の一つでは、実験参加者に「ビアンコ」という名の新しいレストランを好意的に取り上げたレビューを見せました。その際、参加者の半数には、レビューの執筆者が本を何冊も出している著名な料理評論家だと伝え、残りの半数には、レビューの執筆者は名もないブロガーで、普段はファストフードばかり食べていると伝えました。当然予想されるとおり、そして多くの先行研究と同じように、レビューの執筆者を経験豊富で著名な評論家だと考えた参加者のほうが、名もなきブロガーだと考えた参加者よりも強い影響を受けました。ですが、研究にはまだ続きがありました。

この研究では、レビュー執筆者の専門知識だけでなく、執筆者の確信度にも差を設けてありました。たとえば、確信度が高い場合にはこんなレビューになります。「ここで夕食を食べました。最高の店だと自信をもって断言します」。

一方、確信度が低い場合にはこんなレビューになります。「『ビアンコ』には一度しか行ったことがないので自分の意見に絶対の自信があるわけではありませんが、今のところ、この店は最高だと思っています」。

自信のなさを表明した専門家のレビューを読んだ参加者は、そのレストランへの好感度も、そこに行ってみたいという考える割合も、無名のブロガーや確信度の高い専門家のレビューを読んだ参加者より、ずっと高くなりました。どちらのレビューも内容自体はほぼ同じでした。ただ、専門家の確信の度合いがほんの少し違っていただけです。

この結果を論じるなかで、カーマーカーとトーマラは次のような指摘をしています。一般的に言って、人々は専門家は自分の意見に自信をもっていると考えるので、専門家が自信のなさを示すと、その専門家の言っている内容に引き込まれます。要するに、情報源がもつ専門知識が一定の不確実性と結びつくと、人の**好奇心**をそそるのです。そのため、もしその専門家の議論の内容が、多少の不確実性をもちつつもある程度しっかりしているなら、受け手をメッセージの要点へと**引き込む**この作用には、実際に説得力を増す効果があると考えられます。

この知見は、メッセージの説得力を増したいと考える人に重要な教えを授けます。自分の論にわずかな疑念、小さな粗《あら》、あるいはささやかな不確実性が残っている場合、そうした小さなキズが説得の効果を大きく損なってしまうと考えて、それらを安易に隠してしまう場合があるかもしれません。ですが、はっきりとした唯一の正解など存在しないのが明らかな状況で多少の不確実性を示すのは、あなたの目的に有害な結果どころか、有益で大きな違いをもたらすかもしれません。ですから、たとえばビジネスコンサルタントが意思決定者を説得しようという場面では、自分の提案に関するわずかばかりの不確実性を隠したり取り繕ったりするのではなく、むしろそうしたもののおかげで説得力が増すこともあるという知識に基づいて、それを認めてしまうというやり方も考えられます――もちろん、提案の内容は、しっかりしていなくてはいけませんが。また、そうすることは別の利点もあります――この手法は信頼関係の構築にも一役買ってくれるのです。

25 センターに位置することの重み

テレビ放映開始直後からクイズ番組『ザ・ウィーケスト・リンク』は世界的な成功を収め、これまで世界数十カ国で放映されています。番組では、出場者の知識とともに、ずる賢さも試されます。番組は「ラウンド」という単位で進行し、初めのうちは回答者が正解するごとに、全員が共有する賞金が増えていきます。その一方で、各ラウンドが終了するたびに回答者全員による投票が行われ、「もっとも弱い鎖の環《ザ・ウィーケスト・リンク》」に選ばれた一人が退場させられます。やがて、残っている回答者が二人だけになったところで、賞金の全額を賭けた戦いが始まります。優勝するのに必要だと考えられるものは、しっかりとした戦略、何ごとにも動じない鉄の意志、そしてもちろんかなり高いレベルの知識——どれも、他者に影響を与える仕事をしている人が重要だと見なすスキルです。

ですがそれ以外に、あまり目立つことはないものの、このゲームの行方を左右する重要な要因があるのです。

社会科学者のP・ラグビールとA・バレンズエラは、過去に放映された『ザ・ウィーケスト・リンク』を分析し、番組でお馴染みの半円形に並んで立つ回答者たちのなかで、飛び抜けて優勝しやすいのが、真ん中に位置する二人であることを発見しました。言葉を変えれば、このゲームで優勝するには戦略、知識、鉄の意志だけではなく、立ち位置も重要だったのです。

ラグビールとバレンズエラは、立ち位置に関する小さくも重要なこの工夫が影響を及ぼすのは、テレビのクイズ番組の結果だけではないことを発見しました。誰であれ――たとえば集団面接や会議の場面で――真ん中の位置を与えられた人は、ほかの参加者に対して影響力をもつという証拠も見つかったのです。なぜでしょう。ラグビールとバレンズエラによれば、重要な理由の一つは、その配置を見る側に刷り込まれている連想と確信にあります。つまり、真ん中の位置を占めるのは最重要人物だという**思い込み**が働いているのです。たとえば、結婚パーティーでの新郎新婦、重役会議でのCEO、オリンピックの表彰台に立つ金メダリストを思い浮かべてみてください。

人は重要な人物が「真ん中」にいると思い込んでいるだけでなく、真ん中にいる人の犯す間違いに気づきにくいという、いささか心配になるような証拠も見つかっています。こうした発見と関係があるのは、会議の座長を務める人たちです。おそらく彼らは、粗《あら》を残したまま出された提案でも、それを出したのが――席順のおかげで――文字通り「**不**注意の中心」にいる人物である場合には、比較的異議が出にくいと知っているでしょう。

もちろん、自分が進めたいと考えているアイデアや提案を出す場面で、その内容に自信があるなら、自らの影響力を増すためにできるちょっとした工夫は、ただ真ん中の席に座るということになります。また、集団でスピーチやプレゼンテーションを行うときには、聴衆に最も受け入れてもらいたい発言を真ん中の位置にいる人に言わせるのがよいでしょう。

この研究だけでも、ミーティング前に座席の順番をしっかり検討すべき理由は明らかですが、追跡調査ではさらに、製品やサービスの発表を行うときにもそのような前準備で、結果が本当に大きく変わることがわかっています。この仮説を検証するために実施されたある研究では、実験参加者に味が異なるチューイングガムを同時に三つ示し、そのなかから一つを選んでもらいました。定期的に並び順を変えたにもかかわらず、常に他を大きく引き離すほど高い頻度で選ばれたのは、真ん中に置かれたガムでした。選択肢を五つに増やしても、またガムだけでなくほかの品物（すべて値段は同じ程度のもの）を選択肢に混ぜても、結果は同じでした。**真ん中の位置を占める選択肢が飛び抜けて選ばれやすかったのです。**

さて、この結果はある程度、直感的に理解できると思われるかもしれませんが、その原因たるや、直感的な理解からはほど遠い代物です。多くの人が考えるのとは違って、真ん中の選択肢が選ばれやすい理由は、その場所に置かれた選択肢が注目されるとか、その位置に置かれた選択肢は頭に残りやすいとかいうこととはあまり関係がありません。

真ん中の位置にある品物が選ばれる主な理由は、真ん中にある品物というのは一番人気があるから、**あえて**そこに置かれているのだろうという、人々の思い込みにあったのです。これまでの章で論じたことを思い出していただきたいのですが、特に最善の選択肢がはっきりしない場面である選択肢がより魅力的に映るのは、ほかの人たちの間で目に見えて人気がある場合です。注目していただきたいのは、この研究で製品の人気を伝えたのは、どれほど人気があるかという情報などではなく、置かれた場所だったというところです。

この説明が本当に人気のある製品を作っているメーカーに教えているのは、店の棚の配置をめぐる権力闘争（これはしばしば、店の主人にいくら払うかで決着することもあります）のせいで、現在もっている影響力を失わないようにするための方法です。商品の箱に直接「一番売れてます！」とか「一番人気です！」という言葉を書いておけばいいのです。そうやって、棚の配置がどうであれ、純粋に人気だけで見たときには、どのブランドが「もっとも強い鎖の環《ザ・ストロンゲスト・リンク》」なのかを正直に伝えるのです。

26 創造的な思考を引き出す環境の力

周囲の環境が人間の行動や意思決定に大きな影響を及ぼすことは、多くの研究で実証されています。たとえば、ビュッフェに行ったときに小さな皿を渡されると食べる量が少なくなりがちですし、伝票を載せたトレーにクレジットカード会社のロゴが入っていると、ウェイターへのチップが多くなりがちになります。そして選挙の投票所が学校でなく教会に設置されているときには、より保守的な候補を選びがちになります。

こうした例のどれでも、下された意思決定や行われた行動の原因は、直接的な要求や訴えではありませんでした。そうではなく、それぞれの環境のなかにあった一つの特徴が影響を及ぼし、それが**呼び水となって**、[訳註]自動的で無意識的な行動の変化が生じたのです。

訳註：心理学ではプライミングと呼ばれる。

投票所の場所が投票者の選択に影響を与えたり、皿のサイズが摂取カロリーを減らしたりする（政治家と栄養士の皆さんはメモしておいてください）以外にも、環境に手を加えることで結果が大きく変わる場面はあるのでしょうか。たとえば、次のビジネスミーティングや交渉のときにやれることが、何かあるのでしょうか。

多くの団体はミーティングを主催して、成功事例を共有したり、同僚同士で新しいアイデアを出し合ったり、新しい考え方を促進したりしています。そうした集まりに出席したことがあれば、さまざまな環境要因——出席者の数（と出席者各人の個人的な特徴）から、提供される食事や飲み物の良し悪しに至るまで——が、集まりの成否を左右する場合のあることに、きっとお気づきでしょう。ですが、そうしたもの以外にも何か、集団の創造的思考力に影響を与える要素があるのでしょうか。

マーケティング研究者のJ・マイヤーズ=レビーとJ・チューは、天井の高さには**呼び水となる**効果があり、天井が高ければ抽象的で創造的な考え方が、低ければ具体的で型にはまった考え方が強まるという仮説を立てました。

二人はこの考えを検証すべく、ひと続きになった研究を実施し、実験参加者に字の並び順を変えて単語を作るアナグラムの問題をいくつか解かせました。参加者は二つのグループに分けられ、片方のグループは天井が低い（二・四メートル）部屋で、もう片方のグループは天井の高い（三メートル）部屋で問題を解きました。出題された問題のなかには、自由や創造性の概念と結びついた単語——「解放」「無制限」「自主的」など——もあれば、限定の概念と結びついた単語——「制限」「拘束」「抑制」など——もありました。

この実験からわかったのは、天井が高いと、参加者は自由の概念と結びついた単語を使った問題が早く解け、限定の概念と結びついた単語を使った問題には時間がかかるということでした。天井の低い部屋では、これとは反対の結果が出ました。つまり、自由の概念よりも限定の概念と結びついた単語を使った問題のほうが、早く解けたのです。追跡研究でも、天井の高い部屋にいる参加者は低い部屋の参加者よりもずっと早く、いくつかの抽象概念の間にある論理的な結びつきを発見できる——創造的思考の重要な鍵となる特徴です——ことがわかりました。

この研究結果は以下のことを示しています。ビジネスミーティングやチームのワークショップ、あるいは研修プログラムの準備をする場面で、会合の主な目標が創造的な思考を必要とするものである場合、前もって行える小さな工夫は、天井の高い部屋を会場に選ぶことでしょう。そうしておけば、参加者がのびのびとした考え方をしやすくなると考えられます。

ですが、開催するミーティングが具体的な商品や課題への取り組みに関するもので、必要なのが新しい発想ではなく具体的な行動や計画の案であるなら、天井の低い部屋を選ぶのがよいはずです。もし、ミーティングの前半では新しいプランに関する創造的な思考が必要で、その後はそのプランをどう実行するかに関する具体的な思考が必要になるとわかっているなら、部屋を二つ用意するのも良い手です。多少は予算が高くつくでしょうが、それで創造的思考のすべてを具体的な計画と行動に落とし込みやすくなるなら、投資に見合った利益が生まれるかもしれません。

では、もし次のビジネスミーティングが交渉、つまりアイデアを生み出そうとするミーティングとは違い、利益を生むことこそが最大の関心事だった場合はどうでしょうか。交渉が実際に行われる環境次第で何らかの行動に影響が出て、取引の結果が変わったりするのでしょうか。たとえば、馴染みのない場所へ出向くよりも、自分のオフィスで仕事の交渉をしたほうが相手を説得しやすくなるのでしょうか。

次の章では、こうした疑問について説得の科学がどのような答えを用意しているのか、詳しく見ていくことにします。

27 交渉を有利に進める舞台設定

冷戦末期の一九八九年、マルタ島沖に二隻の船が浮かんでいました。ソ連の客船マクシム・ゴーリキーとアメリカ海軍の巡洋艦ベルナップ――ここがマルタ会談（アメリカ大統領ジョージ・H・W・ブッシュとソビエト連邦共産党書記長ミハイル・ゴルバチョフによる首脳会談）の開催地でした。[訳註] 一九九五年に、デイトン合意の調印に先立って、ボスニア・ヘルツェゴビナ紛争の和平交渉が開催されたのは、オハイオ州デイトンのライトパターソン空軍基地でした。交渉の場に「中立」地帯を選ぶ習わしには長い歴史があり、少なくとも数百年前から行われています。たとえば、フランスのナポレオン一世とロシア皇帝アレクサンドル一世がティルジット条約を結んだのは、ネマン川の真ん中に浮かぶいかだの上でした。

中立地帯での交渉という慣行があるのは、国際的な和平交渉だけではありません。団体交渉を行うと

訳註：会談はマクシム・ゴーリキー内で行われ、ベルナップはブッシュ大統領の宿泊施設として使われた。

きに、労働組合の代表はたいてい中立の開催地を探しますし、企業本社よりもホテルの会議室を好みます。

前章では、天井の高さをちょっと変えると、ミーティングの創造的な産出力に影響が出ると論じました。そこで今度は、次回のビジネスミーティングの目的が、**創造的な**成果ではなく**商業的な**成果である場合を考えてみましょう。開催地をちょっと変えて、馴染みのない場所ではなく自分のオフィスを交渉の場にすれば、やはり結果が大きく変わるのでしょうか。

もっと簡単に言えば、「ホームアドバンテージ、地元有利」の法則は存在するのでしょうか。

この質問をスポーツチームのサポーターにぶつけてみれば、はっきりとした答えが返ってくるでしょう。「もちろん、あるに決まってる」と。ホームの試合では、サポーターは一般的に、チームがアウェーで同じ対戦相手と戦うときよりも良いパフォーマンスを見せると期待します。じつは、この点に関しては、ファンの意見を聞くまでもありません。ホームアドバンテージの存在を裏付けるはっきりとした証拠があります。ほとんどすべてのスポーツで、ほかの条件が同じなら勝利を収める割合が高いのは、「ホームアドバンテージ」をもつチームです。

行動科学者のG・ブラウンとM・ベーアは、スポーツファンならほとんど誰でも直感的に知っていることが、ビジネスの世界にも当てはまるかを検証する研究を行いました。まず人を雇って二人一組にし、一人には購入者役を、もう一人には販売者役を割り振り、いくつかの契約交渉を行わせました。現実世界の出来事を再現するために交渉の大部分は価格を巡って行われ、購入者はなるべく安く買うことを希望し、販売者はできるだけ高く売ろうとしました。

研究者たちは巧妙な方法論を用いて、一方が「ホーム状態」となり他方が「訪問者状態《ビジター》」になるかを――別の言い方をすれば、交渉を行う人が自分のホームにいるのか、それとも相手のホームに乗り込んでいるのかを――操作しました。ホーム状態を付与された人には交渉環境を自分好みに整える機会が与えられ、オフィスの外に自分の名前を表示したり、座る椅子を選んだり、壁にポスターや絵葉書を飾ったり、ホワイトボードに今後の予定を書いたり、オフィスの鍵を手元に置いたりできました。「ホーム状態」の人がオフィスの準備を整えている間、「訪問者状態《ビジター》」の人は臨時の待機場所で、交渉会場が相手のオフィスであり、そのオフィスは相手が交渉とはまったく関係のない作業をするために所有していると説明されます。そして相手の準備ができると、実際の交渉のためにそのオフィスに連れていかれます。

こうして行われた交渉ではスポーツのホームアドバンテージを支持する証拠と同様に、購入者役か販売者役かとは関係なく、ホーム状態の人のほうが有利に話を進めることができました。このことから、説得交渉の場面では、どこを会場にするかといった一見ささいな決定が、最初に思うよりもずっと大きく結果を左右すると考えられます。

では、実際のところ、このとき何が起きているのでしょうか。スポーツの競技場であれば五万人のサポーターが審判の判定に影響を与えるのはもちろん、チームのパフォーマンスを引き出す助けにもなるでしょうが、これらの交渉場面ではサポーターも審判も存在しません。その代わりに影響力を発揮していたのは（前章で説明した天井の高さに関する研究と同じく）**交渉の舞台**だったのです。つまり、双方に中立な会場と比べ、会場が「ホーム」のときには交渉への自信が深まり、逆に、「アウェー」のときには自信をもちにくくなるのです。

ですから、今度、相手の「ホーム」での交渉に招かれた場合には、中立地帯でならお会いしますと言ってささやかな変更を提案するのが、理にかなった対応かもしれません。さらに良いやり方は、**こちらの**オフィスに来てもらうようにすることです。そうすれば、より良い結果を収める可能性が高まるだけでなく、同僚たちがあなたの成功を地元チームのファンのように大いに喜んでくれる見込みまで高まるでしょう。

28

自信を引き出すスモール・ビッグ

これまでの章では、環境内の要因が人間の行動に深い影響を与えることを詳しく見てきました。人は部屋の天井が高いと、より創造的になります。環境が密かな呼び水となって、のびのびとした考え方ができるようになるからです。大学生が講師の評価をする場面では、先に温かい飲み物を渡しておくと、冷たい飲み物を渡したときよりも講師への評価が高くなります。飲み物が効果的な呼び水となり、講師に対して文字どおり温かい気持ちを覚えるためです。そして交渉ごとでは、自分の「ホーム」を会場にできると、たいていの場合は結果が良くなります。

こうした例では、環境や状況に施す小さな変更を用意したのは第三者でした。彼らは、たとえ何が起きているのかを当事者が意識していなくても、そうした変更から大きな効果が生まれると知っていました。では、影響を与えたい相手が他者ではなく自分だったらどうでしょう。たとえば、仕事を探している人が、面接の準備をする際に行うと自分の良いところを出しやすくなって、希望の仕事に就く見込みが増すような小さな工夫はないのでしょうか。

行動科学者のJ・ラマース、D・デュボワ、D・ラッカー、A・ガリンスキーは、仕事を探している人が行える小さな工夫の一つは、自分がパワーに満ちている場面を思い起こすことではないかと考えました。そして、この考えを検証するために、ひと続きになった研究を実施しました。

実験の一つでは、実験参加者を就職希望者か採用担当者かのどちらかの役に割り振りました。そして面接が始まる前に、就職希望者役の人をさらに二つのグループに分け、「自分について書くことに慣れる練習」と説明した準備作業を行うよう指示しました。参加者の半数が行ったのは、自分にパワーが満ちていたときの体験を書くという作業で、残りの半数が行ったのは、パワーに欠けると感じた体験を書く作業でした。

こうして、参加者がパワーに満ちている、あるいは欠けていると感じるように適切に誘導した後に、研究者たちは最近全国紙に掲載されたセールスアナリストの求人広告を見せました。そして、自分がこの求人の応募条件を満たしていると仮定して、応募書類を書くよう指示しました。参加者たちは応募書類を書き終えると、それを封筒にしまって研究助手に渡しました。

集められた応募書類はその後、採用担当者役の参加者に配られました。そして、ここが大切なところですが、採用担当者役の人は、就職希望者役の人に課せられた作文の課題について何も知りませんでした。ただ、応募書類を注意深く読み、応募者の印象を固めて、それぞれの採用見込みを判断するようにとだけ指示されていました。

分析結果が出たときにはっきりしたのは、パワーに満ちた体験を書いていた人たちのほうが、はるかに採用見込みが高かったということです。これは、パワーに満ちた体験について書くという小さな行為で、結果が大きく変わることをきちんと実証しています。

もっともこの実験は、この小さな工夫の効果を応募書類だけで評価しているという異議が出るかもしれません。いくら書類がうまく書けていたとしても、それだけで採用が決まることはまずないでしょう。研究者もその点は考えました。そして、たいていの場合、就職希望者への最終判断は面接の場で下されるとの見地から、別の実験を実施しました。今度の舞台設定はビジネススクールの職員の採用を決める、十五分間の面接です。

この二つめの実験の段取りは最初のものとほとんど同じでしたが、一つ新たに加わった要素がありました。パワーがある、あるいはパワーに欠けると感じた体験を書く二つのグループのほかに、作文の作業をまったく行わない対照用の第三グループを作ったのです。

面接が終わったあと、採用担当者役の人々は応募者それぞれの説得力について評価し、その後採用するかどうかを判断しました。最初の実験結果と同じく、このときもやはり、以前パワーに満ちていたときの体験を書いたことは、採用担当者役の感じる説得力に大きな影響を与えていました。作文を書かなかったグループを基準に比べると、パワーに満ちた体験を書いた人々はより説得力があり、パワーに欠ける体験を書いた人々はより説得力がないと見なされました。そして、この説得力の違いによって採用者役の人々が下す最終判断に差が、それも大きな差が生まれました。

面接を受けた実験参加者のうち、作文を書かなかったグループで採用された人は半数にもなりませんでした。また、パワーに欠ける体験を書いた人の採用率はたったの二六パーセントでした。これらの数字と比較して考えてもらいたいのですが、パワーに満ちた体験を書いた人の採用率は七〇パーセント近くにもなっていたのです。

違う表現を使うなら、パワーを思い出した人たちは対照グループより四五パーセント、パワーに欠ける体験を書いたグループよりなんと一六二パーセントも、採用確率を増加させたことになります。

このように、自分のパワーを思い出すことが、昇進のための面接を受けたり新規顧客に売り込みをするときに使える小さな工夫であることがはっきりしました。それだけではありません。この研究からは、人材派遣会社や職業紹介所にとっても重要な結論が導かれます。就職希望者にパワーに満ちた体験を思い出して紙に書くよう勧めれば、その人は面接で力を発揮しやすくなると考えられるからです。この工夫は長い間失業状態でいる人に対して、とりわけ重要になるでしょう。ただ、忘れないでいただきたいのは、そうした体験を書き出させるだけでなく、その作業が適切なタイミングで行われることも大切だという点です。就職の面接という場面であれば、数時間前でも、ましてや数日前でもなく、面接の直前に作業を行うべきです。

興味深いのは、心理学者のD・カーニー、A・カディ、A・ヤップの行った研究が示す、パワーをより強く感じさせる別の有力な方法――パワーの感じられる姿勢を取らせる――です。カーニーたちが注目したのは、パワーの有無と関係することが多い非言語的なボディーランゲージの二つの性質、膨張性

（どれくらいの面積を専有するか）と開放性（手足が伸びているかどうか）でした。人はパワーを感じていると身体を大きく広げた姿勢を取りやすく、パワーのなさを感じていると縮こまった姿勢を取りがちです。

この研究では、研究室にやって来た実験参加者に、これから行う実験は身体のさまざまな部位に貼られた電極が神経活動に与える影響を調べるためのものだと伝えました。ですが、カーニーたちの本当の目的は、この作り話を口実にして検討対象となる数種類のポーズの一つを参加者に取らせることでした。実験の結果、のびのびとした姿勢（両腕を前方に広げて手のひらを机の上につける、椅子に座った姿勢で両手を頭の後ろで組み、両足を机の上に載せるなど）を取るように言われた人は、縮こまった姿勢（椅子に座って左手で右手の甲を包む、立ったまま両腕を組み、両の足首を交差させるなど）を取るように言われた人よりも、パワーを感じることがわかりました。さらに面白いことに、パワーを感じる姿勢を取った人たちには、テストステロン（優位性と関係するホルモン）の増加と、コルチゾール（ストレスと関係するホルモン）の減少が見られました。どのような姿勢を取るかといったごくささいな工夫から、心理的にだけでなく生理的にも大きな違いが生まれることを、この研究は示しています。

では、カーニー、カディ、ヤップの三人は、面接を受けるときには面接官の机に靴の踵を載せるべきだと言っているのでしょうか。もちろん、そんなはずはありません。ですが彼らの研究から、同じことを電話面接の最中や個別面接の直前に行えば、自信が深まる可能性は高そうです。そしてその自信こそ、小さな違いのようでありながら、良い仕事に就く大きな助けとなるはずです。

29 「愛こそはすべて」を実践する

一九六七年六月二十五日、訳註 全世界で推定四億人の人々が、史上初の衛星中継番組『われらの世界』を視聴しました。二時間半の放映時間中、番組には二十カ国近い国のさまざまな人々の活動が幅広く取り上られ、オペラ歌手や少年合唱団、牛の世話をする牧場労働者などが出演し、その間に時折、東京の地下鉄網の仕組みや世界各地の現在時刻を教える教育的なコーナーが挿《はさ》まれました。しかし、多くの視聴者の記憶にはっきり刻み込まれたのは、番組の最後の場面です。

英国放送協会（BBC）から、皆に理解できるようなメッセージのこもった歌を演奏してほしいと頼まれたビートルズが、『愛こそはすべて』（*All You Need Is Love*）を演奏したのです。この番組が放送されたのはベトナム戦争の真っ只中だったため、この歌は作詞作曲者のジョン・レノンが音楽を通じて行った見え透いたプロパガンダだと考える人もいました。とはいえ、隠された動機があったにせよなかったにせよ、愛には世界を結びつけ癒やす性質があるというジョン・レノンの主張に、異議を唱える人はほとんどいませんでした。

説得の科学を研究し実践する者として、私たちは、「愛には影響を与える性質もある」と主張したいと思います。読者の皆さんには安心していただきたいのですが、これは別に全世界に向かって歌を歌う必要があるという意味ではありません。私たちが勧めようとしているのは、もっとささやかなことです。つまり、説得の試みに、愛のシグナルとして働く合図を一つ加えてみてはいかがでしょうかということです。

この世の始まり以来ずっと、愛という概念には尋常ならざる影響力があり、私たちの生活に影響を与え続けているのは間違いありません。ですが、おそらくは驚くべきことに、愛という観念が説得にもたらす効果について実証しようとする研究が増えてきたのは、ごく最近になってからなのです。

フランスの行動心理学者J・フィッシャー=ロク、L・ラミー、N・ゲガンが実施した研究では、一人で歩いている人を商店街で呼び止め、調査への協力を頼んで、愛に関する意義深いエピソードか、人生で大きな意味をもつ楽曲のどちらかを思い出してもらいました。答えた後、歩行者はその場を去り、しばらく行ったところで、今度は地図を持った人に呼び止められて道を尋ねられます。このとき、先に愛に関するエピソードを思い出していた人々は、思い出の楽曲を思い出していた人々よりも、ずっと長い時間を割いて困っている人を助けました。

訳註：日付はイギリス時間。

ゲガンとラミーが行った別の研究では、募金活動に愛という単語を含めるだけで、募金額がずっと多くなることがわかっています。ごく普通の募金箱に「寄付＝人助け」という言葉を加えると、チャリティーに関する情報だけが書かれた募金箱と比べて、募金額が一四パーセント増えました。ところが、「人助け」という言葉を「愛」に替えて文面を「寄付＝愛」としたときには、募金額は九〇パーセント以上も増えたのです。これは、単語を一つ変えるだけでできるスモール・ビッグにしては、かなり目覚ましい上昇率です。

　愛がもつ説得力は、レストランのウェイターやウェイトレスの役にも立ちます。ゲガンが行ったある実験では、支払いをする場面で店員が二つ折りにした勘定書をテーブルに置き、その上にキャンディーが二つ入ったプレートを載せたあと、テーブルを離れます。ゲガンのチームはこの手順を何百回となく繰り返し、研究期間の最後にデータを分析して、ある工夫が店員のチップにどのような影響を与えたかを調べました。はっきりとした結果が出ました。ある条件の場合でだけ、食事客がチップを置いていく確率[訳註]とその金額が、突出していたのです。さて、何が彼らをそうするつもりにさせたのでしょうか。

　プレートに置かれた二つのキャンディーと関係していたのではないか、ひょっとすると包み紙が赤かったのかもしれない、赤は愛と結びつく色だから。あるいは、キャンディーがハート型をしていたのかもしれない。読者の皆さんはそんなふうに考えたかも知れません。けれども、チップの増額とキャンディーは、いっさい関係がないのです。強く関係していたのは、勘定書きの上に載せたプレートの形でした。客が知るよしもありませんが、プレートの形は三種類用意されていました――円形、四角形、そしてハート型です。プレートがハート型だと、円形だった場合より一七パーセント、四角形だった場合より一五パーセント、チップが多くなりました。

これはどういうことなのでしょうか。研究者たちの考えによると、愛と結びつくシンボル――今回の実験で言えばハート型のプレート――にさらされると、人間はそれを合図に愛と結びつく行動を起こします。この実験では、そうした「愛と結びつく行動」が、チップをはずむことだったのです。

もしこの愛への連想により、ウェイターやウェイトレスが勘定書の上にハート型のプレートを置くだけで（あるいは、もしかすると勘定書自体にハートマークを書き入れるだけでも）チップが増えるとすれば、チャリティーショップは値札の形を円形や長方形からハート型に変えるだけで古着の売り上げが伸びるかもしれません。募金活動を行う団体なら、ウェブサイトの寄付受付ページに、ハート型の画像を掲載してみてはいかがでしょう。あなたのお子さんが、もし来週に迫った水泳競技大会に向けて寄付集めに励んでいるなら、実際に寄付を頼む前に、寄付申込書の一番上に大きな赤いハートマークを目立つように描いておくと、集められる寄付の金額を大きく増やせるかもしれません。

訳註：この実験はフランスで行われているため、客がチップを置くのは義務とされていない。

30 喜ばれるプレゼントの選び方

たいていの人は、友達の誕生日プレゼントや同僚の退職祝いを選ぶのが得意かと質問されると、「非常に得意だ」と答えます。しかし、逆に**彼らの**友達や家族、同僚はプレゼント選びが得意かと尋ねると、今までにもらった残念なプレゼント（怪しげな手作りセーターから低俗なアクセサリー、電気仕掛けの歌う魚まで）の数々に関する怖い話が始まるのです。実際、もし人が本当に自分で思っているくらいプレゼント選びが得意だったら、このサイト（www.whydidyoubuymethat.com）[訳註]のようなウェブサイトは潰れてしまうでしょう。

幸い研究者たちは、相手が恐ろしさに息を飲むのではなく、喜びの悲鳴を上げるようなプレゼントを渡すための簡単なやり方を見つけています。

全米小売業協会が二〇〇八年に実施した調査では、アメリカ人の半数近くがもらったクリスマスプレゼントのうち、毎年、最低一つは送り返したいと答えています。これは、プレゼントが贈る側の思ったほどには喜ばれて**いない**傾向をはっきりと示しています。この、かなりドキリとする統計データに着目したF・ジーノ（『失敗は「そこ」からはじまる』という素晴らしい本の著者です）と社会心理学者のF・フリンは、なぜプレゼントの送り手と受け手では、プレゼントの品質や利便性に対する見解がめったに一致しないのかを探ることにしました。また彼らは、この問題には簡単な解決策があるとも考えました。それは、プレゼントを贈ろうと思っている人が、贈る相手である友人や家族や同僚に欲しいものリストを作ってもらって、そのなかからプレゼントとして購入するものを選ぶというやり方です。

相手に何が欲しいか尋ねるときに心配なのが、相手に「あまり自分のことを知らないから、自分向けのプレゼントが買えないのだ」と思われはしないかということです。もっとまずいのが、「自分にぴったりのプレゼントを選ぶのに必要な時間や労力を使いたくないのだ」と思われそうなことです。ですがジーノとフリンは、相手が本当に欲しがっているものを贈ったほうが、思いやりの**ある**人だと思われるのではないかと、考えました。

ある研究でジーノとフリンは既婚者を集め、そのうちの半数には誰かに結婚祝いを贈ったときのことを、残りの人たちには結婚したときにもらったプレゼントのことを考えさせました。そして、結婚祝いを贈ったときのことを考えるグループをさらに二つに分け、片方には相手が作成した欲しいものリスト

訳註：和訳すれば「なんでこんなものよこした?ドットコム」くらいの意味になるサイト。投稿者たちが、もらって辛かったプレゼントをコメントとともにアップロードしている。

に載っていたものを買ってプレゼントにしたときのことを、もう片方にはリストに載っていないものを買ってプレゼントにしたときのことを考えるように言いました。

同じように、もらったプレゼントのことを考えるグループもさらに二つに分け、片方にはプレゼントが自分の欲しいもののリストに載っていたものだったときのことを、もう片方にはリストに載っていないものだったときのことを考えるように言いました。

参加者が思い浮かべたプレゼントの価格帯はだいたい同じでした（平均で一二〇ドル〈約一万四千円〉程度）が、それぞれがプレゼントをどう考えるかは、かなり重要な点で異なっていました。具体的に言えば、プレゼントを贈る側にとって、思い浮かべているプレゼントが相手の欲しいもののリストに載っているかどうかは、どうでもいいことでした。プレゼントをもらった人がどの程度喜ぶか、どの程度気に入るかの予想に、ほとんど差はなかったのです。ですが、結婚祝いをもらったときのことを考えるよう言われた人たちでは、欲しいもののリストに載っていたものを贈られた人たちのほうが、載っていなかったものをもらった人たちよりもずっと、受け取ったプレゼントを喜んでいたのです。

よく「大事なのは気持ち」と言われますが、この研究は自分勝手な気持ちの入っていないプレゼント——つまり、もらうほうが前もって作成したリストから選んだだけのプレゼント——が一番大事であると示しています。ある意味で、これはそれほど驚くような結果ではありません。結婚しようという二人があらかじめ作っておいたリストの品をプレゼントされれば、その喜びはひとしおでしょう。なぜなら、そのリストには、二人が新生活を始めるにあたって本当に必要な品物——リストから漏れたりダぶったりしたくない品物——が並んでいると考えられるからです。三つの円《まる》いプレートが連なったチーズボード訳註《やくちゅう》の二枚セットを欲しがる新婚夫婦なんて、いるはずがありません。もちろん、その二人がチーズ生産量がアメリカで一番のウィスコンシン州に住んでいるとか、たまたまミッキーとミニーという名前なのであれば話は別ですが……。

では、プレゼントを贈る理由が違ったらどうなるのでしょう。たとえば、結婚祝いでなく、誕生日プレゼントだったらどうでしょうか。研究者たちもこの点について考え、いくつかの追加研究を実施しましたが、結果はまったく変わりませんでした。プレゼントを贈る側は、そのプレゼントが相手の欲しがっていたものかどうかで感謝の気持ちや満足度が変わるとは考えませんでした。ですが、受け取る側は、実際には欲しいと言ってあったものをもらえたときのほうが、感謝の念も満足度もずっと高くなりました。

ジーノとフリンが行った別の研究では、実験参加者たちにプレゼントの贈り手と受け手の役を無作為に割り振りました。そして贈り手役と受け手役を一人ずつ、お互いには知らせぬままペアにしました。それから、受け手役に二〇～三〇ドル（約二四〇〇～三六〇〇円）の品十点を通販サイトで選ばせ、それをリストにして贈り手役のもとへ送りました。贈り手役の半数には、そのリストからプレゼントを選んで受け手に贈るように、残りの半数には、そのリストに載っていないものをプレゼントするようにと指示

訳註：チーズを載せて出す板。

を出しました。このときも、リストに載っていないものを買うように言われたグループは、リストに載っているものを贈るよう言われたグループに劣らず、受け手がプレゼントを気に入るだろうと確信していました。けれども、プレゼントを受け取った側からの評価が出てみると、やはりリストに載せたものを受け取った人のほうが、感謝の念はずっと強かったのです。

プレゼントをありがたく思う気持ちは、受け取った人が将来お返しをしなくてはと思う度合いだけでなく、受け取った人の幸福度を決める要素です。よってこの研究は、私たちが他者と行うやり取りに重要な意味をもつと言えるでしょう。相手が本当に喜ぶプレゼントを見つけ出すちょっとした工夫があれば、当て推量でプレゼントを贈らずに済みますし、それはプレゼントを贈る側にも受け取る側にも良い話です。相手に付箋の束を渡しておき、雑誌を読んでいて何か欲しいものが見つかったときは目印代わりに貼っておいてもらってもよいでしょう。もしくは、家に置いてあるカタログに、折られたページがないか気をつけるのも大事でしょう。

同じことは、ビジネスの場面でも言えます。たとえば、顧客を新しい店に連れていくのであれば、自分が一番好きな店よりも、顧客が何度か話題にした店を選ぶほうがよいでしょう。いずれにしても、自分のではなく、**相手の**欲しいものリストからプレゼントを選ぶという手順を踏むのは、相手の感謝の度合いが大きく変わる小さな工夫と言えます。この工夫を施すことで、あなたの贈った残念なプレゼントが次の年にインターネットでさらされたり、ごみ箱に放り込まれたり――あるいはこれは最悪の場合だと思いますが――次の年のあなたへのプレゼントとして登場することもありません。

31 生産性も高める「上手な」親切

気前の良い態度に価値があることは、さまざまな研究で証明されています。ほかの人にプレゼントを贈ったり、親切やサービスをしたり、手助けをしたりすると、私たちは相手からより好感をもたれ、より感謝され、さらにはより健康にもなります。それだけでなく、こちらが何かをしてあげた相手は、こちらが助けを必要とするときにはたいてい恩返しをするつもりでいてくれます。この最後に挙げた恩返しは**返報性**の原理と呼ばれており、自分が相手から受け取った行動様式を相手に進んで返すよう命じる力です。

あらゆる人間社会で、人々は子どものときからこの原理を叩きこまれます。その理由は単純です。商業、防衛、福祉といった、社会の非常に重要な領域で有益な交換や互恵的な取り引きを行うよう人々に勧めれば、集団全体に競争上の強みが生まれるからです。これを職場という環境に当てはめると、同僚から何かの案件への協力（作業に手を貸す、人を貸す、特別な情報を提供するなど）を頼まれた場合にそれを引き受ければ、将来自分にとって重要な案件で協力を頼むときには、引き受けてもらえる確率がぐっと高まるわけです。

与える人であることが、人の心に「良い人物」と記憶される理由はたくさんありますので、できるだけ協力の手をたくさん差し伸べることが仕事での成功への近道だと、私たちは考えがちです。ですが、残念ながら人間心理はいつだってそれほど単純ではありません。じつは援助を行うことでさえ、やり過ぎは良くないことがあります。その証拠として、組織心理学者F・フリンが大手電気通信会社で実施した研究を取り上げてみましょう。この研究でフリンは、従業員間の親切な行為から生じた結果を調査しました。従業員同士が行う親切な行為の回数と、その結果として注目すべき二つの点を調べたのです。一つめは、親切な行為がそれを行った人の組織内における社会的地位――別の言い方をすれば、職場の同僚たちから見たその人物の組織に対する価値――に及ぼす効果です。予想どおりかもしれませんが、自分の時間やエネルギーを割いてほかの人に協力する人だと評価された従業員は、より貴重な人材だと見なされていました。職場で一目置かれるのは決して簡単ではありません。ですからこれは、並外れて親切な人が、人間関係上のさまざまな利益を得ていることの証明になるでしょう。

ですが、フリンが検討した二つめの点――仕事における生産性――については、それほど明るい結論は出ませんでした。個人の生産性を測る八つの項目（割り当てられた仕事の量と質両方の評価など）で、ほかの人への協力レベルが最も高かった人たちは、ほかの同僚よりもずっと**生産性が低かったのです**。なぜでしょう。それは、彼らがほかの人の仕事を手伝うのに忙しくて、自分の仕事に充分な注意を払えなかったためでした。

この事態をどう考えるべきなのでしょうか。職場で特に熱心に手助けを行うことが社会的地位を高める一方で、与えられた仕事への生産性を下げてしまうなら、どう振る舞うのが最も良いのでしょうか。じつはこの問いには、はっきりとした答えが存在します。これも、フリンの研究から明らかになりました。ほかの人に手を貸す人の社会的地位と生産性とを同時に上げる、一つの小さな要因が判明したのです。それは親切を行った回数ではなく、**親切の交換を行った回数**でした。はじめに同僚の案件に有益な助力を提供し、そのお返しとして有益な助力を受けた従業員は、贈与プロセスの有益な効果を――それも自分自身にとってというだけでなく、関係者全員にとっての効果を――最大化し、地位と生産性の両方で高い評価を得ていました。ここで思い出していただきたいのは、この結果が、どんな集団の成功にも欠かせない返報性の原理（理由は、それがまさしく互恵的な交換をうながしているからです）と、非常によく合致しているということです。

こうした結果が、私たちに何を意味しているのかは明らかです。第一に、仕事では自分から気前良く援助の手を差し伸べるべきだということです。そして注目していただきたいのは、一連の動きのなかで、最初に行動を起こす人物になるのが極めて重要であるという点です。最初に行動を起こせば返報性の原理が発動し、親切をする側と受ける側両方が職場で成功するのには絶対に欠かせない、親切の交換の見込み回数が増えます。

第二に、援助や協力をしたり情報の提供をしたりするときには、将来的にそれがしっかりと報いられる見込みを高めるやり方で特徴づけておくことが大切です。そのためには、こちらの尽力に対してお礼を言われたときに返しがちなごくありふれた返答に、小さいながらも重要な工夫を施す必要があります。その工夫によって、将来の共同作業と影響力を与える試みに、驚くほど大きな改善がもたらされるのです。ではここで、最初に何かしてあげたときのお礼に対してどう答えればいいのか、例を三つ紹介しておきましょう。

例１「手伝えてよかったよ。助けが必要なときに手伝ってもらえるのが、どれだけありがたいかは、ぼくも知ってるから」
例２「いいのよ。同僚同士なんだからお互い様じゃない」
例３「当然だよ。もし逆の立場だったら、君だって同じことをしてくれるだろ」

では、手短にまとめましょう。職場での贈与プロセスを最適化するための鍵は**交換のお膳立て**にあり、そのなかには結果を大きく変える、小さくとも大変重要な手順が二つ存在します。一つは、最初に自分から親切や情報やサービスを提供すること。そしてもう一つは、その親切や情報やサービスが、至極当然の公平で互恵的なルールの一部なのだと、はっきりと言葉で示すことです。

この研究から導かれる重要な結論は、ほかにもあります。フリンが指摘するように、いま多くの企業で管理職がたくさんの項目を用いて部下を評価するようになっており、たいていの場合、そのなかには、ほかの従業員をどれくらい手伝っているかという項目があります。フリンは、管理職が部下を査定する際にほかの従業員をどれだけ手伝っているかだけでなく、どれくらいほかの従業員に協力を求めているかも評価すべきだと考えています。従業員たちにこの二つの評価基準を両方とも伝え、さらになぜどちらも重要なのかを説明しておけば、手助けをすることと協力を求めることの両方が組織全体でうながされ、生産性を最大限高めるのに大いに役立つでしょう。

本書の著者として私たちが願っているのは、読者の皆さんがさまざまなスモール・ビッグを用いて、仕事のうえでも、プライベートでも、たくさんの利益に浴することです。そして、もしあなたが本章は特に役に立つと考えてくださるのなら、私たちはぜひ、こう返答させてもらいたいと思います。「（ここに入れる台詞は、先ほどの例1～3のなかから、好きなものをお選びください）」。

32 感謝の表明はやる気を高める隠れた一手

前章では、自分から先に協力の手を差し伸べ、同時にそうした協力を今後交換される見込みが高まるようなやり方で特徴づけておくのが、あなたの影響力を現在および将来的にも強められる非常に効果的な手法だと解説しました。返報性の原理は受けたものを返すように人々にうながすので、最初に与える行為は、新たな関係を築いたり、チーム間の協力態勢を生み出したり、長期にわたるパートナーシップや好機を育てたりするときには、特に有効な手段です。

ですが、返報性の原理は一方通行ではありません。影響力という観点から見て、親切を行った側に相当な強みが生じるのはたしかですが、よく見逃されてしまうのが、親切を受けた側にも影響力を行使する機会がかなり多く存在しているという点です。

行動科学者のA・グラントとF・ジーノは、親切を受けた側が影響力を増す方法の一つは、最初の親切をしてくれた個人や集団に感謝の念をはっきり伝えることではないかと考えました。この考えを検証した研究では、実験参加者に電子メールを送り、学生が就職活動用に書いた送り状をある程度の時間をかけてチェックし、書いた本人に読んだ感想を送ってほしいと頼みました。参加者は言われた作業を終えた後に、送り状を書いた学生から別の送り状を読んでほしいという第二の依頼を受け取りました。

ですがこのとき、電子メールの文面は二種類用意されていました。第一のグループが受け取った電子メールには、感想を受け取ったという連絡と新しい依頼だけが書かれていました。一方、第二のグループに送られた電子メールは、ほぼ同じ文面でしたが一点だけ違いがあり、感謝の気持ちがはっきりと記されていたのです（「ありがとうございました。本当に感謝しています」）。

さて、このごく短い文が追加された結果、どんな効果が生まれたのでしょう。なんと、感謝の念をはっきりと示した場合には、新しい依頼に対する承諾率が二**倍以上**も高くなることがわかりました。

けれども、グラントとジーノはまだ満足しませんでした。二人は、親切を行った人に対する感謝の表明に、もっと広範囲に及ぶ効果がないかどうかも調べたかったのです。特に知りたかったのは、親切を行った人に感謝を示すと、その結果、その人がますますほかの人を助けようと思うようになるのかということでした。この点を調査するため、二人は第二の研究を実施しました。内容は第一の研究とほぼ同じです。実験参加者は送り状への感想を特定の学生に送り、その後、受領の報告もしくは感想を送ってくれたことに対するはっきりとした感謝の言葉を受け取ります。けれども、今度はその学生ではなく、まったく関係ない人から（第二の）依頼が舞い込むのです。

このときも、学生からの返信に感謝の念がはっきりと示されていた場合には、参加者が新しい依頼を引き受ける割合が二倍以上も高くなりました。

この発見がどれほど重要か、考えてみてください。親切にしてくれた相手にこころからの感謝を表明するだけで、その後、その人が見ず知らずの人に親切を行う割合が二倍以上になったのです。グラントとジーノが集めた追加データは、このようなことが起きるのは、感謝の表明によって親切をした人がもつ全般的な社会的価値の感覚が高まる――言い換えれば、感謝のシグナルを受け取った後は、ほかの人からきちんと評価されていると感じやすくなるためであることを強く示しています。

しかし、重要な問題がまだ残っています。はたして、こうした印象的な結果は研究室の外、つまりせわしない現実世界の職場環境でも再現できるのでしょうか。グラントとジーノはできると考え、その検証に取りかかり、心からの感謝の表明が従業員のやる気にどの程度の肯定的な影響を与えられるのかを調べました。舞台に選んだのは、寄付集めを行うコールセンターでした。二人がここを選んだのは、寄付集めがたびたび否定と拒絶にさらされる、まったく割に合わないことが多い活動であることを知っていたからです。

実験では、従業員の半数にはいつもどおりに仕事をさせ、何ら手を出しませんでした。これが比較をするための「対照用」のグループになります。一方、残りの従業員に対しては、年次基金寄付部門の責任者がコールセンターを訪れ、彼らの仕事に対する感謝の言葉を述べました。具体的にはこう言いました。「あなたがたの尽力をとても嬉しく思います。当大学への貢献に心より感謝いたします」。これだけです。握手やハグをして回るわけでも、感謝の気持ちがこもったプレゼントを配るわけでもありません。率直な気持ちを短い言葉にしただけでした。

研究者たちは、責任者がコールセンターにやって来た前後で、従業員たちがかけた電話の件数がどう変化したかを調べました。対照用のグループでは電話をかける件数はいっさい変化しませんでしたが、責任者から感謝の言葉を聞いたグループでは、その翌週の電話件数が五〇パーセントも増えていました。この小さいながらも重要な工夫のもつ効果を想像してください。たとえ、寄付依頼の成功率にほとんど変化がなかったとしても、電話をかけた回数が目に見えて増えたという事実からは、寄付総額の大幅な増加が見込めます。

この結果は、受けた親切や肩代わりしてもらった骨折りに対する感謝の気持ちを伝えるという一見小さな行為から、どれほど大きな効果が生まれるかをはっきり示しています。お礼を言うくらい当然だと思われるかもしれませんが、相手に対してただおざなりな「ありがとう」だけで済ませてしまい、どれほど感謝しているか、そして感謝している理由をしっかりと伝えなかったことが、これまでにどれくらいあったか考えてみてください。あるいは、出すつもりだったお礼状を何らかの理由で出さずじまいにしてしまったことが、何度あったかを考えてみてください。そのせいであなたは、心からの感謝を伝える機会だけでなく、将来に影響力を行使する機会も同時に失っているのです。

この研究が示しているのは、管理職や組織がはっきりとした感謝を伝える機会を積極的に探せば、そこから利益を得られるということです。それをきっかけとして、職場で感謝を伝え合う雰囲気が生まれ、ひいては全職員がさらに良き組織人として振る舞うようになると見込めるのです。

政治家や公務員も、感謝の表明という小さな行為から利益を得られるでしょう。道路の美化活動、地域の防犯活動、資源のリサイクル活動などで市民の果たしている役割を認めて感謝を示せば、あまり感謝を示さずに報奨金を出してそうした活動を奨励したり、同じ活動を行政が行ったりするよりも、費用が格段に安く上がるはずです。

近い将来、国や市町村から「ご納税ありがとうございました」と書かれたカードが届くようになるのかどうかは、ちょっとまだわかりませんが。

ですがそんなカードが届いたら、あなたはきっと嬉しいと思うはずですよ。

33 意外性が生み出す意外な効果

それはイギリス北部のヨークシャー州、カークヒートン村の聖ヨハネ教会でのことです。毎週恒例の礼拝で集まった信者たちにとって、その日は普段と何ら変わるところのない日曜の朝でした。よくある十一月の天気で、空は澄みわたっていて気温は低く、冬がすぐそこまで来ているのがわかります。人々は帽子とコートを脱いで教会に入り、顔見知り同士が礼儀正しく頷き合って挨拶を交わしながら席に着きました。多くが普段どおりの席に腰掛けました。これまで何週間も、何カ月も、そして人によっては何年も、ずっと座り続けてきた席です。

普段と違うところなど、一つも見当たりませんでした。

けれども、教会のリチャード・スティール牧師にとって、二〇一二年のその日曜日の朝は、普段どおりとはとても言えないものになろうとしていました。牧師には大きな課題がありました。牧師はそれまでの七年間、ビクトリア朝[訳註]に建てられた教会の改修費を集める運動の陣頭指揮を執ってきました。運動はかなりの成功を収め、さまざまな寄付や募金活動を通じて五〇万ポンド（約九千万円）近くが集まっていました。ですが、古い教会を維持するのには多額の費用がかかるため、人並み外れた不屈の精神と説得力を併せもつ牧師であっても、資金は瞬く間になくなってしまっていて、その工面に困っていたのでした。牧師は精一杯の努力はしましたが、残念ながら五〇万ポンドでは（大金ではありますが）足りなかったのです。さらなる資金集めのために、もう一押しする必要がありました。しかし、どうやって？いったい何をすれば、すでに何年も多額の寄付をしてくれている信徒の人たちを説得し、全員一丸となって改修に必要な資金集めをする取り組みに、また協力してもらうことができるのでしょうか。

スティール師の取った行動は、神がかったとも、並外れたとも言えるものでした。その戦略は、ただ教会に改修工事を続ける費用をもたらしただけでなく、影響力の根本原理の上手な利用法を見事に示したのでした。

スティール師は、教会のお金を**手放す**ことにしたのです。

昔から教会では、礼拝の途中で箱や皿が回され、信徒はポケットやバッグあるいは財布に手を突っ込んで、いくらかのお金を差し出すことになっています。ですがその日の寄付集めは、牧師が困惑顔の聴衆に説明したとおり、普段とかなり様子が違っていました。信徒たちは、お金を皿に載せるのではなく、皿から**取っていく**よう言われました。その後、ほとんど全員が驚いたことに、パリパリの一〇ポンド（約一八〇〇円）札を山盛りにした皿が回され、全員がそこから一枚ずつお札を取っていくよう、うながされたのです。

この尋常ならざる「寄付配り」の最後、つまり教会のお金、五五〇ポンド（約一〇万円）がすべて配られた後で、牧師は、信徒に配った一〇ポンドは利益が見込めそうなものであれば何に使ってもらってもかまわないが、将来利益が出た場合には、できたらその儲けを教会に戻してほしいと語りました。勇気のある牧師でなければ、教会が現在持っている資金を配ったりはできません。また、洞察力に富む牧師でなければ、スティール師がやったようなやり方で資金を配ることはできません。

ほかの人にまず資金を提供すると、影響力を行使する際の根本原理の一つ――返報性――が作動します。これまでの章で論じたように、返報性の原理は強い義務感を引き起こすため、行為の受け手は最初に渡されたものを同じやり方で相手に返そうとします。そして、その感情にはしばしば（健全な意味での）利子が伴います。マーケティング担当者であれば、無料サンプルを「プレゼント」として配ることが、そのコスト以上の利益を生む大口購入につながることを知っているはずです。一流の経営者は、まず耳を傾け、協力を申し出て援助できる相手――援助してくれる相手ではありません――を探し出すことで、将来、影響力を行使したときにうまくいく可能性が高まることを理解しています。本書のテーマとも重なりますが、そうした行動はささやかなものでよく、多くの場合は費用はかかりません。ですが、投資が小さくても見返りは不釣り合いなくらいに大きい場合もあり、そうして生まれた前向きな人々のネットワークが主な原動力となって、お得意様の獲得や同僚との生産的な関係が築かれていきます。

訳註：ビクトリア女王が統治した時代のこと。一八三七～一九〇一年。

返報性の原理が強力だという事実に気づいているのは、マーケット担当者や経営者のような抜け目がない人たちばかりではありません。あらゆる社会に、与え、受け取り、お返しをする義務が存在することは、社会学でもよく知られていることです。これは社会の黄金律とも言うべきもので、社会を形作る際の勧めとして「人から与えてもらいたいと思うものを人に与えなさい」と言っています。注目していただきたいのは、この黄金律が「**ほかの人が**あなたに与えたのだから、あなたも与えなさい」とは言っていないところです。これは、影響を与える側が常に最初の行動を起こすべきであるという主張なのです。まさしく、この最初の行動——つまり最初に受け取るのではなく与えるという行動——こそ、スティール師がみごとに実演してみせたものなのです。

さらにもう一つ、この戦略の成功に欠かせない要素があるのですが、スティール師はそのことにもしっかりと気がついています。

社会がすべての構成員に対して、最初に与えられた行為、プレゼント、サービスを相手に返す義務を負わせているのは間違いないと思われます。一方で、現代の生活はあまりにも多くのことを体験するようになっているため、最初に受け取ったものを一つひとつ区別するのが難しい場合もあります。どこに行っても出くわす無料体験や無料サンプルは、しばしば別の無料体験や無料サンプルによって押しのけられてしまいます。有益な情報がすぐに別の、やはり価値があり、それでいて最初の情報とは矛盾する情報によって、かき消されてしまうこともよくあります。また、顧客や同僚の手伝いや協力をしても、その効果が競合相手や別の同僚の手伝いや協力によって、すぐ打ち消されてしまうこともあるでしょう。

このように現代では、最初に与えるだけでは不充分な場合が多いという認識は、残念ながら正しいとも言えます。そこでとても重要になってくるのが、ほかの人の努力に負けぬように自分の努力を目立たせる、あるプラスアルファの要素です。成功の鍵となるこの要素は、驚くことにそれほど目立たず、また活用されていません。ときとしてそれは完全に無視されていますが、上手に利用すれば大きな利益をもたらします。

鍵となるその要素とは、**意外性**です。

プレゼントやサービスや情報は、最初に意外なやり方で与えることで相手に大きな効果を及ぼします。私たちの前著『影響力の武器　実践編――「イエス！」を引き出す50の秘訣』でも紹介したある実験では、レストランのウェイターが食事客に伝票を渡す際に、それぞれ一つずつキャンディーをつけて渡すと受け取るチップの金額がわずかばかり（三・三パーセント）増えるという結果が出ました。渡すキャンディーを二つにすると、チップはもっと増えました（一四・一パーセント）。ですが、ある意外な方法によって、さらに目を見張るような結果が出ることがわかったのです。テーブルの客それぞれに一つずつキャンディーを渡したあと、**少ししてから**同じウェイターが二つめのキャンディーを持って戻ってくるのです。すると、このおまけの意外性の効果によって、チップの金額はなんと二一パーセントも増加したのです。

意外なプレゼントや親切がもつ強烈な影響力から利益が見込めるのは、ウェイターばかりではありません。消費者心理を研究するC・ハイルマン、K・ナカモト、A・ラオが実施した研究では、入店後に突然割引券を渡すと、買物客の平均購入金額が先に割引券を配った場合より、一一パーセント増加しました。どうやら小売店は、割引券を配るタイミングを変えるだけでかなりの利益増が見込めるようです。この「プレゼント」の意外性という性質が働いて、顧客の購買意欲が大きく高まるのです。

スティール師が大変よく理解していたのは、最初に与えるやり方を、**予想できる**方法から**意外な**方法へと変えることの重要性でした。たしかに、信徒数名を誘って募金集めのアイデアを一緒に考える、というやり方もあったでしょう。最初にコーヒーとクッキーをふるまっておけば、募金に参加する義理があると考える人が増えたかもしれません。そうしたやり方は返報性が働く模範例ではありますが、その場合、牧師の行った方法が最終的に生み出したような反応は望むべくもなかったでしょう。

スティール師の例から引き出すべき教訓は、もうおわかりでしょう。最初に手を貸したり、手助けを申し出たりすれば、相手に対していくらかの影響力をもつことはたしかです。しかし、返報性の原理を最大限に引き出したいのであれば、最初に与える行為がそれと関連する規範に照らして、意外性を伴っているべきなのです。短い手紙を書くなら、ワープロを使わず手書きにしましょう。新しい顧客には個別の宛て名で、「あなたと仕事ができるのを楽しみにしています」というカードを送りましょう。同僚には、その人の抱える重要な案件に関して何か手伝えることはないかと、自分から尋ねてみましょう。

こうしたやり方はどれも小さな工夫にすぎないように見えるでしょうが、とても多くの場面で、結果がはっきりと良くなります。

結果と言えば、スティール師が最初に行った五五〇ポンドの投資はどうなったのでしょうか。あの、意外性あふれる日曜日の礼拝から半年後、最初の話を報じたBBCの地元ニュース班がその後を取材するため、カークヒートンにやってきました。そして非常に驚くべき事実が明らかになったのです。一〇ポンドをもらったほぼ全員が、そのお金を有効に利用していました。なかには非常に積極的な使い方をした人もいました。あるグループはそのお金で材料を仕入れてケーキを焼き、手作り菓子販売のバザーを行いました。もらった一〇ポンドで新聞に犬の散歩請負サービスの広告を出して、お金を稼いだ人もいました。地元の学校に通う子どもたちのグループは、もらったお金を出し合って野菜の種を買い、その後収穫した作物を売ってかなりの利ざやを得ました。ほかにも、もらったお金でイーベイから落札した商品を転売し、そこで得た利益を教会に戻した人たちもいました。たったの半年で、スティール師が信徒たちに行った先行投資は、一万ポンド（約一八〇〇万円）つまり、元本の二十倍近い利益を上げていたのです！

これは相当な投資収益です。同時に、スモール・ビッグの素晴らしい実例でもあります。

34 助けが必要なとき、まず何をすべきか？

答え――助けを求めればよい！

あまりに当然すぎて馬鹿馬鹿しく聞こえるでしょうか……。ここで、社会科学者のF・フリンとV・ボーンズが実施したある調査を見てみましょう。二人は、人が頼みごとをするときは、相手が「いいよ」と言ってくれる見込みを低く見積もる傾向があると考えました。そして、それを検証すべく実験を行いました。

まず実験参加者は、街頭で見知らぬ人に声をかけて「アンケートに協力してほしい」と頼むよう言われました。そして街頭に出る前に、自分がアンケートに協力してくれる人を五人見つけるまでに、何人くらいの人に声をかけなくてはならないかを予想しました。二十人以上に声をかける必要があるというのが平均的な予想でしたが、実際は十人弱で済みました。要するに、参加者は自分が協力してもらえる可能性を、実際より半分ほど低く見積もったのです。

また、依頼の内容を変えて実験しても（知らない人に地元のスポーツジムまで案内を頼む、ちょっと電話をかけるために携帯電話を貸してもらうなど）、どの場合もほぼ同じ結果になりました。二人が行った別の興味深い研究では、参加者でグループを作り、慈善活動のための寄付集めをさせました。寄付集めをする前に、参加者は寄付に応じてもらえる見込みを予想しました。またしても、実際の半分近く低い数値になりました。それだけでなく、頼みに応じてもらえた場合の平均的な寄付金額も、約二五パーセント低く予想されました。

協力要請に応じてもらえる見込みが、なぜいつも低く見積もられてしまうのか……。それを突き止めるべく、フリンとボーンズはさらにデータを集めました。その結果、頼みごとをする人は、それを聞いてもらった場合に相手が負担する時間・労力・金銭などに目を向けやすい一方で、相手が頼みごとを断るときに経験する「社会的負担」（断りにくさ、断った場合の気まずさ、あるいは潜在的な罪悪感や気後れなど）を、あまり考慮していないことがわかってきたのです。

この調査から導かれる結論は、はっきりしているように思われます。誰かに頼みごとをするかどうかを決めるときに大切なのは、引き受けてもらえる可能性を実際より低く見積もりすぎていないか注意することです。過剰に低い見積もりをし続けた場合、あなたの生産性は損なわれ、目標の達成は困難になってしまうでしょう。

さらに、あなたが管理職やチームをまとめる立場なら、これらの研究結果にはなおさらドキッとしたはずです。というのも、チームの仲間が重要な案件であなたの協力を必要とするときにも、どうせ協力してはもらえないだろうと思い込んで、黙っている場合があると考えられるからです。対策としては、必要とあらば喜んで手を貸すつもりだと、部下や同僚、チームの仲間たちにはっきり伝えておきましょう。やり方がわからないですって？　フリンとボーンズの研究について説明し、チームの仲間に、このような勘違いのせいでグループ内の仕事に支障が出ないようにしたい、と言えばいいのです。

別の研究でフリンとボーンズは、必要な協力が得られないという状況がよく生じる理由をもう一つ述べています。それによると、頼みごとをする人には、応じてもらえる見込みを**低く見積もる**傾向がある一方で、喜んで協力しようと思っている頼まれる側の人には、協力を必要とする人が自分から頼みごとをしてくる見込みを**高く見積もる**傾向があり、この二つが相まって誰も望まない結果が引き起こされます。手助けの必要な人はそれを求めません。手助けができる人はそれを申し出ません。求められていない以上、手助けはいらないのだろうという勘違いをしているからです。

ですから、管理職やチームの責任者が陥りがちな間違いは、自分が協力するつもりだと相手に伝える際に、頼みごとをした相手が得られる実際的な利益だけを強調してしまうことです。これではいけません。同時に何らかの手段で、相手が協力を求めざるを得ない場面で感じる不安やばつの悪さを、前もって弱めておくべきなのです。優秀な管理職の人なら、協力を求めることができてホッとしたときの話をするでしょうし、助けを求めるのは思っていたほどばつの悪い体験ではなかったことも、忘れずに伝えるでしょう。医療の専門家が患者を励まして、今後も手助けと情報を求め続けるようにさせておきたいなら、手助けの申し出に自分の姿勢を再提示する小さな合図――たとえば「くだらない質問なんてものはないんですよ」という言葉など――を加えれば、結果が大きく変わることもあると肝に銘じておきましょう。

いっそのこと、この章をコピーして渡すのはいかがでしょう。それと、コピーした用紙の一番上に、渡す相手それぞれの名前を手書きするという小さなひと手間で、結果がいっそう大きく変わるかもしれないこともお忘れなく。

35 最初の提示が交渉を制する

交渉が始まって最初の数分間は、ボクシングの試合開始直後と似ていなくもありません。双方がリング上をゆっくりと回り、自分から仕掛けることは控えます。ちょうど、最初のパンチをなかなか出そうとしないボクサーのように、交渉の当事者もしばしば最初の提案をテーブルに出そうとしません。そうなるのは理解できると思います。先に提案を出すと、戦略が読まれたり何らかの弱みをさらすことになったりするのではないかと不安なのでしょう。

ですが、そんなふうに考えるのがはたして正しいのでしょうか。交渉の場面に限らず、誰かに影響を与えたい場面の大部分で、最初に仕掛けるのと相手の出方をうかがうのでは、どちらが有利になるのでしょう。

社会心理学者のA・ガリンスキーとT・マスワイラーが実施した研究によれば、先手を取るのが明らかに正解です。

彼らが模擬交渉の場面を設定して行ったひと続きの実験では、与えられた役柄が買い手であれ売り手であれ、最初に提案をするよう指示された人はほとんどいつも、相手の出方をうかがうように指示された人よりも良い結果を出しました。たとえば実験の一つでは、工場の買収交渉という設定で、買い手側が最初に提示額を出した場合に売り手側が最終的に合意した売却金額は、平均で一九七〇万ドル（約二四億円）でした。一方、同じ場面設定で、売り手側が最初に金額を提示した場合には、買い手側が最終的に合意した売却金額は、平均で二四八〇万ドル（約三〇億円）になったのです。また、設定を賃金交渉の場面にしても同じ結果が出ました。

いったい、交渉結果に大きな差が生じたのはなぜなのでしょうか。主な原因は、交渉の当事者のどちらかが最初の提示額を示すと、相手の心理がその数字にしっかり「固定される」ことにあります。その結果、金額を提示された側は、交渉されるものの価値を最初の提示額と切り離して決定するのが理想的であるにもかかわらず、たいていの場合そうはしません。代わりに、相手から提示された最初の金額を基準にしてしまい、そのあとの交渉でもその金額からあまり離れない範囲で調整することになるのです。

どうしてそうなるのでしょうか。誰かが中古車を見込み客に売ろうとしている場面を考えてみてください。売る側が最初に比較的高めの金額を提示すると、買い手は自動的に、その高めに設定された基準値と合致するすべての情報について考え始めます。本書で論じてきた話を思い出していただきたいのですが、人間には正しい決断を効率的に行いたいという欲求があります。はじめに提示された金額が非常に高いと、買い手は「なぜそんなに高いのか？」と自問し、交渉している品が何であれ、その価値が自分にはしっかりとわかっているのだろうかと考えるでしょう。

そして、その疑問に答えを出そうとするとき、買い手は自然と最初に提示された高い金額と見合った特徴ばかりに意識を向けがちになります。たとえば、その車がもつ贅沢な面や、信頼性、燃費の良さなどにです。では、今度は買い手のほうが最初の（そして非常に安い）金額を提示したら、どのような展開になるかを考えてみましょう。売り手は「なぜそんなに安いのか？」という疑問に答えを出そうとして、買い手が低く設定した基準額と合致する車の特徴に自発的に目を向けます。たとえば、車のボディーにはっきりとしたへこみや傷がいくつかついているとか、総走行距離がかなりのものになっているとか、あるいは「中古車特有の臭い」がしていて、今さらながら自分が毎朝スポーツジムでたっぷり汗を流したあと、ジムでシャワーを浴びずにこの車で帰宅していたことが悔やまれるとか、そういったことにです。

提示を受けた側は、自動的に最初の提示額の特徴について考え始めてしまいます。そのため、交渉中の品が何であれ、それがもつ本当の価値が自分が思っていた金額ではなく、相手が最初に提示した額に近いのではないかと考えがちです。したがって、どのような立場——たとえば、買い手もしくは売り手、今年の賃上げ額を交渉している雇用主もしくは労働者、予算の分配について話し合っている社長もしくは部下——であっても、交渉の場面では適切な基準値として使えそうなものをしっかりと考え、しかる後に先手を取って提案を行うべきです。ガリンスキーとマスワイラーの研究が実証したように、先手を取るというこの小さな行為で、手に入る結果は大きく変わるでしょう。

これは、小さいながらも大きな配当が見込める工夫です。もちろん、最初の提示額は、たとえ限界ギリギリだとしても、一応は常識の範囲内に収めなくてはなりません。たとえば、自分の日本製小型車を売ろうというときに、最初の提示額を一〇万ドル（約千二百万円）にして、こんな独特な臭いがする車はここでしか手に入りませんよ！と主張するのは、おそらく非常識です。ですが、最初の提示額を理性の範疇に収めたうえでなら、相手が動くのを待つのではなく、自分から最初の提案を行うのが肝心です。そうした好機をみすみす逃してしまえば、試合開始のゴングからほんの数分足らずで、敗北確定の憂き目を見ないとも限りません。

ここでお子さんのいる方はメモのご用意を。子どもと就寝時間について話し合うときには、あなたの希望時刻を最初にしっかりと提示しましょう！

もちろん、いつも先制攻撃ができるとは限りません。相手が強気に先手を取ってきたときに使える戦術というのは、何かあるのでしょうか。たとえば、家を買いたいと思っている人が手にする料金表に載っている価格は、値段交渉に入る前から決められてしまっていますし、たいていの住宅メーカーは、仕事を引き受けますと言うのとほぼ同時に価格を切り出してくるものです。幸いガリンスキーとマスワイラーが提案し検証も行った、かなり単純な、それでいて非常に効果的なやり方で、この心理的罠は避けられます。それは、**自分の理想とする価格を意識する**というやり方です。こうすると自然に、相手が出してきた基準値と合致しない情報について考えられます。

これを実行する簡単な方法の一つは、理想とする価格を胸に秘めておくだけではなく、その価格が妥当であると考える理由のリストをもって交渉に臨むことでしょう。たとえ交渉の席でそれらの理由を一つひとつはっきりと相手に見せなくても、自分の前にそのリストを置いておくだけで、交渉に臨んだ時点で下していた判断が揺らいでしまうのをしっかりと防げるはずです。

36 提示額につけた端数の絶妙な効果

二〇一三年の夏、欧州サッカーリーグ移籍期間でのことです。イギリスのサッカークラブ、アーセナルFCは、同じプレミアリーグのリヴァプールFCに対してウルグアイ人ストライカー、ルイス・スアレスを四千万飛んで一ポンド（約七二億円）で獲得したいと持ちかけました。たいていの移籍金は金額の末尾がゼロで終わっているため、アーセナルが提示した金額の端数は、決まり文句に出てくる「怪我をした親指」（この場合は「怪我をした爪先」と言うべきでしょうか？）のごとく目立ちました。[訳註]このような数字になった主な原因は、スアレスとリヴァプールが結んだ契約のなかに、「四千万ポンドを超えるオファーが届いた場合、クラブはそのことを選手本人に知らせなければならない」という条項があったためでした。しかし、かなり工夫された提示額であったにもかかわらず、アーセナルはスアレスの獲得に失敗し

訳註：英語のフレーズ stick out like a sore thumb（場違いである、目立つ）を踏まえている。

ました。

前章では、交渉の席でこちらから最初の数字を提示すれば、それがたいていの場合は基準となり、相手が後ほど出してくるオファーや対案に影響を与えるという話をしました。では、アーセナルのオファーが（先に提示したにもかかわらず）失敗に終わった原因は、提示した数字が細かすぎたためなのでしょうか。そうではありません。スアレスの移籍の場合、金額以上の複雑な問題が絡んでいたのですが、こう言うことはできるでしょう。「アーセナルのオファーは常識はずれに細かかったために、ある効果を及ぼした――世界中の興味と関心を引いたのだ」と。その証拠に、この話題は何週間も報じられ、スポーツ面におびただしい数の記事が載りました（もっとも、その前からスアレスは問題を起こしやすい選手として有名だったため、それが報道を過熱させたのは事実です）。

じつは、新聞のスポーツ欄とは別のある場所に目を向ければ、端数のある提示額には注意を喚起する性質があるという証拠だけでなく、交渉で最初の提示額に端数を出しておくと、驚くべき影響が生じるという証拠も見つかります。その場所とは、もちろん説得の科学です。

行動科学者のM・メーソンと同僚のA・リー、E・ワイリー、D・エームズは、交渉を有利に進めるためには、ただ最初の提案を行うだけでなく、最初の数字に端数を入れたほうがよいと考えました。彼らの研究の一つでは、実験参加者に中古車の取り引きに関する架空の交渉記事を読ませました。そして、全員が売り手役を演じることとし、三種類用意された買い手側の提示額の一つを渡されました。提示額の一つは二千ドル（約二四万円）と端数がなく、残り二つには端数がありました（一八六五ドルと二一三五ドル）。最初の提示額を渡されたあと、各参加者は対案を出すように言われました。興味深いのは、最初に渡された提示額に端数が入っていた場合のほうが、売り手の示す対案に手心が加わったことです。最初の提示額に端数があったときの対案はたいていの場合、提示額から一〇～一五パーセント高い程度の金額でした。一方で、最初の提示額が端数のない二千ドルだった場合には、対案の数字はおおむね最初の提示額より二三パーセント以上も高くなったのです。こうした結果を見ると、交渉で最初の提示額に端数をつけることが、その交渉を進めるうえで当事者双方の隔たりを減らすのに有効らしいことがわかります。しかし、なぜそうなるのでしょうか。

メーソンたちはこう考えました。端数のある提示額を示されると、人は相手が交渉の準備に時間と労力を費やしていると感じやすくなり、それゆえ、出してきた端数のある数字には、それを支持するしっかりとした根拠があると考えやすくもなる、というものです。そしてこの仮説は、実験に続けて実施した調査とも一致しました。交渉が終わった後に参加者たちの認識を調べてみると、彼らには「買い手の若者は、かなりのエネルギーを費やして車の価値を調べていた」や、「彼が提示した値段には、しっかりとした根拠があったに違いない」といった意見に同意する傾向があったのです。

もう一つ面白いことがわかりました。この効果は、端数のある提示額が、端数のない二千ドルという提示額より高くても安くても生じたのです。ここから興味深い考えが導き出されます。ひょっとすると、独特の臭いをぷんぷんさせながら、家の前の場所ふさぎになっている日本製小型車を売るときには、最初の提示額を三九八五ドルにしたほうが、それより少し高くてきりのいい四千ドルにするよりも、最終的な儲けが多くなる可能性があります。もちろん、自分が中古車を買う側になったときには、最初に変に細かい数字を提示してくる売り手には、特に気をつけたほうがいいでしょう。

端数が有効なのは、何度も例に出している中古車の売却といった一回限りの取り引きの交渉だけではありません。メーソンたちは、ほかのさまざまな交渉の場面でも同じ結果を得ています。たとえば、実験の一つでは、経験豊富な企業幹部たちと大学院生を百三十組のペアにし、いくつかの交渉を実際に行わせました。このときもやはり、最初に端数のある金額を提示した場合の対案の金額は、端数のない金額を提示した場合よりも、平均で二四パーセントほど提示額に近くなりました。そして最初の提示額によって固定された基準は、最終的な合意に至るまで有効に働き続けました。

前章で勧めたように、交渉の結果を良くするのに使える小さな工夫は、最初に提案を行うことです。ここで紹介した研究から、さらにもう一つ小さくとも重要な工夫——最初の提示額に端数を入れる——を行えば、結果がいっそう大きく変わることがわかります。

したがって、見込み客に対して細かい金額を提示するのに必要な情報、装置、素材、資源の調査がすべて終わっているなら、相手が検討しやすいようになどと余計なことを考えて、見積額を切りのいい数字にしてはいけません。交渉が難しくなるだけです。交渉の冒頭では、端数のある数字を提示しましょう。

諸手当を含む給与の再検討を話し合う場合にも、同様です。会社側に一〇パーセントの昇給を求めるほうが簡単でわかりやすく感じるでしょうが、その代わりに九・八パーセント、もしくは一〇・二パーセントの昇給を求めれば、数字に端数が入っている分、受ける抵抗は少なくなるでしょう。もちろん、その提示額を正当化する理由（それが、職場で同じ地位を占める人々の平均的な昇給幅とぴったり一致しているなど）は、しっかりと用意しておかなくてはなりません。同様に、ベビーシッターをしていて時給換算で平均一五ドルもらいたいと思うなら、親御さんとの値段交渉では、最初の提示額を一六ドルではなく、一五ドル八五セントにするのがお勧めです。

もう一つ、このやり方が有効と思われるのが、プロジェクトを進行するときにある日時までに作業を完了させるよう、部下を説得する場合です。本章の内容を応用して、「二週間で返事をください」ではなく「十三日で返事をください」と指示したほうが、遅れずに返事が戻ってくると考えられます。同様に、ある作業の締切を「今日中」とか「今週中」とするよりも、たとえば「これは木曜日の午後三時四十七分までに、私のところまで戻してください」という具合に、細かい時間で指示したほうがより効果的でしょう。この小さな工夫を行えば、あなたの依頼への返答がより良いタイミングで戻ってくるようになるばかりでなく、より効率的に電子メールを処理できるようにもなるので、週末には、もらいすぎなほどの高給を取っているプロのスポーツ選手たちが活躍する姿を眺めて過ごせるようになるでしょう。

37

あなどってはいけない「左端」の数字

アメリカの大手スーパーマーケットの値付け方法を分析した最近の研究で、面白い事実がわかりました。店の商品のおよそ八〇パーセントが、数字の九で終わる価格になっていたのです。この話はある一店舗、もしくは特定のスーパーマーケットチェーンに限ったものではありません。ほとんどの小売店が同じ方針を採っているようなのです。また、商品の値段に端数をつけるという慣行は、アメリカ市場独自の文化でもありません。ドイツ、イギリス、ニュージーランドにも同様の値付けパターンが見られます。

では、価格に端数を設けるというこの奇妙な慣行は、どこで生まれたのでしょうか。有望な説明の一つは、十九世紀の終わりまで遡ります。アメリカでは、イギリスから輸入した製品の価格はポンドからドルに換算されたため、末尾に端数が生じました。当時、多くのイギリス製品はアメリカ製よりも品質が良いと考えられていたため、値段の最後に端数があることが高品質の印だと見なされるようになったというのです。別の有力な説では、値段の最後を端数にすると、従業員による盗難を減らせたからだというものでした。端数のある値段をつけておくと釣り銭を渡さないといけなくなるため、従業員が売上伝票をごまかして、受け取ったお金をそのままポケットにしまい込みにくくなるというわけです。記録に残っているもので言えば、デパートのメイシーズが二十世紀初頭に九九セントセールを始めたところ売上が上昇したため、この慣行が世界中の小売店で採用されたということです。

九九セントという値付けを行う慣行があらゆる場面で見られるわけですが、興味深いのは、最近ある有名小売店がこの値付けの方法を捨てる決断を下したことです。二〇一一年、元アップルの部門責任者ロン・ジョンソンは、ＪＣペニー社の新ＣＥＯに就任し、その直後に特売廃止を全店舗の方針としました。彼の戦略の要は、慣れ親しまれていた九九セント終わりの価格から整数の価格への切り替えでした。たとえば、それまで、一八ドル九九セント、あるいは一九ドル九九セントだったデニムの半ズボンなら、それぞれ一九ドル、あるいは二〇ドルになりました。この方針の理論的根拠は単純でした。ゼロで終わっている価格は単純明快であるため、わかりやすさと誠実さというメッセージが伝わると考えられたのです。ＪＣペニー社が価格戦略に施した小さな工夫は、一セントの値上げとはいえ、たしかに筋は通っていました。ですが、この話で一番重要な点は、同社がこれは顧客のためになることであり、彼らはきっと財布で意思表示してくれるだろうと考えていたことです。

そして、たしかに顧客は財布で意思を示しました。翌年、ＪＣペニー社の売上は、三〇パーセント近くも落ち込んだのです。

当時のアメリカ経済は、リーマンショック後の不況が底を打ったばかりで足取りもおぼつかない状態だったため、端数を切り捨てたことがJCペニー社の記録的な業績不振の原因のすべてだと考えるのは馬鹿げています。真っ逆さまに転落した業績の原因は、ほかにもたくさんあるはずです。ですが、同社の特売廃止という方針に効果がなかったという点については、間違いないでしょう。そして、その方針がジョンソン氏にも有益でなかったのは間違いありません。彼はその後すぐに、CEOの職を解かれてしまったからです。

しかし、端数で終わる価格（たとえば〇・九九ドル）をゼロで終わる価格（たとえば一・〇〇ドル）に切り替えるというアイデアが、売れ行きにそれほど影響するとは思えません。その差はほんの一ペニー[訳註]にすぎないのですから。ことわざは「ペニーを大切にすれば大金はおのずとたまる」と言っていますが、現在の一ペニーの価値は非常に小さく、どう考えても気にする価値などなさそうです。[*3]

このような文脈に照らせば、JCペニー社の価格変更は、たとえそれで差が生じたとしても微々たるものにしかならないはずでした。ですが、本書で一貫して示しているように、小さな変更で――たとえそれが値札の数字を一セントだけ変えることであっても――結果が大きく変わることもあるのです。

では、その理由は？

一つには、九九セントで終わる価格が「お買い得品」を示す合図になっていることです。マーケティング研究者のC・ガストン＝ブレトンとL・デックの研究によれば、特に顧客が若年層や購入決定にあまり身を入れていない場合（たとえば低価格の品物を購入するとき）に、この戦略は効果的です。ほかの研究では、値段の最後が九九セントになっている商品には、価格帯の認識に「水準低減」効果を引き起こす傾向のあることがわかっています。言い換えれば、一九・九九ドルの製品は「二〇ドル未満」の商品と見なされますが、一セント値上げされた瞬間それは「二〇ドル以上」の価格帯の商品になり、わずかな、けれども重大な対比が生まれるのです。

商品が入る価格帯への影響に加えて、価格の末尾を一セント変えると、価格がもつもう一つ別の重要な特徴に客の目が向くようになります――左端の数字です。先ほどの例を使って説明すれば、商品の価格を一セントだけ安くして一九・九九ドルにすると、「二〇ドル未満」という価格帯に入るだけでなく、左端の数字は二から一へと変わります。じつは、この「左の数字効果」が重要なのです。人が商品を見るとき最初に注意を向けるのは、たいてい左端の数字だからです。

消費行動研究者のK・マニングとD・スプロットは、価格の末尾に加えた小さな変更が価格の左端の

訳註：ペニーはイギリスの下位通貨単位（百ペンスで一ポンド）であると同時に、アメリカの一セント硬貨の別称でもある。

＊3：英語圏の多くの国の通貨では、たいていの場合ペニーが最小単位になっていることを踏まえると、「一ペニーを拾ったらその日は一日ついている」という、本文とは別のフレーズのことを思い出して、道に落ちているペニーを拾うのは、時間と労力に見合う行為なのだろうかという疑問が浮かぶかもしれません。じつは経済学者がこの点を研究したことがあり、はっきりと答えが出ています――時間と労力には見合いません。また、ペニーを見つけるとツキが回ってくるという考えを支持するような証拠も見つかっていません。ですが、この点の検証しにくさを踏まえるなら、拾うかどうかはおそらく好きにすればよく、科学者などお呼びではないでしょう。

数字に影響した場合、人間の購買決定をどれほど大きく左右するかについて、非常に説得力のある証拠を提出しています。二人の研究では、並べて置いた二本のペンのうち、どちらか一本を実験参加者が購入するという場面を設定しました。値段はペンAのほうが安くなっていました。これはペンBに特別な機能が二つ備わっていたためです。そして参加者に、二本のペンを評価し、買うとすればどちらかを決めるよう求めました。値段の組み合わせは四種類あり、参加者それぞれに左の条件のいずれかが示されました。

	ペンA	ペンB
条件1	2.00ドル	2.99ドル
条件2	2.00ドル	3.00ドル
条件3	1.99ドル	2.99ドル
条件4	1.99ドル	3.00ドル

条件1、2、3の違いはごくわずか（条件1と2の違いは、ほんの一セントです）であるにもかかわらず、結果には非常に大きな差が現れました。ペンAを選ぶ人の割合は、条件1では五六パーセントでしたが、条件2では六九パーセントに、条件3では七〇パーセントにもなったのです。

なぜ、これほどの急上昇が起きたのでしょうか。注目していただきたいのは、条件1ではペンA（二・〇〇ドル）とペンB（二・九九ドル）で、左端の数字が変わらなかったのに対して、条件2と3では、ペンAとペンBで左端の数字が違っており、その結果、ペンAがとても安く見えるようになっている点です。

さて、今度は条件4について考えてみましょう。ここではペンAとペンBの左端の数字の差が二ドルにまで開いています（ペンAは一・九九ドル、ペンBは三・〇〇ドル）。この条件のとき、ペンAの選ばれる割合は最も高く、参加者のじつに約八二パーセントがペンAを選びました。この結果は、左端の数字がほんの少し変わるだけで、購買者の選択に大きな影響が出ることをはっきりと示しています。

おそらく今頃ロン・ジョンソンは、自分とJCペニー社の役員たちが価格の末尾をゼロで統一する前に、この説得の科学の知見を知っていればと悔やんでいるでしょう。ここで紹介している研究によれば、たとえば靴下の値段を八・九九ドルから九・〇〇ドルに変える――つまり一セントだけ値上げする――と、消費者は左端の数字に強い注意を向けているので、一ドル近く値上がりしたように感じるのです。

より一般的な場面でも、他者の選択と決定に影響を及ぼしたい人たちにとって、この研究から導かれる結論はさまざまに応用可能です。一番わかりやすい例ですが、値段をほんの少し変える――それは文字通り、一セントの値上げや値下げかもしれません――だけで、消費者の商品価格に対する判断や、購入するかどうかの決定が嘘みたいに変わるという知見は、小売店で値付けを担当する人にきっと役立つでしょう。たとえば、自社ブランド製品などの価格を低く抑えても利ざやが大きい商品を売っている会社なら、製品価格の末尾の数字をちょっと変えてほかの高級品との価格差を大きく感じさせれば、売上げが伸びるかもしれません。もちろん、より高級な製品を顧客に選ばせたいなら、これとは逆のやり方が正解になります。注目していただきたいのですが、ペンの研究で値段の高いほうを選ぶ人が最も多かったのは、ペンAとBの左端の数字が同じ場合でした。

ある整数よりごくわずかに少ない数字が、他者の意思決定にしばしば及ぼす密かな影響力の利用法は、ほかにも考えられます。個人トレーナーなら、トレーニングプログラムに含まれるルームランナーのメニューを、端数のない一〇キロではなく九・九キロにすると、顧客が多少素直に取り組むようになるでしょう。医者であれば、歩数計の目標をよくある一万歩ではなく、それより若干少ない数――たとえば、九千五百六十三歩など――にすると、患者の取り組みの熱心さが大いに変わってくるかもしれません。こうした場面において数値目標をこのように変更すると、顧客や患者のこれならできそうだという気持ちが非常に強まるので、目標達成への意欲が高まるのです。

最後に、先々あなたがミーティングを主催する際には日程や議案の組み立て方を少し変えると、より受け入れられやすく、より断られにくくなるかもしれません。また、これは少し希望的観測かもしれませんが、二時間で予定されている次回の集まりを一時間五十五分の集まりに変更すれば、出席者をさらに数人増やせるかもしれません。

この説得の科学に裏付けられた小さくとも重要な工夫により、あなたが主催するミーティングへの出席を呼びかける場面で使える、まったく新しい手法が生まれるでしょう。ですが、アップルやマイクロソフトやグーグルにコンタクトを取って、各社が提供しているカレンダーアプリの規定値を変更するよう持ちかける前に、ぜひ知っておいていただきたいことがあります。それは「二十九分ミーティング」という名称は、すでに私たちが商標登録を済ませているということです。

38

注文《オーダー》が増える順番《オーダー》の秘密

飲食店経営者で実業家でもあるアントニオ・カルーチョは、一九七〇年代半ばに故郷のイタリア北部を離れてイギリスに移りました。彼はワインの輸入業者を経てテレンス・コンランの有名レストラングループで働き始め、後に最初の店をオープンしました。現在カルーチョはヨーロッパおよび中東に七〇以上のカフェを展開し、本格的イタリア料理を幅広く提供しています。その品揃えはパスタ、サラダ、ジェラート、そして……スクーターです！

ええ、本当ですとも。〈カルーチョ〉のメニューをめくれば必ず、ベスパ（イタリア製スクーター）が目立つところに載っていて、ディナーに何を食べるか決めるついでに注文できますし、おそらくは好きな色も選べるはずです。

レストランでスクーターを買いたいと思う人の正確な人数はわかりません。〈カルーチョ〉で、これまでに何台のベスパが売れたのかについてもわかりません。ですが私たちが、説得の科学を研究する専門家として、はっきりわかっていることが一つあります。それは、高額な商品〔ベスパはだいたい三五〇〇ドル〈約四二万円〉くらいします〕が、同じメニューに載っている比較にならないほど安い価格の料理にもたらすであろう潜在的な影響についてです。カルーチョの店でスクーターはそれほどの人気商品ではないでしょうが、メニューにスクーターを載せるという小さな工夫のおかげで、一番高いパニーニの販売数が跳ね上がっている可能性はあります。簡単に言うと、メニューにスクーターを載せると、サンドイッチのお得感が増すのです。

人は、とっかかりのまったくない真空のような状態で決断することは、めったにありません。言い換えれば、私たちの選択はほとんどいつも、状況――つまり、有望な代替案の有無、意思決定を行う環境に対する印象、あるいは単に意思決定を行う前に何を考えていたか、といったこと――の影響を受けています。そのため、選択肢を提示する順番は非常に重要です。心理学の基本概念の一つに、**知覚のコントラスト**という現象があります。これは、申し出の内容をいっさい変えなくても、申し出の直前に受け手が経験する事柄を変えるだけで、その申し出に対する受け手の感じ方が変わるという考えです。たとえば、一番上に一本一五ドルのハウスワインが載っているリストの真ん中に、一本三五ドルするワインが出てくれば、値が張るような気がします。けれども、もしリストの順番を少し変え、もっと高価な、たとえば一本六〇ドルのワインを、一番上に載せておけば、同じ三五ドルのワインが、ずいぶんお手頃価格に感じられるはずです。ワインはまったく同じ値段で、変わったのは提示される順番だけです。

ですから、提案や値付けの成功見込みを増やすために誰にでもできる小さな工夫の一つは、相手が決定を下すときに比較する対象を、入念に考えておくことです。

面白いことに、このやり方は顧客がどのみち拒絶するようなものを比較対象としたときであっても、やはり効果を発揮します。たとえば、経営コンサルタントがある顧客のための提案を作成する場合、いくつかのプランを比較検討し、消去法によって最善の提案を絞り込むでしょう。この時点で、没にした案（その多くは、顧客の趣味に照らして実行するのに費用や時間がかかりすぎるもの）をゴミ箱行きにし、今度は最善の選択肢に焦点を合わせた提案をまとめる作業に入ります。ですが説得のプロセス、特に知覚のコントラストを踏まえた場合、こうしたやり方は間違っています。

そうする代わりにコンサルタントの皆さんにお勧めしたいのは、没にすると決めた案をゴミ箱から拾い上げ、提案を切り出す際に、その没案をほんのチラっとだけ相手に示すやり方です。この小さな工夫で、本命の提案を行ったときの反応が大きく変わるでしょう。今やその提案は適切な見方をされているからです。たとえば、顧客が少し高すぎるとか、時間がかかりすぎると思うような案を最初に出しておけば、それが顧客に望ましい影響を及ぼし、本命の提案をますますもって「**ちょうどいい**」案（実際そのとおりなのです）だと思わせるでしょう。願ったりかなったりです。

では、提案が複数の品を一つにまとめたものであるときには、どうなるのでしょう。たとえば、映画館が九九ドル（約一万二千円）で一五本の映画を見られるプランを売り出したり、弁護士が一〇時間二五〇〇ドル（約三〇万円）で法律相談を行うサービスを提供したりする場合です。あるいはオンライン・ミュージックストアの、七〇曲を二九・九九ドル（約三六〇〇円）でダウンロードできるサービスでもよいでしょう。こうしたとき、二つの数字が示される順番によって、購買の意思決定に影響が出るのでしょうか。オンライン・ミュージックストアを例に別の言い方をすれば、「七〇曲を二九・九九ドルで」と「二九・九九ドルで七〇曲を」では、どちらのほうが顧客を買う気にさせるのでしょうか。

マーケティング研究者のR・バグチとD・デービスは、まさにこの問いに答えを出そうとしてひと続きの実験を行いました。そのなかのある研究では、実験参加者を複数のグループに分け、それぞれにオンデマンド・テレビ局が提供するいくつかの視聴プランのうち、一つを検討させました。第一グループに提示したプランは、値段・品目という順番でした（具体的には「三百ドルでテレビ番組六百時間分を」）。第二グループには、品目・値段という順番でプランを提示しました（「テレビ番組六百時間分を三百ドルで」）。一方、ほかのグループに示したプランは、組み合わせる数字を「六〇時間分」と「三〇ドル」、あるいは「二八五・九〇ドル」と「五八〇時間分」などに変え、値段を先に出すものと、品目を先に出すものを用意しました。もちろん、どちらが先であっても内容的には同じです。

結果を分析してみると、第一・第二グループの場合のようにプラン内容が計算しやすいときには、値段が先でも品目が先でも、申し込み数はほとんど同じでした。ですが、プラン内容が多少計算しにくくなると話が変わり、品目・値段という順番のほうが申し込み数は多くなりました。この傾向はプランの規模が大きいときにとりわけ顕著でした。たとえば、プランを「テレビ番組五八〇時間分を二八五・九〇ドルで」という順番で示すと、「二八五・九〇ドルでテレビ番組五八〇時間分を」という順番で示すよりも多くの人が――二つのプランはまったく同じ内容であるにもかかわらず――好印象をもち、トライアルを申し込みました。

どうしてでしょう。どうやら選択肢の複雑さが増すにつれて、人間の注意は示された一番最初の情報——それが商品の数であれ、値段であれ、時間の長さであれ、あるいはほかの単位や大きさであれ——に向くようなのです。この実験の場合、先に品目を提示したほうが良い結果になったのは、最初に利益が示されその後、費用が示されたからです。この効果は提示されているものが計算しづらくなるにつれて大きくなり、最終的には、まったく同じものの評価と好感度に差が生まれます。

ここには、ビジネスに携わっている人なら誰もが注目すべき、役立つ実践的な教訓があります。たとえば、こう想像してみてください。あなたはさまざまなコンサルタントサービスを一定期間提供するプランを、顧客のためにまとめているところです。提案は非常に複雑で、何人もの人間がいろいろなサービスを行うことになっており、その一つひとつが料金も、回数も、サービスの提供場所も違っています。本章で紹介した研究およびそれと類似する諸研究から、このような場面では提示の仕方に小さくとも重要な工夫を施し、先に品目それから値段という順番で話を始めるべきだとわかります。

では、行おうとしている提案がもっと簡単に計算できるものだったり、構成する要素の数が少なかったりした場合にはどうするべきでしょう。これらの研究は、こうした順番のもつ効果が目立たなくなるかもしれないと示唆していますが、それでも、提案の最初に出てくるものに注意が向きにくくなるわけではありません。それに、その後に影響するような著しい上昇が起こる可能性を踏まえれば、先に品目それから値段という提示順にしておくのが、損のない方法だと思われます。

提示するものの順番に気を配るという手法は、製品やサービスだけでなく、自分自身を売り込む場面にも応用できそうです。たとえば、本章で紹介した調査に照らせば、履歴書にはまず経験年数を書き、その後その間に成し遂げた実績を一覧にして並べるよりも、まず実績をすべて提示した後に勤続年数を書く（たとえば、「二十三件の大型プロジェクトを、在職していた二年半の間に担当しました」）ほうが、良い結果が生まれやすいでしょう。同様に、新卒予定者が採用担当者の注意を大学時代の実績に向けさせたければ、送り状の文面は「三十七の講座を優秀な成績で修了。（大学在学期間三年半）」と書いたほうが、逆の順番にするよりも効果的なはずです。この小さな工夫一つで幹部候補になれると主張する気はまったくありませんが、この手法の手軽さを鑑みれば、これもまた人が押し合いへし合いしている就職市場において結果を変えるのに役立つ小さな工夫です。

39 特典付加の思わぬ逆効果

本書の目的は、コミュニケーションのやり方を少し変えるだけで影響力や説得力は大きく変わるということを、科学的な裏付けのある証拠によって明らかにすることです。それは私的な場面であれ、仕事の場面であれ、同じことです。

たとえば、こう想像してみてください。あなたは小規模な事業を営んでおり、競争が激しさをます市場で戦わなくてはなりません。そこでは数限りない競争相手があなたの顧客の注意を奪おうと、あらゆる手段を使ってきます。この競争の激しい環境では、いっそうの努力をして顧客に与えるものをほかの人たちよりも多くするのは、筋が通っているように思えます。製品や提案にさらなる誘因や追加機能を加えることは、あなたの事業を負け組でなく勝ち組へと導くスモール・ビッグとなるでしょう。

ですが、追加情報や追加特典やおまけ機能が、あなたの立場を強めないどころか実際には弱めてしまうような場合があったとしたらどうでしょうか。

あるいは、別の言い方をすると、**多すぎることが逆効果になる**場合はないのでしょうか。

行動科学者のK・ウィーバー、S・ガルシア、N・シュワルツはこう考えました。説得をする人は、機能や情報を追加して提供すれば、追加されたものそれぞれの「付加」効果によって、自分が提供するものの魅力が強くなると信じる傾向があるのではないか。同時にこうも考えました。提案を受ける側は、こうした追加物を**追加**ではなく「平均」と見なしてしまうために、高く評価しないのではないか。熱い湯にぬるま湯を加えれば全体の温度が下がってしまうのと同じように、商談をまとめようとして、すでに充分魅力的な提案にさらに何かを追加したせいで、提案全体の魅力が減じてしまうこともあるはずだと。

こうした考えを検証するためにウィーバーらはいくつかの実験を実施し、その一つでは、実験参加者に売り手か買い手の役を割り振りました。売り手役になった人たちには、音楽プレイヤーの販売プランが二種類示されました。プラン1では、ポータブル・メディアプレーヤーに好みの本体ケースがつきます。プラン2では、それに加えて、音楽ファイルを一曲無料でダウンロードする権利がつきました。次に、売り手役の参加者は、より魅力的なプランを選ぶよう言われました。言い換えれば、どちらのプランを買い手に提示したいと思うかということです。買い手役になった参加者は、友達に音楽プレイヤーをプレゼントしようと思っている場面を思い浮かべるように言われ、プラン1もしくは2の説明を受けた後に、そのプランがいくらだったら購入するかと聞かれました。

売り手の大多数（九二パーセント）が選択したのは、音楽ファイルの無料ダウンロード権が追加されたプランでした。しかし興味深いことに、買い手役のグループが払ってもよいと考える金額は、ポータブル・メディアプレーヤーと本体ケースのセットに、無料ダウンロード権がついた場合のほうが**低かった**のです。逆説的な話ではありますが、プランの価値を高めるために無料ダウンロード権を加えた結果、意外にも、多くの買い手役がその価値を低く見積もるようになったのです。

別の実験では、実験参加者が有名な旅行系の情報サイトで宿泊施設を探しているという場面を設定し、とても高い評価を受けたプールのあるホテルの宿泊費として、いくらまでなら払ってもいいと思うか質問しました。そのホテルにはプールのほかに、そこそこの評価を受けているレストランもあると教えた場合は、払ってもよいと思う金額が、平均でおよそ一五パーセント低くなりました。興味深いのは、ホテルオーナーの役を演じた参加者グループの七五パーセントが、実際の結果とは正反対に、広告にレストランの話を加えればより高い平均金額が見込めるだろうという、間違った予想をした点です。[*4]

さまざまな場面設定で、同様のパターンが現れました。売り手役は、すでに十分魅力的なプランに資金を追加投入してさらなる美点を追加すれば、駄目押しになると考えました。しかし、どの場合でも、余計な美点の追加は実際にはプラン全体の魅力を減らし、買い手役が出してもよいと思う金額を下げていたのです。

さて、読者のなかにはこう考える人がいるかもしれません。このことはポータブル・メディアプレーヤーやホテルの部屋など、製品やサービスを売る場面には当てはまるかもしれないが、影響力を用いるほかの課題でも同じなのだろうか。たとえば、製品ではなくてアイデアを売り込む場面だったらどうなのだろう。

じつは、研究者たちも同じことを考えました。

次の場面を想像してみましょう。あなたは地元の市議会で、ゴミのポイ捨てを減らす仕事を任されました。さらに仕事の一環として、ポイ捨てを行った人物への罰則案二つのうちどちらかを選び、提案することになりました。あなたなら次の二つの案のうち、どちらを推薦するのが適当だと考えるでしょう。

A案　ポイ捨てを行った人には、罰金七五〇ドルが科せられる。
B案　ポイ捨てを行った人には、罰金七五〇ドルと社会奉仕二時間が科せられる。

研究者たちが、これとまったく同じ質問を大勢の公務員に行ったところ、八六パーセントがB案を推薦しましたが、一般人からなる別グループが二つの案を評価したときには、罰金七五〇ドルと社会奉仕二時間という罰則を厳しいと考える人は、罰金七五〇ドルのみの罰則を厳しいと考える人よりも**少なかった**のです！　つまり、この例では、すでに充分厳しい罰則に**負の**特徴を追加した結果、罰則がわず

＊4：研究者たちは追求しませんでしたが、もしレストランが最高評価を受けていれば全体の「平均値」は保たれるので、客が払ってもよいと思う金額は、もっと高くなっただろうと思われます。

かばかり甘く感じられるようになったのです。

では、なぜ提案を行う側と受ける側との間に、こうした評価のずれが生じるのでしょうか。

「提案を行う側は説得案を作るとき、その構成要素一つひとつに意識を向ける傾向があるため、それを評価する場面でも要素ごとに検討する。それとは逆に提案を受ける側は、提案をより包括的に、つまり提案の全体像に意識を向けて考えることが多い」というのが、ウィーバーたちの結論です。

そうなると、提案を行うときには追加の情報や機能を提供**しない**のが、ここでのお勧めなのでしょうか。そうではありません。

そうではなく、お勧めしたいのは構成要素の一つひとつに意識を向けるやり方と、全体像に意識を向けるやり方両方のいいとこ取りです。顧客**全員**のために予算の追加投入をしてささやかな魅力を加えるのではなく、**より少数の**選ばれた顧客のために同じ金額を投入して、より重要な魅力を加えるのがここで推奨したい小さな工夫です。そうすることで見込めるメリットは二つあります。

第一に、熱いお湯をぬるま湯にするような、提案全体の魅力度を下げる余計な追加・無駄遣いを避けられます。第二に、最も大切にしたい顧客に狙いを絞り、それぞれの好みに合った個別の優良サービスを追加することで、返報性の原理が作動するのです。

40 個に注目させる「ユニットアスキング」

あなたがどこかへ出張するとしましょう。飛行機に乗っている数時間を最近さぼっていた読書に充てられそうだと気がついて、あなたは面白そうな本を探しに地元の本屋へ行きました。ビジネス書のベストセラーリストを眺めていると、面白そうな本がありました。説得の効果と影響力を高める方法を、五〇も紹介してくれると書いてあります。じつは今回のあなたの出張は新規顧客と会うためで、相手はそう簡単にこちらの頼みを呑んでくれそうにはありません。五〇の説得手法に触れておくのは、非常に役立ちそうな気がします。あなたはその本を買うことにしました。

支払いをしにレジに行く途中で、あなたは本の値札が剥がれていることに気づきました。そして店主は、店のコンピューターが故障中のため、本に見合うと思う金額を払ってくれればいいと言います。このとき、もしあなたがレジに来る前に「この本に出ている説得手法一つに対してこのくらいなら払ってもいい」と考えていたとしたら、そんなことを考えずに本に値段をつけた場合よりも、その価格が上がったでしょうか。

行動科学者たちの考えでは、この疑問に対する答えは明白にイエスです。興味深いことに、何かを頼む場面で、まず個別化したより小さな部分について考えさせるという一見どうでもいい行為をしておくと、その後はるかに大きな部分についての同意を得ようとするときに大きな差が生まれます。**ユニットアスキング**として知られるこの隠された戦略には、本（それがどれほど素晴らしい本かはひとまず置いておくとして）の値段を決める場面のほかにもたくさんの使い途があります。

例として、慈善事業の場面において、このスモール・ビッグをどのように用いれば寄付を増やせるのか見ていきましょう。寄付集めを行う際に必ず出てくる問題は、寄付をしてくれそうな人々が、援助を必要とする人の数に鈍感である場合が多いということです。そのため、寄付の金額は助けが必要な人の数が一人でも、数百人でも、あるいは何千という数であっても、同じになってしまうことがよくあります。行動科学者のC・シー、J・チャン、Z・ルー、F・シュウは、援助を必要とする人ひとりに対して寄付してもいいと考える仮の金額を示すよう先に求めれば、寄付の金額を増やせるのではないかと考えました。

研究の一つでシーたちは、中国の中規模企業で働く従業員八百人に、雇用主から貧困家庭出身の学生四〇人を援助する募金活動への参加をうながす電子メールが届くよう手配しました。電子メールには、援助に前向きな人は、メールを受け取ってから一週間以内に特定のウェブサイト（寄付の受け取り用に開設されたもの）経由で寄付を行うよう書かれていました。三二〇人がこれに応えてそのウェブサイトを訪問しました。ところで、彼らは知らなかったのですが、用意されたウェブサイトには標準的なものと、「ユニットアスキング」型のものがありました。

標準的なウェブサイトを訪れた人には、次のような文章が表示されました。

これら四〇人の学生のことを考えてください。彼らの援助に、いくらでしたらご寄付をお願いできますか？　金額をご入力ください。私は「　　」元を寄付します。

寄付の金額を入力すると確認画面が表示され、そこで金額を訂正するか、そのまま決定するかを決めます。

ユニットアスキング型のウェブサイトは標準的なものとほぼ同じでしたが、一つ重要な点が異なっていました。四〇人の学生に対する寄付の金額を尋ねる前に、まず、学生一人に対してだったら、いくら援助しようと思うかを尋ねていたのです。

具体的には、ユニットアスキング型のウェブサイトにはこのような文章が表示されました。

これら四〇人の学生への援助額を決める前に、まずそうした学生を一人思い浮かべ、それから仮の質問にお答えください。その一人の学生にいくらなら援助してもよいとお考えになりますか？回答欄に金額をご入力ください。私は「　　」元を寄付します。

金額の入力が終わると、今度は四〇人全員に対する寄付金額が尋ねられました。

このユニットアスキングというシンプルな行為で、寄付の金額が大きく変わりました。標準的なウェブサイトの訪問者が寄付した金額は、平均で三一五元（約六千円）だったのに対し、ユニットアスキング型のウェブサイトの訪問者が寄付した金額は、平均で六百元（一万一千円以上）になりました。つまり、最初にユニットアスキング型の質問を行うのは、寄付の金額が九〇パーセントも増加するスモール・ビッグだったのです。

ここまでは順調です。ですが、このやり方に欠点となりうる要素はないのでしょうか。たとえば、ユニットアスキングを使うと、妙な質問をされたのが不快で、寄付をせずにウェブサイトから立ち去る人が増えることも考えられます。研究者たちはこの可能性を検討し、追加された質問は寄付へ進む人の数に影響しなかったと結論しました。

募金活動を行う人たちへの助言は、かなりはっきりしているように思われます。訴えを行うときに、援助を必要とする人の数の多さを強調して、取り組もうとしている問題の大きさを伝えたくなる気持ちはわかります。ですがそのせいで、得られる寄付の平均金額が、実際には増えるのではなく減っているかもしれません。そうする代わりに、寄付してくれそうな人の意識を、援助を必要とする人ひとりに対していくら寄付するかという点に向けさせてから、より大勢のための寄付を訴えるのが効果的です。

募金活動や寄付の訴え以外にも、ユニットアスキングというスモール・ビッグが有効であると思われる領域があります。たとえば、管理職の人が出張に充てる年間予算を増やしたい場合には、まず部署の責任者に一回の出張費用としていくらまで認めるかを尋ねれば、予算枠の拡大に同意してもらえる見込みが増すかもしれません。同様に、教師が学校に必要不可欠な本の購入について保護者と地域の理解者たちに訴えるのであれば、まず支援を必要とする生徒一人に対してどの程度の援助をするかと質問し、それから教室の生徒全員に対する支援の訴えを行ってみてはいかがでしょう。インターネットオークションのイーベイに、セット商品（ガラス製品や、ＤＶＤのボックスセット、旅行道具のセットなど）を出品するときには、商品説明と一緒に、「セットのなかの商品一点に対して、いくらなら払ってもいいと思いますか？」という質問を書いておけば、入札額がより高くなるかもしれません。

ただし、このユニットアスキング戦略を利用できる場面がたくさんある一方で、あまり機能しそうにない状況が一つ存在するので注意してください。それは――問題となる数があまりにも大きい場合です。たとえば、シーたちは、何万人もの貧困者を支援するために募金活動が行われるような場面では、ユニットアスキングの効果は見込めないと言っています。人間には、何万というような大きな数をただ「たくさん」と解釈する傾向があるためです。

だとすれば、何千もの人々を支援するために寄付を呼びかけようとする状況で、打てる手は何もないのでしょうか。そういうわけではありません。ですがその場合、募金活動を行う側は違う戦略を採用する必要があります。そして、その戦略には、本書に登場するほかの手法すべてと同じく、ごく小さな工夫が欠かせません。強調する点をほんの少し変えるのです。次章では、そのやり方について詳しく見ていきましょう。

41 個を識別する工夫で得られる確実な効果

二〇〇二年三月十三日、ホノルルから六百マイルの沖合を航行中だったインドネシア船籍タンカーの船内で火災が発生し、船員一名が死亡、エンジンも通信装置もすべて使えなくなりました。それから三週間経って、ようやく近くを通りかかった客船が遭難信号に気づき、タンカーに横付けして船長と生存していた十名の船員を救助したのでした。

この救助活動の際、船長の飼い犬でテリアの血が入った二歳の雑種犬「フォジア」が、船に取り残されてしまいました。それがなぜなのか、その詳細はいまだ不明ですが、客船の乗客がニュース番組のインタビューで犬が置き去りにされているのを見たような気がすると発言したことがきっかけとなって、救助作戦が計画されました。作戦は沿岸警備隊が取り仕切り、十六日間続けられ、費用は四万八千ドル（約五七〇万円）かかりましたが、そのほとんどを賄ったのがハワイ人道協会という地元の慈善団体が始めた募金キャンペーンでした。この犬一匹の救助に投入された金額は、船員二人分の救助費用より多かったのです。この募金キャンペーンのどのような特徴が、ハワイの人々に犬一匹のためにそれほどの大金を出させたのかという疑問は、問うに値するでしょう。さらに広い視点からは、ここから得られる知見が、募金集めだけでなく影響力と説得力を用いるほかの課題にも応用可能なのかどうかということも、問うに値します。

これまでの研究が示すところでは、募金活動を行う団体が、寄付をしてくれる人数と一人あたりの寄付金額の両方を増やすのに使える方法の一つは、支援を必要とする人の個性が**はっきりする**ような具体的な特徴——その人の年齢、性別、あるいは髪の色でもかまいません——に、人々の意識を向けさせることです。呼びかけの早い段階で、こうした細かな、それでいて大変重要な情報を出せば、人々の意識は危険にさらされている人の生命に向きます。そして、同じ人物が具体性に欠けた、匿名の、大きな集団に属する一人として示されたときよりも、その命の価値をより重く感じるようになります。たとえば、医師が下す医療的な判断について調べた研究では、CTスキャンのデータに患者の顔写真をつけておくと、より丁寧で注意深い治療法が推奨されることがわかりました。これは写真によって医師がその患者を識別可能な個人と見なし、患者という集団の一部とは見なかったからでした。

支援を必要とする相手が、個性のある識別可能な存在として提示されると、人はより寛大になるのです。このことで、フォジア救出のための寄付が押し寄せた理由がいくらか説明できるでしょう。フォジアは船乗りが大勢乗っているタンカーでただ一匹の犬だったため、目立ったのはたしかです。テリアの血が入った雑種で、ピザを食べるのが好きで、体重は一八キロであるという報道も、この犬を——かなり太っちょですね――個性的に見せるのに一役買いました。

そういうわけで、ほかの人を支援したいときに誰にでもできる簡単な工夫は、支援される人を早い段階で識別可能にして個性を与えること、具体的かつ重要な細かい特徴を強調することだと考えられます。この工夫が役立つのは、慈善事業だけではありません。管理職の人であれば、予算の折衝を行うときに、表に載った無意味な数字をただ示すよりも部下たちを個人として識別できるように画像を使って相手に見せ、「この人がうちのヘッドアナリストのメアリーです。彼女とジムとリンゼイが率いるチームは、今年システムのアップグレードを必要としていて、現在申請中の予算が多少増えているのはそのためです」と伝えたほうがよいでしょう。

こうした訴えの効果をさらに高める、説得の科学に裏打ちされた工夫がもう一つあります。社会科学者のC・クライダー、J・ローウェンスタイン、R・シャイナスは、「識別可能な個人」という要素に加えて、「識別可能な介入」という要素を強調すれば、キャンペーンがさらに盛り上がるという仮説を立てました。

彼らの実験の一つでは、参加者を三つのグループに振り分け、オンライン上で国際協力団体オックスファムへの寄付に関する説明を読ませました。「全般的支援」グループの参加者が読んだのは、次のような文でした。

オックスファム・インターナショナルは世界有数の実績をもつ支援団体です。オックスファムは世界中の人々にさまざまな分野での人道的支援を行っています。もし、オックスファムへの寄付を求められたら、あなたはいくら寄付しますか？（**「全般的支援」グループ**）

二つめのグループ（「具体的支援-効果大」グループ）が読んだ文章は、これにもう一つ、こんな一文が付け足されていました。

集まった寄付は、たとえば、人々がきれいな水を利用できるようにするのに使われます。

そして三つめのグループ（「具体的支援-効果小」グループ）が読んだ文章では、前のグループの文面の「きれいな」が、「ペットボトルの」に変えられていました。これは、事前に行われたテストの結果から、「きれいな」水という言葉が、「ペットボトルの」水という言葉よりも、大きな効果を生むとわかっていたためです。

個々の文面の違いは、ささいなものと見なされるかもしれませんが、寄付に与えた影響は、ささいどころではありませんでした。寄付の金額を平均で七・五ドル（約九百円）と答えた「全般的支援」グループと比べた場合、（寄付したお金の使い途を教えられていた）「具体的支援-効果大」グループでは、その金額が三七パーセントも多かったのです。行った変更の小ささを考えれば、これは驚くべき上昇率です。ですから、追加の資源——それが情報でも、時間でも、お金でも、人であっても——を求める訴えには、識別可能な情報を追加しておくよう強くお勧めしておきます。

同様に、先ほど例に挙げた、システムをアップグレードするための追加予算が欲しい管理職へのお勧めは、追加予算の投入によってメアリーのチームにどのような具体的な効果があるかを、予算編成の担当者に示すことです。ですが、挙げるべき具体的効果とはどのようなものでしょうか。

良い答えを知るために、クライダー、ローウェンスタイン、シャイナスの研究をさらに詳しく見てみましょう。注目したいのは、「きれいな」水ではなく、「ペットボトルの」水のために寄付を、と言われた「具体的な支援-効果小」のグループです。このグループの寄付金額が、「きれいな水」のために寄付をと言われたグループよりも少なかったことに驚く人は、おそらくいないでしょう。ですが、こう聞けば、きっと大半の人が驚くのではないでしょうか。じつは、このグループが寄付した金額は、追加情報のいっさいなかった「全般的支援」グループよりも、さらに少なかったのです。

より多くの支援を得るために訴えを盛り上げようとする場合、支援の詳細に関心を向かせるためには、その支援による効果が何なのかがはっきりとわからないといけません。オックスファムの例で、ペットボトルの水の提供に効果があると考えた人の数が、きれいな水の提供に効果があると考えた人の数よりずっと——その情報を知らされないほうがマシというレベルにまで寄付金の額が落ち込むほど——少なかった理由は、簡単に理解できるでしょう。「ペットボトルの水」では、メッセージが何が言いたいのかがよくわからないからです。

この知見からは、呼びかけを行う人が陥りがちな、さらに大きな罠が明らかになってきます。求めている追加資源の効果を強調する際に、自分への効果ばかりを取り上げ、それを実際に提供する人にもたらす効果にほとんど触れないという間違いを犯してしまうのです。たとえば、システムのアップグレードの追加予算を求める管理職は、追加予算が自分のチームのサービス提供能力に与える効果ばかりに注目してしまい、向上したサービスが組織のほかの人たちに与える、はっきりとわかる効果のことを忘れがちです。

結論としては、何かの目標を達成するために人を説得して資源を提供させる場合は必ず、「その資源をどのような相手に使うのか」を識別可能にする特徴と、「その資源で何をするのか」を識別可能にする特徴の両方に、説得する相手の意識を向けさせるべきなのです。本章で取り上げた複数のスモール・ビッグがそれを実証しています。

42

機会費用を利用して決定を後押し

何かを人に買ってもらいたいときにとても強い力を発揮するのが、価格面での強みです。それはお客に製品を買ってもらうときや、顧客にコンサルタント契約を結んでもらうとき、同僚に新規案件の手伝いを依頼するときなど、ほぼどのようなときでも当てはまるのではないでしょうか。

ですが、申し分ない価格が製品につけられていてもなお、説得が失敗に終わることがあります。原因はいくつか考えられますが、特に重要だと思われるのが、有利な立場にいる人が犯しがちなある失敗です。幸い、この失敗に気づければそれを避けられるようになりますし、同時に――ある小さな工夫をメッセージに施すことで――競争相手に圧倒的に有利になるでしょう。

このよくある失敗とは、経済学において決定の「機会費用」と呼ばれるものを考慮せずに、行動してしまうことです。決定の機会費用とは簡単に言うと、別の選択を行っていれば受け取れたはずの直接的な利益のことです。たとえば、あなたが明日の朝、出勤途中にスポーツジムに行くと決めたとします。

この決定の機会費用とは、そのために諦めなくてはいけないもの、つまりもう一時間ベッドの上でゴロゴロできる権利です。説得を行う側がよく犯す誤ちとは、こちらがわざわざ言わなくても、説得しようとしている相手は機会費用を考慮に入れるているはずだと、勝手に想像してしまうことです。たとえば、あなたがある製品の売り込みをしているとします。その製品は、競合他社の類似商品よりも品質が良いうえに、価格も安く抑えてあります。あなたは顧客候補がすぐにその製品は割安であると気づき、他社製品との費用の差を理由に、あなたの製品を選んでくれるものと考えます（売る側の立場からすれば当然かもしれませんが……）。ですが、消費者行動を研究しているS・フレデリックが同僚たちと実施した研究では、人はその情報を、売る側が思うほどには気にかけていないことがわかっています。あなたの売り込み方には、もう少し積極的な小さな工夫を加えましょう。でないと、一番の強みだと考えていた点が、強みでも何でもなくなってしまう可能性があります。

一見すると、ある選択肢Aを選び、それより安い選択肢Bを選ばない場合に生じる機会費用を検討するのは、当然な気がします。特に難しい話ではありません。たとえば選択肢Bより五百ドル高いAを選べば、浮くはずだった五百ドルはほかのことには使えなくなるわけです。しかし、選択肢と決めなくてはならない事柄が多すぎる場合には、人は機会費用についてさほど考慮しなくなるのではないかというのがフレデリックたちの考えでした。彼らの研究からは、この隠された問題に対する簡単かつよく見落とされている解決策がわかります。ちょっとした刺激を与えることで費用面に存在するトレードオフをもう少しはっきりさせ、意思決定を行う人の後押しをするのです。

フレデリックらの研究の一つでは、実験参加者を二つのグループに分け、一四・九九ドルでDVDを買う場面を想像させました。第一グループに示された選択肢は、「DVDを買う」と「DVDを買わない」でした。一方、第二グループに示された選択肢は、「DVDを買う」と「ほかのものを買うために一四・九九ドルを取っておく」でした。客観的に見れば、この二つはまったく同じ内容――「買わない」は、ほかのものを買うためにお金を取っておくことです――であるにもかかわらず、この小さな工夫によって大きな差が生まれ、第一グループでは七五パーセントあった購買率が、第二グループでは五五パーセントまで落ち込みました。

フレデリックらによれば、この戦略を見事に活用した例が、家具製造販売会社イケアがシンガポールで展開した広告キャンペーンです。ある広告では真ん中から左右に区切られた写真が使われ、写真の左側には悲しげな女性がいて、すぐそばにはたった一足だけ靴を入れた豪華な棚があります。その下には「特注の棚（一六七〇ドル）＋靴一足（三〇ドル）＝一七〇〇ドル」と書いてあります。対照的に、写真の右半分には、女性の後ろにシンプルな造りのイケアの棚が置かれ、その中に靴がぎっしりと入っています。その下には、「棚の値段（二四五ドル）と四十八足の靴の値段（一四四〇ドル）を足しても、まだ左側より一七〇〇ドルよりも安い」と書かれていました。

イケアの広告で興味深いのは、浮いたお金が目立たせた品と関連した商品（つまり靴と靴を保管する家具）の購入に使われたところです。さらにフレデリックたちは、違う場合があることも発見しました。

別の実験では、実験参加者に二種類の携帯電話（高性能なほうは費用が二〇ドル余計にかかります）から、どちらか一つを選ぶよう頼みました。その少し前に、参加者の半数には、二〇ドル前後で買える品を何か一つ思い浮かべるように指示しておきました。その結果そのグループでは、安いほうの携帯電話を選ぶ割合が何も言われなかったグループより、五〇パーセントも高くなりました。

ですから、誰にでもできて、しかもメッセージの効果が大きく変わる小さな工夫は、提案内容だけでなくその提案がもたらす利益についてもはっきりさせることです。政治家なら、新政策で一般家庭の出費が年二五〇ドル減ると説明する場合には、余ったお金でできるようになること（豪華な家族旅行へ行く、学費の積み立てを増やす、あるいは万が一に備えて貯金するなど）にまで踏み込んで説明するといいでしょう。同じように、ITコンサルタントは、安い値段のソフトウェアシステムの利点をクライアントに説明するときには、浮いた時間とお金を使ってできることの例を挙げれば、ただでさえ有利な立場がいっそう盤石になるでしょう。営業部の管理職であれば、部下に売上目標を達成できた後のボーナスで何をするかを考えさせ――しかも、そうした使い途の計画を掲示板に張り出しているなら――それが販売成績を上向かせるスモール・ビッグになると思います。

機会費用を目立たせるスモール・ビッグは、あなたの引退計画にも有益だと考えられます。著者の一人と親しいあるご夫婦は、子どもがいるご夫婦の多くと同じように、今お金を使うべきかそれとももっと早くて優雅な引退生活を送るために貯金するべきかでよく悩んでいました。夫婦が取ったスモール・ビッグな解決策は、「一週間早い引退」という出費単位を意識することでした。高額の出費を決めるときは、その決定によって生じる費用を、「引退できる時期が何週間伸びるか」という機会費用にたとえて考えるのです。最近になって二人から聞いたのですが、最近彼らの友人夫妻がより高級な家に引っ越したのがきっかけになって、二人は自分たちも同じようにすべきかどうか悩んだそうです。ですが、引っ越しをすると目標より四年も**長く**働かなくてはいけなくなるほどの費用がかかるとわかると、そんな真似はしたくないとすぐにわかったと言います。

もちろん、浮いたお金の使い途を強調するときは、必ず素晴らしいものを強調してください。フレデリックたちは、ある反戦運動のウェブサイトがイラク戦争の費用（当時、アメリカが費やした金額は三千億ドル〈三六兆円〉と試算されていました）を、「それだけあれば、全アメリカ人が毎日九個のトゥインキー[訳註]を一年間食べられた」と説明した例を取り上げています。これは善意から出たメッセージだとは思いますが、これでは逆効果です。平和を主張していた人自身が、自分の最大の敵になってしまった感じです。

トゥインキーの喩えは失敗に終わったようですが、じつはそこにもある重要な教えが潜んでいます。特に、値の張る製品や提案、政策を扱う人々の役に立つでしょう。それは、機会費用を魅力的で重要なものとして取り上げずに、魅力がないもの、つまらないものとして取り上げる戦略です。ダイヤモンドの採鉱から販売までを行うデビアス社は、大きなダイヤモンドのイヤリング一組を写真に収めた最近の広告で、素晴らしい例を提供しています。さて、そのキャッチコピーは？

「キッチンの改装は**来年**やろう」

訳註：中に生クリームを入れた細長いスポンジケーキで、アメリカの定番菓子。

43 「もう何個」と「あと何個」の賢い使い分けは？

あなたが友達とコーヒーを飲みに行ったとします。店で注文をしてレジで精算を済ませていると、バリスタがポイントカードを渡してきて、コーヒーを購入するたびにスタンプが一個もらえ、一〇個集まるとコーヒー一杯が無料になると説明します。あなたがそのカードを見ると、スタンプがすでに**二回分**押されていることに気づきます。

このとき、コーヒー一杯が無料になるまでの過程は、二通りの考え方ができます。もう二〇パーセント進んだと見るか、まだ八〇パーセントも残っていると見るかのどちらかです。では、ゴールまで頑張ろうとより強く思うのはどちらの考え方でしょうか。

じつはこの問題は、リピーターを増やしたいコーヒー店の店長だけでなく、ほかの人（もしくは自分自身）に何かの作業を最後までやらせたいと思っている人であれば、誰にでも関係するものです（ところで、続きを読む前にお伝えしておくと、あなたはすでに本章の一〇パーセントを読み終えています）。

説得の科学を研究するM・クーとA・フィッシュバックは、意識の向く先を変えることで、作業を終わらせようとする意欲を高められるのではないかと考えました。そして、作業が始まった初期の段階では、まだ大量にある残りの部分ではなく、すでに作業が完了した部分に意識を向けたほうが、作業への意欲が高まるという仮説を立てました。

この仮説を検証するために、クーとフィッシュバックはいくつかの興味深い実験を行いました。そのなかの一つ、寿司屋の人気店を舞台にした実験をご紹介しましょう。実験期間は四カ月以上で、約九百人の常連客が、ランチを一〇回購入すると特典として好きなランチが一回分無料になるプログラムに参加しました。客の半数はスタンプの押されていないカードを渡され、ランチを購入するたびにお寿司の形のスタンプを押してもらいました。購入するたびにスタンプが押されるので、客の意識はゴールに向かってどれくらい進んだかに集中します。これらの客を「**到達度基準**」グループと呼ぶことにしましょう。

残り半数の客には、寿司形のスタンプが一〇個印刷されているカードが渡されました。こちらのグループでは、ランチを購入するたびにスタンプが追加されるのではなく、穴開けパンチで一つずつ減らされていきました。そのためこれらの客は、無料ランチがもらえるまでにあといくつのスタンプが残っているかを意識することになります。彼らを「**残り回数基準**」グループと呼ぶことにします。

ここで重要なのは、この実験は営業中の飲食店で行われたため、スタンプの増減は一定ではなかったことです。たとえば、客が自分一人分のランチしか買わないのならスタンプは一つしか増減しませんが、自分の分に加えて友人や職場の同僚の分も買う場合は、複数個のスタンプが一気に増減するため、その分ゴールへの進みも早くなります。

結果を分析してみると、自分の分か二、三個程度しかランチを買わなかったために、最初の段階でカードの進みが遅かった人でリピーターになりやすかったのは、スタンプが増えていく方式の「到達度基準」グループのほうでした。一方、最初の段階でカードの進みが早かった人には逆の傾向があり、スタンプが減っていく方式の「残り回数基準」でリピーターになる確率が高くなりました。

なぜこのような違いが生まれたのでしょうか。それは、どちらのグループでも、顧客が目標を達成したくなったのは、より小さいほうの数を意識したとき（到達度基準グループなら「無料ランチへのスタンプを三つ獲得した」、残り回数基準グループであれば「残ったスタンプはあと三つだけだ」）だったからです。

本章のタイトルに対する答えは明白です。スタンプカードや、人にやる気を出させる場合や、何かの作業を終わらせる場合は、相手（あるいは自分）の意識を、最初のうちは大量に残っているほうではなくすでに**終えた**小さな部分に向けさせたほうが、成功の可能性が高くなります。

その理由の一つは、作業の初期段階では意識をより小さい数に向けることが、なるべく効率よく行動したいという人間の欲求にアピールするからです。ある行動で達成率が二〇パーセントから四〇パーセントに変化すれば、進行の度合いが倍になったということであり、とても効率的な行動に感じられます。対照的に、達成度が六〇パーセントから八〇パーセントに変化した場合は、同じ二〇パーセントの変化でも、それは達成度全体から見ると四分の一にすぎません。

ですから、管理職の人や監督をする立場の人が部下の意欲を高め、個々の販売目標や達成目標に到達させたい場合、部下が上げた成果を評価する際は、「現四半期に入ってまだ一週間なのに、もうすでに目標の一五パーセントが達成された」と言うべきであり、「出だしはかなり好調だが、まだ目標の八五パーセントが残っている」と言ってはいけないのです。

同様に、高画質の新しいテレビを買うために毎月少しずつ貯金したい人や、クレジットローンや借金の返済を終わらせたいご夫婦は、すでに成し遂げた小さな達成度合いに注意を向ければ、今後の財政計画に対するコミットメントを強められるはずです。銀行などの金融機関であれば、顧客に送る資産状況のレポートとウェブ上のアカウントページで、貯蓄プランや返済プランの現在までの達成状況を伝えれば（ビジネス特化型ＳＮＳのリンクトインが、ユーザーにプロフィール作成の達成度を伝えてくるのとよく似ています）顧客の力になれるでしょう。

寿司屋の例を思い出してください。最初にたくさんのランチを購入して一気にスタンプを集めた人たちは、集まったスタンプの数よりも残りの数のほうが少なくなっていました。そして彼らは、より少ない残り回数のほうに意識が向いた場合に、スタンプを最後まで集める確率がずっと高くなりました。

このことからわかるのは、達成したい目標が何であれ、到達度が五〇パーセントに達した段階で作戦を少し変更する必要があるということです。達成度が半分を過ぎたらフィードバックの仕方を変え、全体に占める割合の少なくなった**残り**の部分を強調すれば、作業を終わらせようという意欲が高まるはずです。ですから、「目標の八〇パーセントが達成された」よりも、「目標までは、あと二〇パーセントを残すのみとなった」と言うほうが、より効果的でしょう。

さて、本章もあと二〇パーセントを残すのみです。いよいよお待ちかね、実践的な例を挙げるのによい頃合いとなったようです。

航空会社、ホテル、コーヒーショップ、化粧品販売会社など、多くの企業が実施しているポイントを貯めるタイプのプログラムには、すでにフィードバックの仕組みが備わっており、客は自分が座席のアップグレードや無料宿泊券（コーヒー店なら無料ダブル・チョコレート・モカ！）をもらえるまでどれくらい進んでいるかを知ることができます。前出のスモールエリア仮説を踏まえれば、ある特定の顧客がプレゼントへの旅路のどこに位置していようと、フィードバックは常に小さいほうの部分——それがこれまでの到達度か、残りの回数かは問題ではありません——を意識させるべきです。マイレージサービスであれば、最初は特典に向けてどれだけマイルを獲得したかを強調し、半分を過ぎた段階で、強調する点を特典獲得までの残りマイルに切り替えましょう。バリスタなら、顧客のカードにスタンプを押す際に、獲得したスタンプの数もしくは特典まであとどれだけスタンプが必要かを口頭で伝えるのがよいでしょう。

コーチやトレーナーなら、参加者の到達度と目標までの残りの部分のうち、少ないほうを強調するようなフィードバックやアドバイスを心がけるべきです。管理職や監督をする立場の人が、従業員に影響を与えたり説得を行ったりして彼らのスキルアップを図りたいなら、従業員個々のスキルアップ・プランに、そのようなスモールエリアを設けてみてはいかがでしょう。たとえば、スキルアップ・プランに掲げられた目標に対する到達度をパーセンテージで表示し、到達度が五〇パーセントを超えた時点で、到達までの残りの部分へ強調点を切り替えるやり方です。この小さな工夫で、従業員の意識は常に小さいほうの部分に向けられ、その成果は向上するはずです。

また、頑張ってエアロバイクを一時間漕ぐとか、来週末にランニングを一〇キロやり遂げたいと思うのでしたら、まずは始めた時点からの時間や距離に意識を向け、途中でそれが終わるまでの残り時間や残りの距離に意識を移せば、最後まで続けやすくなると思います。ダイエット（や一カ月間の禁煙）を成功させたければ、最初のうちはすでに減らした分の体重（やタバコを吸わずにいられた日数）に目を向け、半分を超えたら、目標体重まであと何キロ落とせばいいのか（あと何日タバコなしで過ごせばいいのか）を意識してみましょう。

44

「自由」より「制限」が目標達成を後押しする不思議

インターネット上でワインを販売しているイエス・マイワイン・ドットコム（yesmywine.com）には、かなり変わったポイント制のプログラムがあります。顧客は特定の国のワインを買うと、「カントリーメダル」を一枚もらえます。これを一年間で十二種類集めれば、豪華な景品と交換できるのです。ですが、そう簡単にはいきません。景品をもらうには、店側の決めた順番どおりにメダルを集めなくてはいけないのです。たとえば、一月にはフランス産ワインのボトルを買わなくてはならず、二月にはオーストラリア産、三月にはイタリア産という具合に一年間続いていきます。好きな順番で十二カ国のワインのボトルを一本ずつ買っても駄目なのです。

買わなくてはならないボトルの本数があらかじめ決まっているとすると（十二本です）、このプログラムはあまりにも不便な気がします。普通のポイント制のプログラムと比べ、こういう妙に厳しいプログラムには客があまり参加したがらないのではないでしょうか。人を説得して何か作業——特に、複数の手順や行動（ポイント制プログラムなら複数回の購入ですね）が必要となる作業――をやらせる場合、ほとんどの人が余計なハードルのないほうを選ぶでしょう。

ではなぜ、多くの顧客に長く贔屓にしてもらいたがっているはずの会社が、多くの人が嫌がりそうなプログラムを考案したのでしょう。じつは yesmywine.com は、普通の感覚からするととても意外なある事実を知っていたのです。目標や目的に挑むとき、人は便利で融通が利く状況のほうがいいと言います。ところが実際には、**状況に制限がかかっていて不便な場合、そこには目標の達成を後押しする効果があるのです。**

目標や目的を目指すかどうか決めるとき、人はたいてい二つのことを検討します。目的自体の価値と、それが達成可能かどうかです。たとえば、大口取引が見込める新規顧客の獲得を命じられた営業開発部門は、その新規顧客の価値に加えて、現実的な獲得可能性をも判断する必要があります。同様に、新しい技能を学びたい、あるいは新しい仕事に就きたいと願っている人は、そうなったらどれくらい人生が変わるだろうと想像しているだけではいけません。目標達成のために実際に取るべきステップや行動も、検討する必要があります。

つまり目標を達成する場合は目標を定めるだけでなく、その達成を目指して進まなくてはなりません。ところが、目標を目指す気にさせた要素が、目標達成の邪魔をする場合があるのです。ネット上のワイン販売店を例に取ると、好きな順番でワインを買えたほうが買う順番が決まっているよりも魅力的に見えて、プログラムへの参加者は増えるはずです。ですが参加した後は、参加者をプログラムに引きつけた自由度の高さが災いして、そもそもの参加目的である景品獲得に必要な購入活動をやり遂げる意欲が、**弱まる**可能性があります。

行動科学者のL・ジン、S・ホアン、Y・チャンは、複数の行動を行わなければ達成できない目標がある場合、その行動の順番を自分で決められるなら、順番が決まっているときよりも参加者は増えるが、目標達成へのプロセスが始まった後は、好きに順番を替えられることがかえって目標達成の見込みを低下させるのではないかと考えました。

この考えを証明するために、ある街の中心部にあるヨーグルト専門店で、八百人の買物客にポイントカードが配られました。ごく普通のヨーグルトを六つ買うと、ヨーグルト一つが無料になるカードです。カードの半数は、六種類のヨーグルトを好きな順番で買えるようになっていました。残りの半数はバナナ→リンゴ→イチゴ→オレンジ→マンゴー→グレープの順番で買うように決められていました。さらに、カードを受け取った人の半数は、翌日もう一度店に来てカードの有効化手続きをする必要があると言われ、残りの半数は、カードはすでに有効になっていると言われました。有効化の部分に差をつけておくのは重要なことでした。それによって、買物客にもう一度店までやって来てポイント集めを始めるだけの意欲があるかが、調べられるからです。

最初の仮説どおり、六種類のヨーグルトを好きな順番で買えるポイントカードを渡された人たちのほうが、順番を指定されたカードを渡された人たちよりもずっと多く、カードの有効化手続きをしに来ました（比率は三〇パーセント対一二パーセントでした）。しかし、興味深いことに、無料ヨーグルトを手に入れた人の割合を見ると、逆の結果が出ました。六種類のヨーグルトをすべて買いきった割合は、購入順の決まったカードを渡された人たちのほうがずっと高かったのです。

なぜなのでしょう。

考えられる理由の一つは、先に順番が決まっていると、いざ買い物をするときに発生する余計な「決定点」がなくなる、あるいは少なくとも減るということです。そして情報過多な現代人は、決定する回数を減らしたいと考えながら暮らしているのです。ジンたちの行った後続研究では、この考えを補強する証拠が出ています。買う順番が決まっていた人々の多くが、目標を達成するときの順番が決まっていることで目標を達成できるという気持ちが強まり、買い進めるときの気分もだいぶ楽になったと述べていたのです。

さてここで少し考えてみましょう。購入の順番を厳しく定められた人たちのほうが、必要な買い物をやり通して無料ヨーグルトをもらう割合は高くなりました。でも、そもそもこのグループはプログラムに参加する割合が少ないのです。厳しい参加基準が目標達成の見込みを高めるとはいえ、最初の参加人数自体は少ないわけですから、全体的に見た場合の影響を検証する必要があります。研究者たちもこの点が気になっていました。その答えは、説得の科学の分野ではよくあることですが、「状況に左右される」ということになります。

行われる選択が比較的簡単でその作業を完了しようという意欲が充分な場合には、多くの場合で順番を固定しないほうが目標達成率が高くなります。しかし、必要な作業が難しい場合や士気レベルが低い場合は、目標達成率を上げるには順番や枠組みをしっかり固定するほうが効果的です。

この研究の成果は、企業がポイント制プログラムを設計するときの指針となるはずです。さらに、この知見が役立つ場面はほかにもあります。管理職の人が、同僚に新しい計画を採用させたいと考えているとしましょう。必要な行動手順を、融通の利く順番ときっちり決まった順番のどちらで組み立てるかを決める前に、その管理職が自らに投げかけるべき**小さな**、そしてとても重要な問いがあります。「現時点での主な問題は同僚の賛同を得ることなのか、それともこの計画を実施させることか」です。もし、同僚の賛同を得るのが難しそうなら、やるべきことははっきりしています。必要な行程の順番をできる限り融通の利くものにし、計画について知らせるときはその自由度の高さを強調するのです。

ですが、もし計画の実施段階で難問が発生しそうなら、やるべき内容はまったく違ってきます。作業行程を厳密に組み立てて順序を与え、いったん作業が始まればその計画は一直線にシンプルに進んでいくのだと強調するのです。

順番を決めておくと目標や計画を達成させやすくなるという考えは、医療関係の会社にとっても有用でしょう。医療関係の会社は、人を説得して処方された薬を最後まで飲ませるという課題を抱えているからです。本章で紹介した研究結果を踏まえれば、包装シートに入った錠剤の色を、単色から複数色に変え、薬を飲む人に、いつどの錠剤を飲むのかはっきりとした指示を出すようにすれば、患者にも医療の専門家にも喜ばれるはずです。こうすることで患者は、たとえば治療開始から三日間は白い錠剤を飲み、その次の三日間は青い錠剤を飲み、その後は薬が終わるまで赤い錠剤を飲むといった指示を受けられるようになります。薬自体の有効成分は何一つ変わりませんが、服薬の順番を決めておくという小さな工夫で患者は指示を守りやすくなるでしょう。

同じように、家具のような組み立て式の製品の製造業者や小売業者が、組み立てプロセスの段階ごとに対応する色を使い分け、実行されるべき作業の順番をはっきりと示せば、推奨された組み立て手順に従う顧客が増えるはずです。この小さな工夫は、部品の組み立てが簡単にするだけでなく、人と人のつながりも強めてくれる可能性を秘めています。

そして、頑張って新しいスキルを身につける場面——特にそのスキルが難しかったり、周囲に雑事があふれていたりする場面——でも、この厳格なやり方は、最初は全然魅力を感じないとしても有効に働くはずです。たとえば、ずっと入りたいと思っていたフォークバンドに加入するためにウクレレを弾けるようになりたい場合に活用すれば、結果が大きく変わるでしょう。

45 「分ける」だけで価値を高め負担を減らす

人間は誘因に反応する生き物です。これは、優れた経済学者なら誰でも知っていることです。ですが、行動心理学者が指摘するように、誘因に対する反応はその内容と同じくらい、それが提示されるときの文脈と状況にも影響を受けるのです。たとえば、一般的には人は物を手に入れることよりも、それを失うことのほうにより強く動かされます。損と得がぶつかり合うとき、経済的にはまったく同じ価値をもつものが、心理的にはまったく違ったものに変化するのです。

タイミングも重要な文脈になります。さまざまな研究から、私たちには明日より今日を優先して生きる傾向があることがわかっています。今日二〇ドルもらうか明日二一ドルもらうか、どちらかを選べと言われたときに、ほとんどの人が今日の二〇ドルを選びます。けれども、七日後にもらえる二〇ドルと、八日後にもらえる二一ドルに選択肢を変えた場合には、もう一日だけ待ってもらえる金額を増やそうとする人が多くなるのです。人間の意思決定や行動がしばしば矛盾することが、このことからもはっきりとわかると思います。

このように、誘因を利用して行動に影響を与えたい場合は、しばしば文脈的な枠組みが非常に重要になります。ある研究によれば、報酬を二つのカテゴリーに分けるという一見ささいでつまらない工夫によって、それを手に入れようという意欲が強まるようです。しかも、たとえそのカテゴリー分けに意味がなくても、効果があるらしいのです。

行動科学者のS・ウィルターマスとF・ジーノは、報酬を手に入れようとする意欲は、報酬の置かれたカテゴリーから影響を受けると考えました。いくつか行った研究の一つで、実験参加者は謝礼と引き換えに、十分ほどでできる簡単な筆写作業を行うように言われました。謝礼は値段の張らない粗品で、大きなプラスチック製の箱二つにそれぞれたくさん入っていて、参加者はそこから好きなものを一つ選ぶことができました。一方で、参加者は全員、同じ作業を（自発的に）もう一回こなせば（つまり全部で二十分作業をするなら）、箱から好きなものをもう一つ選べると言われました。

参加者は知りませんでしたが、彼らは無作為に二つのグループに分けられており、与えられた情報には一つ重要な違いがありました。第一のグループは、追加の筆写作業を行えば、好きなほうの箱から二つめの謝礼の品をもらえると言われました。対照的に第二のグループは、謝礼の品は箱ごとに「カテゴリー」が違っており、追加の筆写作業を行った場合は、一つめの謝礼の品が入っていたのとは別の箱から二つめを選べると言われました。

二つの箱に入った品々は同じものです。しかし驚くべきことに、参加者は全員そのことをはっきりと理解していたにもかかわらず、第二グループで追加作業を行った人の数は、第一グループの三**倍**にもなりました。おそらくさらに驚くべきは、二つのカテゴリーの箱から謝礼を選べると言われた参加者グループは、一つのカテゴリーから選んだ参加者グループよりも筆写作業を楽しんだ人がずっと多かったことです。

品物の数も価値も同じだったのに、二つのカテゴリーから謝礼の品を受け取れる見込みのあった参加者のほうが意欲が高かったのは、いったいなぜでしょうか。そして、なぜ作業をより楽しめたのでしょうか。ウィルターマスとジーノは、報酬を複数のカテゴリーに分けると（それが無意味なものであっても）、人は追加作業をやり遂げなければ何か「大損する」ような気がすると言います。そのため、誘因や報酬で人に影響を与えて作業をやり遂げさせようとするときは、誘因や報酬を複数のカテゴリーに分ければ、損をしたくないという人間心理を刺激して、差し出すものの経済的価値を高めることなく**心理的**な価値を高められるのです。

これらの発見は、誘因を用いて他者の意欲をかきたてたい人全員にとって有益なものです。たとえば、販売部門の責任者が従業員の士気を高めるために新たな報酬プログラムを提案する場合、提供する報酬をはっきりと異なる二つのカテゴリーに分け、二つめのカテゴリーの報酬を得るにはまず最初のカテゴリーの報酬を獲得している必要があると決めておけば、素晴らしい効果を生むはずです。従業員は両方の報酬を得ようと努力することに加え、その過程をより楽しむようにさえなるでしょう。

カテゴリー分けの効果は、財政難で苦しむ人にとっても有益です。多重債務を抱える人はたいていの場合、より小さな借金から返そうとします。借金からだんだんと解放される感覚が得られるわけですから、そうしたくなる気持ちはよくわかります。しかし、そうしたために状況が悪化することも、当然ありえます。なぜなら、より大きな借金はその間もより大きな利息を生んでいるので、負債の泥沼が深まっているからです。銀行と金融会社は、債務額が大きな借金を二つに（たとえば借金A・借金Bなど）名目上分割することを申し出れば、債務者の手助けができるでしょう。こうすれば、借金の重さ自体は変わらなくても、少なくとも心理的負担は軽減できるからです。この小さな工夫により、債務者の意識は（借金A・借金Bのカテゴリーに分割された）額が大きな借金へと向かうので、利子の支払金額を減らすうえで大きな違いが生まれます。

46 一歩引いて眺めるだけのスモール・ビッグ

現代の生活は複雑です。非常に経験豊富な人であっても、困難に遭遇したときの舵取りが難しいと感じることもあるでしょう。幸いなことに（あるいは不幸なことに……）、気難しい顧客への対処の仕方や仕事上のいざこざを解決するための忠告は、いつも身近なところからやってきます。仲の良い同僚や職場の仲間は、自分の知恵や経験をあなたに喜んで披露してくれるでしょう。

こうした「ひと晩じっくり考えたほうがいい」とか、「問題を一歩退いたところから眺めてみたらうだい？」といった助言は、相手は善かれと思って言っているのは間違いないでしょうが、状況を深く理解していない可能性もあります。こちらの抱える問題は彼らにとっては他人事……まったく違って見えているからです。しかし、そうした助言を、役に立たないとか一般論にすぎないと考えて退ける前に、次のことを考慮してみてはいかがでしょう。じつは、問題に対する解決策を考える場合に、目の前の問題から物理的な距離を置くことが有効であると、科学的に証明されているのです。

さらに興味深いのは、物理的な距離を置くことが、問題解決や意思決定を行う場面で有益なだけでなく、説得を行う際にもはっきりとした強みを与えるとわかったことです。たとえば、提案やプレゼンテーションの場面の早い段階で、相手に一歩下がってもらってからこちらの売ろうとしている製品やサービスについて考えてもらうと、その後、相手は実際にあなたと取り引きする気になりやすいのです。

マーケティング研究者のM・トーマスとC・ツァイは、人とその人が抱える課題や問題との間の**物理的な距離**が、その課題や問題の解決しやすさ（あるいは解決しにくさ）の認識に影響を与えるのではないかと考えました。この考えを検証する実験では、実験参加者がコンピューター画面に現れる単語をいくつも音読しました。単語は、研究者たちが「正書法的に見て複雑な非単語」――要するに発音しにくいでたらめな単語（たとえば「めうんすたしゅ」）だったり、単純で発音しやすい非単語（たとえば「ヘンション」）だったり、ごく普通の英単語（たとえば「ステーション」）だったりしました。

この実験には興味深い工夫がありました。発音しにくい非単語が画面に現れる直前に、参加者の半数にだけ、画面に顔を近づけて自分とその非単語との物理的な距離を縮めるよう指示したのです。一方、残りの参加者には、椅子の背にもたれるようにして自分と非単語との距離を実際に広げるよう指示しました。

最後に、非単語を音読する際は、参加者はその単語がどれくらい発音しにくかったか評価するように言われました。

結果を見ると、発音しにくい非単語を音読するときに、椅子の背にもたれるよう指示された人たちは、画面に顔を近づけるよう言われた人たちよりも、その非単語を発音するのが**簡単**だったと評価していました。要するにこの実験は、扱いにくい課題に直面したときに、ちょっと物理的に距離を取って遠ざかった場所から眺めると、その課題から実際に感じる難しさの緩和に役立つことを疑問の余地なく立証したのです。ですから今度、数独（ブロックに区切られた正方形の枠内に1〜9までの数字を入れていくゲーム）で詰まったり、スクラブル（アルファベットの書かれたタイルを縦横十五マスのボード上に並べて単語を作り、点数を競い合うゲーム）で単語を捻り出すのに苦しんだりしたときには、一歩退いてより遠い距離から課題を眺めるのが、大きな差を生む小さな工夫となるかもしれません。

では、単語の読み上げやパズルゲーム以外の課題が相手の場面では、どうなのでしょう。たとえば、あなたが購入を考えている製品を見ているとします。そのとき、製品との距離が購入判断の難易度に何か影響を及ぼすのでしょうか。

この問いに答えるために、研究者たちは別のひと続きになった実験を実施しました。今度は実験参加者に、カメラやコンピューターといった同じカテゴリーの電気製品同士を比較して、購入する品を選ぶよう求めました。参加者には特定の製品カテゴリーから複数の選択肢が示され、評価される製品それぞれの特徴を比較する情報が与えられました。現実世界の状況をよく反映させるため、製品同士は似通っていて比較は極めて難しくなっていました。

また、ある製品がほかの製品よりもお買い得品だと思わせるような、価格面での明白な差もありませんでした。最後に、参加者と評価する製品との距離に差を設け、製品のすぐそばまで寄って評価を行うグループと、距離を取って評価を行うグループに分けました。製品評価を終えた直後、参加者はその場で選択肢の一つを購入するか、またの機会まで態度を保留するかを決めるように言われました。

結果は単語を読み上げる実験のときと同じでした。一歩下がって製品との距離を取った人のほうが製品の評価を簡単だと感じ、その結果、購入の判断を保留する割合が著しく低くなったのです。対照的に、距離を詰めて製品の比較を行った人は、購入の判断を保留する割合がはっきりと高くなりました。

要約するとここでのスモール・ビッグは、「選択肢を眺めるときに物理的な距離を広げると、その小さな変化が購買の意思決定の早さを大きく左右する」です。もしくは、「離れたところから眺めれば、複雑な製品選択が少しは簡単になる」とも言えるでしょう。

ここからは、他者の判断に影響を与えようとするときに試す価値のある、小さくて重要な演出上の工夫が見えてきます。こんな場面を想像してみてください。あなたはこれから、新規顧客との商談で売り込みをするところです。あなたの会社が提供するサービスは比較的複雑ではあるものの、客観的に見れば現状で最善の選択肢です。このとき、相手があなたの提案を眺めるときの距離が、じつは大変重要になります。それは本章で見てきたとおりです。プレゼンテーションの内容に加え、顧客がどの距離からそれを見ているかに気をつける必要があります。プレゼンテーションを直接ノートパソコンで行うことは、相手が提案内容を見るために画面のすぐ近くまで顔を近づけてしまうため、避けたほうがよいかもしれません。より賢いやり方は、①たとえ相手が一人か二人のときでも、プレゼンテーションがより大きなスクリーンに投影されるよう手配すること、もしくは、②相手が画面から離れていても見えるような大画面のノートパソコンを買っておくことでしょう。

同様に、教師が数学などの比較的難しい内容の授業を行う際には、生徒と教材の間の物理的な距離が広がるようにすれば、生徒が授業に感じる難しさを減らせるかもしれません。生徒を座らせたままノートやドリルに向かわせるのではなく、ホワイトボードやフリップチャートの前に立たせて問題を解かせるとよいでしょう。そうすれば、生徒が（椅子の上でふんぞり返ったり、席を立って教室に混乱を生じさせたりすることなく）出された問題から物理的に一歩退きやすい環境が生まれます。

小売店で商品の実演をする人の場合は、顧客との間の物理的な距離にしっかり気を配りましょう。たとえば電気製品の販売で、さまざまな携帯電話を実際に使用してみせながら顧客に説明を行うときは、少し後ろに下がって顧客との距離を広げるのがお勧めです。これは特に、製品の特徴が複雑だったり専門的だったりする場合に、それを素人の顧客に解説する際に有効です。

全般的に見て、ここで取り上げた研究により、相手の感じ方に影響を与え意思決定を行いやすくさせようとする場面で、情報を眺める物理的な距離に小さな工夫を施すとなぜ結果が大きく変わるのかが、いくらか説明可能になります。

さらに、本章の内容でもう一つの疑問が解けてきます。あなたが仕事で複雑な問題を相手に苦しんでいるとき、なぜいつもあなたの同僚は解決策をすでに知っているというような顔をするのか。それは彼があなたの肩越しに画面を覗いているからかもしれません。彼はあなたの一歩後ろにいるのですから。

47 他人の失敗から学ぶ成功への大きな一歩

ごくたまに、良くないものから良いものを創り出せる、錬金術師のような人がいます。こういう人は本当に私たちに畏敬の念を抱かせるものです。そして、良くないものが何らかの失敗であり、それを必然的に成功へと転じさせてみせたとき、その偉業はとりわけ印象的になります。ここで**必然的**という言葉を使っていることに注意してください。今しているのは、忍耐力や闘争心でがむしゃらに突き進む姿勢によってもたらされる**結果**としての成功の話ではありません。そうではなく、それが**失敗であるからこそ**成功に導いてくれる種類の失敗について話しているのです。

以前の失敗から成果を得る方法はいくつかあります。たとえば、ビジネスモデルの見直しや、システムの不具合の修正、予想外の障害を避ける新しい方法の発見など、多くの時間と資源を必要とするものもあります。これらは大きな問題であり、しばしば会社のその後を大きく左右します。ですが、小さなことも大切です。窮地を脱して勝利をつかむための驚くべき方法が一つあるのです。自分の過去の失敗について考える必要すらありません。その代わり、**ほかの人**が犯した失敗について考えるのです。

C・マンガーは聡明で博識（どちらも大金を生む資質です）な人物です。

彼は世界的な投資家ウォーレン・バフェットの参謀であり、バークシャーハサウェイ（一九六四年の船出以来ずっと、業界で空前の成功を収め続けている投資会社[訳註]です）で、バフェットから最も信頼されている取締役です。以前マンガーは、自分の決定が正しいかどうかを、どのようにして確かめているのかと尋ねられました。

答えは簡潔でした。「愚かな行動のリストを見直します」。

マンガーの持っている愚かな行動リストとは、さまざまな失敗とそれを生み出した致命的なしくじりがたくさん載ったもののことです。『ビジョナリー・カンパニー』シリーズや、『エクセレント・カンパニー』などのベストセラービジネス書に出てくるような、成功をもたらす賢明な判断を特定して真似るという伝統的な知恵に従う代わりに、マンガーは、ほかの人の事業で大失敗を生んだ馬鹿げた判断の特定と回避法を研究したのです。

この比較的小さな行為がなぜ、マンガーやバークシャーハサウェイだけでなく、あなたの判断にも大きな違いを生むのか説明しましょう。

第一の理由は、大きな成功を一つの要因で説明することはほぼ不可能なだからです。大成功の基盤

訳註：元々は一八三九年に発足した紡績会社。一九六四年にバフェットが経営権を握った。

は、さまざまな要素が複雑に絡み合って形作られています。それらすべてを自分の仕事に取り入れ、決定的な要因を特定するのは非常に難しいことです。ですが、ミスについては話が違います。たった一つのミス――それが必要不可欠な知識の欠落であれ、能力への過信であれ、あるいは経済予測への盲信であれ――が、すべてを台なしにしてしまうことがあるのです。ですから、「愚かな行動のリスト」を作ってほかの人の仕事上の誤りや災難を記録しておき、重要な選択や決定を行う際にそれを見直すことは、合理的な判断です。もちろん、成功を支えた要因を記録しておくことが役に立つこともありますが、そのリストに革新的な効果はほとんど見込めません。

愚かな行動のリストを作成すべき理由は、ほかにもあります。私たちは、肯定的な情報は常に否定的な情報よりも役立つと信じがちですが、端的に言ってそれは間違いです。高名な心理学者R・バウマイスターとその同僚たちは、関連研究の大規模な見直しを行い、人間が「耳を傾け、そこから学び、利用するのは、肯定的な情報よりも否定的な情報であることのほうがずっと多い」と結論づけています。

第二の理由は、否定的な情報はより記憶に残りやすく、たいていの場合は意思決定に重要な役割を果たすからです。したがって、もしあなたが自分と同僚の注意を引きつけ、学ぶのが簡単で長く記憶に残り、行動意欲を高めてくれるような有益な事項の一覧表を作りたいなら、チャーリー・マンガーのリストと似たものを作るべきです。自分が誇りに思う実績を羅列したリストは必要ありません。

第三の理由は、その愚かな行動のリストにずらりと並ぶのはほかの誰かが犯した失敗なので、それらが間違いなく失敗だと判断するのが非常に簡単だからです。これが自分の犯した間違いだと、それは間違いなどではなく、自分にはどうしようもない外部的な不運やタイミングの悪さのせいだったのだと言い訳したくなります。そしてしばしば、人は自己弁護をして自分を納得させてしまいます。しかし、ほかの人の失敗リストなら、「ほかの誰かが以前に犯した判断の間違い」であるため、自己防衛が働くこともありません。あなた自身の利益になる、非常に効果的な教材になるのです。しかも、その利益はチームの仲間に及ぶこともあります。賢明なリーダーは、同僚への直接的な批判が招いてしまう反発は避けるものです。仲間のミスではなく、外部の人間が犯したミスを使って仲間の将来的な行動を舵取りするのです。

ほかの人が以前に犯した間違いを記録しておくことは、ビジネス以外の場面でも役立ちます。教師は、以前の生徒たちが犯した誤りを躊躇せずに強調し、現在の生徒向けの「避けるべきこと」リストを作成すべきです。医師が自分の患者に現在の症状が悪化する行為をさせたくないなら、以前に診察していた患者がそうした間違いを犯して後悔しているという事例を、一つか二つそれとなく話しておくといいでしょう。個人トレーナーなら、新しい顧客にほかの人が以前エクササイズ・マシン使用時に犯した間違いを教えて、同じ失敗が起きないようにすれば、トレーニングプランから最高の成果を引き出せるでしょう。

才能豊かな作家ジム・コリンズは、ベストセラーとなった『ビジョナリー・カンパニー』シリーズなどで、大きな商業的成功を収めた人々が行った正しい行動を描いています。そして、こうした情報に触れれば、読者が成功しやすくなると言っています。対してチャーリー・マンガーは、少なくとも知的才能と金融取引の手腕を高く評価されている人物です。ですが、そのマンガーが勧めているのは、ほかの人々の正しい行動ではなく、犯してしまった失敗のリストを作成し、定期的にそれを読み返すことです。

いったいこのビジネスの達人二人の、正反対に見える勧めは両立するのでしょうか。おそらくするはずです。コリンズは『ビジョナリー・カンパニー3 衰退の五段階』のなかで、事業が失敗する主な理由として――リスクの拒絶、無用の性急さ、そして知的訓練の欠如――に焦点を当てているのです。そうした理由から生じた典型的な事例が、チャーリー・マンガーの愚かな行動リストに載っていることは間違いないでしょう。結局のところ、二人の達人は同じ話をしているのです。**ビジネスで正しい行動を導く小さな工夫の一つは、ほかの人の誤った行動のカタログをいつでも利用できるようにしておくことである**ということです。最初の重要なステップとして、それを作り、頻繁に参照し、重要な選択を行う場面では必ず利用してください。これこそ、結果を大きく変えるかもしれない小さな工夫です。

このスモール・ビッグを行わないとしたら、それは記録された誤りの価値についての一貫した研究結果と賢明な忠告を、無視することでもあります……そのこと自体、あなたのリストに記録すべき間違いとなるでしょう。

48 失敗を生かして成功の糧に

前章では、ほかの人が過去に犯した失敗を自分の人生に生かす方法を紹介しました。本章では、**自分自身**が過去に犯した失敗を生かす方法について、見ていきたいと思います。

寿命に関する諸研究によれば、挫折や喪失や苦難は、それをうまく生かすことで、楽観的で活力に満ちた人生（悲観的で、心に傷を抱えた、自信のない人生ではなく）を生み出すことがわかっています。では、あなたの仕事においてはどうでしょう。たとえば、企業がミスや失敗を完全になくそうとはせず、むしろそれを前向きに処理していった場合、全体的な成功の度合いと収益性を大きく高めることはできるでしょうか。

エラー・マネジメント・トレーニング（EMT：問題処理訓練）という分野から出てきている新たな証拠によると、その見込みは大きそうです。もちろん失敗を生かすといっても、失敗が「うまく生かされれば」という条件がつきます。過去の失敗が生かされると、大きな二つの利益があります。一つは、今後の改善のための良い指針が手に入ること、そしてそれ以上に大きいのが、将来の影響戦略へのきっかけがつかめることです。

従来の指導法は、多くの場合は成功例を土台としています。それは成功例を通じて受講者を指導するように設計され、そこではミスを排除することが第一に望まれます。こうした従来の方法が合理的に思われるのは、ミスのせいで作業の流れが台無しになったり、修正に時間を取られたり、訓練受講者やトレーナーが疲れてしまうのを防ぐためです。さらには、受講者の能力に対して、トレーナーと受講者本人の双方が不信感を抱いてしまう危険を防ぐこともできます。ところが、組織心理学者のN・キースとM・フレーゼが二四の研究結果を検討したところ、エラー・マネジメント・モデルは、通常のエラー回避型の訓練と真逆のやり方をとっているにもかかわらず、上がる成果はずっと大きいことがわかったのです。

では、エラー・マネジメント・トレーニングはどのように行うのでしょうか。エラー・マネジメント・トレーニングには、欠かせない要素が二つあります。一つめは、訓練の受講者に「学ぶべき」作業を積極的に行わせて間違いと遭遇させ、いつどのようにして間違いが起こるのかを学ばせることです。二つめは、間違いを犯したときどう反応するのが心理学的に最善なのかを受講者に指導し、失敗を学びの機会ととらえることです。失敗から学ぶ際にとても重要なのは、トレーナーによる受講者へのフィードバックの方法です。たとえば、「間違いを犯すのは学習段階では当然です」「間違いを犯した分だけ学ぶことができます」「間違いからどんなことを学ぶ余地が残っているかがわかります」といった言い回しがとても重要で、それによって結果が大きく変わります。逆にこうした工夫をしないと、失敗が成功への道しるべにならず、単なる失敗として受け止められてしまう危険が高まります。世界有数の革新的な会社として成功を収めているアイディオに、「より早く成功するために、たくさん失敗しよう」という標語があるのもうなずけるでしょう。

　ですが、舞台が訓練の場から実際の仕事に移った場合はどうなるでしょうか。どう考えても、実際の顧客や同僚や上司を相手に、エラー・マネジメント・トレーニングの第一の必須要素――積極的に失敗していく――は得策ではありません。ですが、二つめの要素――失敗を学びの機会ととらえて対応する――は、とても有効と思われます。ここでお勧めしたいのは、失敗を未然に防ぐ失敗ハンターの役を演じるのではなく、失敗を貪欲に利用する人になることです。これができる人は、不意にやってくる失敗から学んで利益を得る心の準備が常にできています。長い目で見れば、そうすることが個人にとっても企業にとっても有益だとわかっているからです。そして、じつはフレーゼ教授が引用した統計によると、その利益はかなり大きい場合もあるのです。**エラーマネジメントに長けた文化をもつ企業は、エラーマネジメントの文化が弱い企業と比べて、業界大手になる見込みが四倍も高いのです。**

　また、失敗を撲滅するのではなく利用するような職場環境を整えている管理職には、別の利益が舞い込むこともあります。少し前のことですが、私たちの同僚ブライアン・アハーンが、あるセールスマガジンの記事を送ってきました。その記事には、世界展開をしているホテルチェーンの社長が、同社で大金をかけて始めた「不満なき滞在」プログラムの結果を確認したときに、ショックを受けた話が書いてありました。アンケートで一番高い満足度を示し、次回も宿泊したいと答えていたのは、「不満なき」滞在をした宿泊客ではなく、サービスに何らかの支障が生じ、ホテルの従業員によってそれが**すぐに対処された**宿泊客たちだったのです。このような結果になった理由は、いくつか考えられます。たとえば、宿泊客はホテルがミスをすぐ修正できると知ったあと、次に利用したときにも同様の対応をしてくれるだろうと信頼を深めたため、ホテルに対してより好意的な感情を抱いたのかもしれません。私たち著者は、別の要因も働いていると考えています。おそらく宿泊客は、そうしたトラブルへの対応が「特別な手助け」、つまりホテルがわざわざ提供してくれたものだと考えたのです。そして返報性の原理が働き、お返しとしてホテルはより高い評価と好意を受け取ったのです。

この返報性に基づいた説明を裏付ける話を、著者の一人がある商業関連の大きな会議で耳にしました。会場に使ったリゾートホテルの支配人が、ちょうどその日にあった出来事を話したのです。ある宿泊客が、幼い子ども二人とテニスをしたいと言いましたが、ホテルが二本だけ用意していた子ども用ラケットはすでに貸し出されていました。そこで支配人は従業員をすぐに地元のスポーツ用品店へ走らせ、子ども用ラケットを一組購入し、申し入れから二十分足らずで宿泊客にラケットを届けました。しばらくして、その宿泊客が支配人のオフィスまでやって来てこう言いました。「たった今、うちの家族と親戚みんなで独立記念日の週末を過ごすために、このホテルの部屋を予約したところです。とても良くしてもらったので」。

考えてみれば面白い話ではないでしょうか。もしこのホテルが宿泊客に、「不満なき滞在」を保証するために最初から子ども用のラケットをあと二本用意していたら、その気配りは注目に値する贈り物あるいはサービスとは見なされず、特別な感謝もお礼としての次回の利用もなかったはずです。むしろラケットのことなど、この宿泊客の記憶にはほとんど残らなかったかもしれません。

ここから、どのような結論が導けるでしょうか。氷にわざと薄い場所を作っておいて、顧客や同僚がそこへ落ちた後に助けの手を差し伸べるのがよいのでしょうか。いえいえ、そんなはずはありません。そんな真似をすれば結局、あなたと関わるときには何らかの救済策が必要になりがちだと思われてしまいます。それよりもずっと望ましいのは、人々の期待は非常に高く、現代のビジネスは複雑になりすぎていること、そしてその環境のなかでミスなしでやっていくのは不可能だという、単純な認識をもつことです。悪意のない間違いというのは、起こるものなのです。肝心なのは、資源（注意、訓練システム、スタッフ、予算）を、そうしたトラブルがいっさい起こらないという理想に投じるよりも、生じた間違いや問題を即座に解決するという目標に投じたほうが、高い顧客満足度を得られる（し、負担も非常に少ない）と理解することです。

誤解しないでいただきたいのですが、これは決して品質管理は重要でないなどと言っているわけではありません。ですが、完璧を追求しても骨折り損にしかなりません。なぜなら、結局は失敗をしでかすのは、完璧ではない人間であるという現実があるからです。また「完璧」の定義は十人十色なので、先回りして準備万端整えておくのは不可能なのです。一方、何らかの支障が出たときに、その都度対応するやり方なら、不満をもつ個人それぞれの物の見方に合わせることができるので、申し分のない、つまり顧客の満足いく結果を出せます。

生じた問題に**対応する**という手法がもつ柔軟さこそ、この手法が受け手にだけ与えられるプレゼントもしくはサービスと見なされ、その提供者が自分の犯した失敗のおかげで、かえって影響力を増すこともある原因だと考えられます。

要するにビジネスの世界においては、**問題がないこと**よりも、**問題がなくなったこと**のほうが素晴らしいのです。

49 ネットのレビューに信頼を与えるひと工夫

二〇一三年十月、台湾の公正取引委員会（公平交易委員会）は、サムスン電子が人を雇ってソーシャルメディアやウェブサイトにレビューやコメントを投稿させ、長年の競合相手ＨＴＣの製品を批判するとともに自社製品を褒めさせていたとして、同社に一千万台湾ドル（三三〇〇万円）の罰金支払いを命じました。[*5] この訴訟はかなりの注目を集めました。というのも、人々が意思決定を行う際にネット上のレビューを参考にしているのは間違いなかったからです。たとえば、調査会社のペン・スコーエン・バーランド社が実施した調査では、アメリカ人の十人に七人が、何かを購入する前にネット上の製品レビューや購入者による評価を参照しているそうです。台湾の公正取引委員会がサムスンに対して迅速な

＊5：草の根運動の一環として架空のレビューを投稿するという手法は、「人工芝運動」として知られています。言葉の由来は、一九八〇年代のスポーツ施設に使われていた人工芝にあります。

行動を取ったのも、当然といえるでしょう。「47 他人の失敗から学ぶ成功への大きな一歩」の繰り返しになりますが、心理学者R・バウマイスターと同僚たちは、人間が「耳を傾け、そこから学び、利用するのは、肯定的な情報よりも否定的な情報であることのほうがずっと多い」と結論づけています。

しかし、この「否定的な情報に関連した問題」は、インターネット上で購入者のレビューに頼って販売促進を行っている個人や企業に、無視できない課題を突きつけています。購入見込みのある人が、肯定的なレビューよりも批判的なレビューのほうが参考になると感じている場合、投稿された肯定的なレビューを参考にしてもらうためには何ができるのでしょうか（もちろん、競合相手の製品にけちをつける架空のレビューを投稿するといった、陰険で不正な手法に頼らずです）。

じつは一つ、とてもお勧めの方法があるのです。そしてもうお気づきかもしれませんが、そのやり方は小さくて非常に効果的です。

マーケティング研究者のZ・チェンとN・ルーリーは、レビュワーがレビュー当日の体験に基づいてレビューを書いたと述べることで（レストランのレビューであれば、「このレストランからついさっき戻ってきたばかりです」とか「パートナーと今日ここに行ってきました」と書き込む）、ネットに投稿された肯定的なレビューが、批判的なものと同じくらい参考にしてもらえるという仮説を立てました。

批判的なレビューの場合、その投稿者が実際に残念な体験をしたのは、ほぼ確実だと思われます。肯定的なレビューの場合は、投稿者が当日の体験に基づいてレビューを書いたと伝えれば、それを読む人はそれが実体験の反映であり、たとえば、食事をする場所や旅行先などを選ぶときの自分のセンスをひけらかすような、別の執筆動機から書かれたものではないと考えやすくなります。
チェンとルーリーは仮説検証のために、口コミサイトのイェルプに投稿されたアメリカ主要都市五カ所のさまざまな飲食店についてのレビューを、六万五千件以上抽出しました。そして、全部で百店近いお店のレビューに目を通しました。一件一件のレビューに、いくつ「参考になった」がついているか、レビューとともにつけられた五段階評価の星（星五つなら、最高評価を示す）の数、そして投稿のなかに、その飲食店に行った日にレビューが書かれたことを示す単語やフレーズが入っているかどうかを調べたのです。

結果は興味深いものでした。レビューがいつ書かれたかを示すヒントが**ない**場合には、肯定的なレビューよりも批判的なもののほうが大勢の人から役に立ったと評価されていました。ですが、お店に行ったのと同じ日に書かれているのがはっきりしている場合だと、肯定的なレビューも批判的なレビューと少なくとも同程度には役に立ったという評価を集めたのです。

インターネット上で実施した別の研究では、実験参加者を四つのグループに分け、夕食のレストラン選びの場面を想像させました。そして、全員に〈ジョーの店〉というレストランのレビューを見せました。二つのグループには、肯定的なレビューと批判的なレビューのどちらかを見せました。残りの二つのグループにも肯定的なレビューと批判的なレビューのどちらかを見せましたが、このときのレビューには、それがお店に行った日に書かれたものであるとはっきりと書かれていました。そして、全員に〈マイクの店〉というレストランに対する当たり障りのないレビューを見せたあと、どちらの店に行きたいか（あるいはどちらにも行きたくないか）を尋ねました。

イェルプでの調査結果と同じように、レビューの内容が肯定的でレストランに行った当日に書かれたことがわかる場合には、〈ジョーの店〉を選ぶ人の数が非常に多くなりました。なんと店に行った日に書かれた肯定的なレビューを読んだ人は、一人残らず〈ジョーの店〉を選んだのです。

時間を空けずに書かれた肯定的なレビューが本当に参考にしてもらえるのなら、マーケティング担当者がなすべき小さくとも重要な工夫の一つは、顧客に働きかけて、購入後すぐに製品のレビューを書くように勧めることと、購入後すぐにレビューを書いていることをそのレビュー内で**はっきり**書いてもらうことです。飲食店の多くは、領収書にウェブサイトのアドレスを載せて、レビューを書くようお願いしています。そこで、「お食事にご満足いただけましたら当店のレビューをご投稿ください」というありがちな文面を少し変えて、「お食事にご満足いただけましたら当店のレビューをご投稿ください。そのとき、『今日行ってきた』とお書きいただければ幸いです」とすれば、その小さな工夫から大きな利益が期待できます。

オンラインショップの担当者であれば、取り引き後の御礼の電子メールに自サイトへのリンクを入れておき、顧客にレビューの投稿を勧めましょう。また、自サイトのレビュー画面では、ポップアップウィンドウなどを使って、ほんの数分前に購入したばかりだという事実を強調すれば「いいね！」がつきやすくなることを強調するのもよいでしょう。

インターネット上で書評を書いている人も、自分が読了直後に記事を書いていることを明記する潜在的なメリットを意識しましょう。それを明記するのは、著者ばかりでなく書評者自身のためにもなります。推薦作への好意的な反応が返ってきやすくなるからです。ここまでくれば、残された問題はただ一つ、熱烈に推薦する本を決めることだけです。

そうだ！　いい本が一冊ありますよ！(^^)

50 メールの書き方ひとつで変わる交渉結果

二十世紀に活躍したエンターテナーのヴィクター・ボーグ[訳註]は、かつてこう言ったそうです。「笑いは二人の人物を最も近づける」。

笑いは人と人をつなぎ、関係を築きます。そして、説得の科学の研究者グループが実施した調査によれば、ほかの人とオンラインで交渉を行う際の、心強い手段にもなってくれるのです。

私たちの経済活動はますますグローバル化が進んでおり、会社関係の電子メールアカウント（八億五千万と推定されています）の一つひとつが送受信している電子メールの数は、一日平均一一〇通にもなります。そしてその内容は、決まりきったメッセージばかりではありません。今では多くの事業で、電子メールを主な手段として、非常に複雑な意思疎通が行われています。交渉を例に取ってみましょう。互いに遠く離れた場所にいる当事者同士の間に交渉ごとが生じた場合、電子メールは魅力的で効率的な意思疎通の手段となりますし、これがあるおかげで業者はより多くの潜在顧客を開拓でき、顧客は大勢の業者と連絡が取れます。

多くの場合、電子メールの交換は正式な交渉を始める前の、便利で負担の少ないフィルターとして機能します。たとえば、何かを購入したい人がいたとして、まずは短いリストで業者の連絡先を調べて電子メールを送り、メッセージのやり取りをした後に電話やテレビ電話会議、あるいはスカイプやフェイスタイムでのやり取りに進むかを決めればいいのです。最終的には（必ずそうなるという保証はありませんが）、直接会って交渉をまとめることになるかもしれません。

では、多くの場面で使われる電子メールにどのような工夫をすれば、仕事のやり取りに欠かせない信頼が構築できるのでしょうか。

ある素晴らしいひと続きの研究で、組織心理学者のT・カーツバーグと同僚のC・ナクイン、L・ベルキンは、ビジネスや交渉の場面で生じる電子メール交換のはじめの段階で、ユーモアが果たす役割を調べました。その研究で注目されたのは、交渉を行う当事者の間に構築される信頼のレベル、そして、当事者の得る商業的な結果にユーモアがどのような影響を及ぼすのか、という点でした。

研究の一つで、カーツバーグらは、営業担当者が電子メールを使って、具体的で適度に複雑な契約の交渉を行う場面を用意しました。実験参加者の半数には、交渉の相手とペアを組み、交渉を始めるよう

訳註：一九〇九－二〇〇〇。「デンマークから来た道化の王子様」というニックネームで知られ、アメリカで大人気となる。一九四〇年代にラジオで人気を博し、以後長きにわたって映画、舞台、テレビなどで活躍。また指揮者としての顔もあった。

にとだけ指示しました。残りの半数には、最初の電子メールで相手に『ディルバート』[訳註]という漫画を送るよう指示しました。漫画のなかでディルバートは交渉を台なしにしてしまいます。最初はまだ行われてもいない提案を受け入れようとし、次には――やはりまだ何の提案も受けないうちから――別の「もっと条件のいい」提案がよそから出ていることをにおわせてしまうのです。この漫画が相手にとっておかしくて不快感を与えるものではないことを確かめるために、研究者は先に別のビジネスマンのグループで予備実験を行いました（この漫画がおかしくて不快感を与えないことが確認されました）。

研究者の仮説は、交渉が始まる前にこの漫画を見せると、交渉当事者間の信頼レベルが高まって最終的な利益がより大きくなる、というものでした。そして、まさしくそのとおりの結果が出たのです。交渉開始時にこの漫画を送ったグループでは信頼のレベルがより高くなり、その結果、収益も一五パーセント多くなりました。ほんの些細な工夫が引き起こしたにしては、かなり印象的な差です。

ここまでは順調です。ですが、交渉の自由度が制限されている状況だったらどうなるのでしょう。多くの組織では、交渉の結果に差が出ないように価格構成表を用意したり、交渉で扱える項目を支払い条件や納期予定だけにしていたりします。そうした状況でも、電子メールを交換し始めたときに、笑える漫画を送ると効果があるのでしょうか。

研究者がこの点について検証したところ、交渉の初めに漫画を送られた人は、最初の提示額を相手の受け入れ可能な範囲に収める見込みが、**二倍以上**になることがわかりました。要するに、この一度だけ行えばいい小さな工夫のおかげで、交渉は非常に効率的に進み、そして当事者間の信頼レベルが高まったのです。

この研究から得られる示唆は明白です。忙しいときには、どんどん膨らんでいく「やることリスト」の項目を一つでも多く片づけたくて、つい簡潔で素っ気ない電子メールをささっと書いて送信してしまいがちです。ですが、それは特に交渉の最初の段階においては、高くつく間違いかもしれません。

というわけで、一分余計に時間をかけてでも、最初に送る電子メール交換を温かみのあるものにするのは大切だと考えられます。カーツバーグたちが言っているように、「『先方』とは実在の人間であって、ただの電子メールアドレスではないことを意識するべきである。この考え方が相手との間に信頼と親愛の情を築くのに役立ち、それゆえ、互いにとってより納得のいく同意を生み出せるように思われる」からです。実際、カーツバーグたちがこの後実施した研究では、オンライン上の交渉が始まった段階で、自発的に自分の話をして「先方」との間に共通点を見出すと、その後の交渉で膠着状態に陥る危険が減るばかりか、交渉を行う当事者双方とも商業的結果への満足度が上がるということがわかりました。

もちろんここで勧めているのは、公開するのが危険なほど（あるいは、メールの受け手がギョッとするような）個人的な情報を打ち明けることではありません。ですが、これまでの職業経験に関する情報やあなたが関心をもっていることで電子メールの相手と共有できそうな話を少し入れておくのは、インター

訳註：ビジネス社会の馬鹿げた現実を描いた漫画。スコット・アダムス作。

ネット越しに関係を構築する際に、目を見張るような違いが生まれる小さな工夫だと考えられます。

それと、ただ愉快な漫画を送りさえすればよい、というわけではないかもしれない点にもご注意を。本章で紹介した研究に用いられた漫画は、くすりと笑えるというだけで選ばれたわけではありません。内容が当事者たちの今後取り組まなくてはならない課題（つまり、交渉）と、完全に一致してもいました。笑いを戦略的に用いる際には、相手が笑ってくれるかどうかだけでなく、送るものの内容がこれから論じる主題や論題と一致しているかにも気を配りましょう。それから、ときには電子メールを使うという考えを完全に捨てて、ちょっと顔を合わせて雑談したり電話をかけるのも、同じくらい効果があることを忘れないでください。

さまざまな業者が大金をかけずに行えて、しかも相手の反応率と関心が高まる小さな工夫を探している競争市場においては、ヴィクター・ボーグの指摘はまさに的を射ています。何の共通点もない人同士がやり取りをするとき、しばしば笑いは二人の人物の間の距離を最も縮めてくれます。それはオンラインに限らず、対面での交渉でも同じです。たとえば、社会心理学者のK・オクィンとJ・アロノフが実施した調査では、要求にジョークがついている（「さて、こちらの最終提示額は〇〇ドルです。おまけに、うちで飼っているペットのカエルもおつけします」）と、それを受け取った人は金銭的に妥協する度合いが大きくなることがわかりました。ですが、なかには、たかが取り引きのために愛しい両生類と別れることなどできないと考える人もいるでしょう。そうした人にも、ペットのカエルの代わりに、『ディルバート』のお気に入りエピソードをおまけにつけるというやり方が残っています。

51 触れるだけで高まるモノの価値

ギリシア神話によれば、ディオニュソス神はミダス王が自分の友人を歓待してくれたお礼に、どのような願いでも一つかなえてやろうと言いました。ミダス王は触ったものすべてを黄金に変える力を求め、ディオニュソス神はすぐさまそれを授けました。もちろんこれはお伽噺であって、触っただけで物質が黄金に変わったりするわけがありません。

……それとも、そういうことがありうるのでしょうか……。

消費者研究を行っているJ・ペックとS・シューは、ある商品に手を触れた結果、その商品が実際に黄金に変わることはなくても、知覚される価値が非常に高まることなら充分にありうると考えました。この考え方は、少し感覚的にわかりづらいかもしれません。たとえば、「商品に触らないでください」とか、「商品は見るだけにしてください」という注意書きを掲げている小売店は山ほどあるわけです。

しかしペックとシューは、ものに触れることで、触れたものとの間に感情的な結びつきが生まれるのではないかと考えました。同じ考えをもつ仲間もいると、二人は述べています。たとえば、アメリカのSFテレビシリーズ『スタートレック』の、ジャン=リュック・ピカード艦長も次のように感じていました。

ピカード艦長　こうするのが夢だったんだ……スミソニアン博物館でこの船を何度も見たが、初めて触れたよ。
データ（アンドロイド）　直接触れると感じ方が変わるとでも？
ピカード艦長　もちろん。人間は肌で触れたものは身近に感じる。

（映画『スタートレック・ファーストコンタクト』より引用）

この考えを検証するために行われたある実験では、買い手役の実験参加者に二つの商品――レインボースプリングというおもちゃとマグカップ――を見せました。そして、買い手役の半数には、商品にしっかり触れるように指示し、残りの半数には商品に触らないように指示しました。その後、「このレインボースプリング／マグカップを所有しているように感じる」「レインボースプリング／マグカップを個人的に所有している気持ちを非常に強く感じる」「これは自分のレインボースプリング／マグカップだ」という文それぞれに対して、どの程度強く同意するか尋ねました。また、二つの商品それぞれの価値に関する意見も尋ねました。

その結果からはっきりしたのは、商品に触れた参加者のほうが、それぞれの商品に対する好感度がずっと高かったことです。また商品に直接触れると、それを所有している感覚が強まることもわかりました。商品に対する高い好感度と自分のものだという気持ちの強まりが相まって、参加者のレインボースプリングとマグカップに感じる価値も高く（商品に触らなかった人たちより平均で三〇パーセントほど高く）なりました。これは、商品に触れる機会を与えるだけの小さな工夫の効果にしては、かなり大きなものと言えるでしょう。興味深いことに、売り手役の側でも同様の現象が起きました。渡された品に触れる機会のあった売り手のほうが、高い売値をつけていたのです。

この研究はいくつもの点で重要だと言えるでしょう。まず消費者の立場から言えば、判断と決定に影響を及ぼす要因を理解しておくことは大切です。店員に言われるままに商品に触れたり手に取ったりすると、商品に対して感じる価値が自動的に高まってしまいます。

同様に、商品に触れさせることで客がより強く商品とのつながりを感じるようにしている売り手は、結果が大きく変わる小さな工夫を行っていると考えられます。たとえば、筆記具メーカーのペーパーメイトが販売するペン製品のパッケージの多くには一部切り抜かれた箇所があり、中のペンに触れられるようになっています。これによって、購入を考える人がペンの触り心地を確かめられるばかりでなく、製品の価値をより高く感じるようになるのです。

触《さわ》るという行為がもつ触れたものの価値を高める性質は、スーパーマーケットや食料品店の役にも立ちそうです。そうしたお店のなかには、果物や野菜、パン類のような商品を乱暴に扱ったり、包みから出したりする客を嫌うところもあります。食品衛生の観点からすれば当然です。ですが、どのみち在庫の一定数は、駄目になって処分しなければいけなくなるのですから、ひょっとしたらお客が商品を手に取るよう積極的に勧める「お試しコーナー」を設けるのは、売上げを伸ばす良い手かもしれません。

ペンや桃や黒パンを売る場合だけでなく、手で触れることによる目立たないながらも力強い説得力は、あなたが印刷した資料の価値も高めてくれるかもしれません。上司に報告書を提出するときや顧客候補に提案を行うときは、資料の電子データを送信するのではなく、印刷して手渡すよう努めましょう。講演を行う人やワークショップの主催者、研修の指導教官が、前もって受講者や聴講者各自のテーブルに資料を配布しているなら、そうする代わりに、彼らが会場に入ってきた段階でじかに手渡すことをお勧めします。ミーティングやイベントの担当者が、スポンサーから提供されたプレゼントやお菓子を会議や集会で配るときにその価値をより高く感じさせたいなら、そうしたものを一つの袋にまとめ、そこから一つずつ取り出して受け取る人に直接手渡すようにしてはいかがでしょう。そうすれば、その品の価値が潜在的に高まるだけでなく、その品がキャリーバッグの奥底で忘れられてしまう恐れもなくなります。

ですが、そもそも購入**前**に商品を手に取る機会が制限されているような場合は、どうすればいいのでしょう。インターネットで買い物をする人の数が増えるにつれて、買った商品が家に届くまで、実物に触る機会がまったくない消費者の数は増えていると考えられます。グーグルがインターネット経由で商品を転送する『スタートレック』に出てくるような転送装置を発明するまでは、触覚に訴えるという考えは諦めるしかないのでしょうか。

じつを言えば、そんなことはありません。ペックとシューの研究では、ある商品に触《さわ》れない場合に効果のある、別のスモール・ビッグな手法がわかっています。商品に触れているところを**想像させる**だけで顧客はそれを所有している感覚が強まり、その結果、商品から感じる価値も高まるのです。

一方で、このやり方には、極めて重要な例外があることも覚えておいてください。商品に触れるよう勧めるのが効果的なのは、その商品の触り心地が良い、せめて悪くないと言える場合**だけ**なのです。

売りたい品がヤマアラシのときには、くれぐれもこの点をお忘れなく！

52 ラストシーンは美しく豊かに

第一印象は大切です。ですが、人気歌手や映画監督であれば、誰もが最後に何が起こるかもやはり大切だと言うでしょう。そして、人とのやり取りや商取引の締めくくり方、さらには、休暇旅行の最後のイベントに注意を向けてわずかに手を加えると、顧客満足度、同じ顧客と長いつきあいを築いていけるかどうか、あるいは次の休暇旅行が楽しいものになるかといった、さまざまな結果が信じられないほど変わります。

こう想像してみてください。今あなたは病院を訪れ、すっかり慣れっこではあるものの、いささか不快な検診を受け終えたところです。診察室を出ていこうとすると、今日の検診がどれくらい辛かったか、そして次回の検診を受けるのにどれくらい乗り気であるかと尋ねられます。ここで比較のために、別のもっと楽しい筋書きを想像をしてみましょう。あなたは休暇旅行から戻ってきたところです。そして、それがどのくらい楽しかったか、次の旅行をどれくらい楽しみにしているかと尋ねられます。

もしあなたが、さまざまな研究でこれらの質問を受けた実験参加者の大多数と同じであれば、あなたの返答に非常に強く影響する要素が二つあるはずです。その経験の間に生じた感情――検診の場合は苦痛、休暇旅行の場合は（願わくば）喜び――が絶頂《ピーク》を迎えた瞬間と、その経験の最後《エンド》の瞬間です。この現象を初めて研究した人々は、これを**ピーク・エンド効果**と呼びました。

驚くべきことに、人間がある経験をしている時間のうち、絶頂《ピーク》と最後《エンド》の瞬間以外で感じたことの影響は、人が考えているよりもずっと小さいのです。さらにその体験全体への評価はほとんどいつも、**持続時間の無視**（その経験がどの程度長く続いたかにあまり注意を払わない、甚だしい場合には持続時間を完全に無視する傾向）の影響もこうむります。

ノーベル経済学賞を受賞したD・カーネマンと医学博士のD・リーデルメイヤーが実施した古典的な研究では、苦痛を伴う医療行為（大腸内視鏡検査）を受けた患者が最も覚えているのは、①苦痛の絶頂期と、②検査が終了したときの苦痛であることが見事に実証されています。

人気歌手が一番人気のある曲をライブの最後で演奏することが多いのも、ピーク・エンド効果で説明できるでしょう。レストランでの食事の最後にウェイターに無礼な態度を取られたことで、それまでは楽しかったはずの体験がすっかり嫌な思い出になってしまう理由もこれで説明できます。そして、先週あった信じられないほど退屈だった会議のことを思い出してみてください――永遠に続くのではないかと思ったあの会議です。今から振り返ってみると、そこまで長かった気はしないのではありませんか。これこそ、持続時間の無視の働きです。

出来事の記憶において、最も激しい部分と一番最後の部分のみが強調されて、持続時間はあまり重視されないのであれば、私たちの体験に関する記憶はあまりあてにならないことになります。しかし、あてにならないと言っても、記憶が人の将来の決定に大きな影響を及ぼすことは間違いありません。ですから、ほかの人と将来の協力関係を築きたい、より多くの顧客から贔屓にされたい、あるいはもう少し良い評価を得たいと思うのなら、全体的な気配りを欠かさないのはもちろんですが、さらにその体験のクライマックスを増幅（あるいは最悪の部分を最小化）し、一番最後に起こる出来事を豊かにするちょっとした工夫を施すのが、特にお勧めのやり方です。

チョコレートが好きな人は大勢いますし、その多くがスイスのチョコレートを世界一だと考えています。ですから、私たち著者の一人が最近同国の航空会社を利用した際に、搭乗してすぐスイス製のチョコレートをもらったときには大いに気を良くしました。この小さくてスマートな行為の効果は、利用客が乗ってきたときに加えて、飛行機から降りるときにもチョコレートをふるまえばさらに増幅されそうです。

同様に、ホテルには、宿泊客がやって来たときに文具やブランドものの洗面用品などをプレゼントとして渡すところもあります（著者は高級なボトルオープナーをもらったことが一度あります）。こうした品々にはしばしば担当責任者からの手紙が添えられており、宿泊客に気分良く滞在してもらいたいという手書きのメッセージがついています。ホテルの支配人が検討してみるべきスモール・ビッグな工夫は、宿泊客がチェックインしたときに手書きの手紙を渡し、チェックアウトするときにプレゼントを渡すことによって、二つの贈り物の効果を最大化することです。

ウェブデザイナーも、ピーク・エンド効果を利用したスモール・ビッグから利益を得られます。ユーザーがウェブサイトを離れるときに、素敵な画像か「ご利用ありがとうございました」というメッセージがポップアップするようにしておけばいいのです。オンラインショップの場合なら、買い物が終わったところで、予告なしに現れるスペシャルコンテンツや次回利用可能な割引券を用意してはいかがでしょう。看護師であれば、子どもの患者が頑張って予防接種を受けたご褒美に、アメかステッカーを渡すというやり方が考えられます（これは、大人の患者の一部にも有効でしょう）。もちろん、こうした手法はすでに多くの病院や保健センターで採用されていますが、おそらくピーク・エンド効果のことは念頭にないはずです。

交流や体験の締めくくりに施せるスモール・ビッグに注意を向けることは、旅行業やサービス業など、最後にはっきりとしたやり取りを行う業界の専売特許ではありません。公共的な機関にとっても注目すべき活用法があります。たとえば、病院でおおむね満足できる（そして値段の張る）治療を受けたとしても、最後の最後で駐車場の係員に払った駐車料金が高すぎるように感じてしまい、不快な記憶だけが残ったというのはよくあることです。

もし、病院が駐車場代を無料にするかせめて多少の値下げを敢行すれば、病院を出ていく場面が肯定的なものとなり、その人が友人や近所の人たちに病院の話をするときには、しっかりと褒めてくれるかもしれません。そして、これはもっと意見の分かれる話でしょうが、刑務所に入っている受刑者は、出所前の数日間が今までの刑期のなかで最も過酷な日々になれば、再犯を犯しにくくなるかもしれません。

一方で、体験したことの記憶において持続時間が無視されるという発見は、販売員やマーケティング担当者がお客に商品の買い換えを勧める際の戦略を変えるかもしれません。見込み客に対して既存製品の問題点を挙げる際には、その問題によって生じる時間の無駄よりも、その問題が発生したときに顧客が感じる苦痛の激しさを強調したほうがうまくいくはずです。

また、自分自身がピーク・エンド効果から受ける影響を理解すれば、大きな効果を生む小さな工夫をいろいろと施せるようにもなります。もし、次の休暇旅行を素晴らしいものにしたいなら、予算を分散して小さな遠出や日帰り旅行をいくつもするよりは、二つのイベントに絞って予算を投入しましょう。うち一つが休暇旅行の最後になるようにすると、満足感はずっと高くなるでしょう。それから、マイルを使った飛行機の座席のアップグレードを行うのは、行きではなく**帰り**がお勧めです。

ビジネス書の著者も、著書の最後のほうにとりわけ気をつかい、読者が肯定的な気分で読み終えられるようにしておけば、読者が肯定的なカスタマーレビューを書いたり、友人や同僚に勧めたりしてくれる見込みが高まるかもしれません。本書はすでにスモール・ビッグな五十二章の最後に到達してはいますが、そうした効果を見込んで、おまけを一章用意しておきました。この意外なおまけが、読者それぞれの気に入った章と相まって、ピーク・エンド効果のある肯定的な体験をお届けするはずです！

53 おまけの章

本書の目的は、読者が説得に使う道具箱に追加できる隠された戦略、スモール・ビッグのコレクションを提供することでした。本書で紹介した小さな工夫の数々は、最新の説得の科学に裏打ちされたものであり、これを用いれば、誰でも――ビジネスマンから医療の専門家、あるいは政治家から親御さんまで――誰かとやり取りをしたり説得を行ったりする場面で、結果を大きく変えることができます。

これら五十二のスモール・ビッグは、効果の発揮される心理的メカニズムや、最も力を発揮する場面や状況こそそれぞれ異なっていますが、それでも、ある重要な共通点をもっています。正しい状況で責任ある使い方がされれば、他者を説得するときの大きな武器になるところです。

一方、スモール・ビッグを一つ、適切な状況で倫理的に用いるだけで、結果が大きく変わるという知識は別の問いを呼び起こします。複数のスモール・ビッグを立て続けに使うか、同時に使うかした場合には、どの程度まで効果は大きくなるのでしょう。たとえば、影響を与えようとする試みにたくさんのスモール・ビッグを詰め込めるだけ詰め込めば、説得の努力はその分だけ生産的なものとなるのでしょうか。

答えは明らかに「ノー」です。家のどこか一カ所を修理するのに、道具箱の中身をすべて使ったりはしません。それと同じで、あまりにもたくさんの説得の道具を一度に使おうとすれば、望む結果を得るのがかえって難しくなってしまいます。いくつかの影響戦略は、組み合わせて使うとうまく働くことがわかっていますが、場合によっては、一つの説得戦略が別の説得戦略の効果を打ち消してしまうこともあります。さらに、説得戦略を一つも用いないときよりも状況が悪くなってしまうこともわかっています。

ここではいくつか例を挙げて見ていきましょう。

「8 約束を守ってもらうためのスモール・ビッグ」の話を思い出してください。この章では私たちの行った研究を取り上げて、患者に口頭のコミットメントを求めて予約の時間を復唱させてから通話を切るだけで、保健センターのすっぽかしが減った話を紹介しました。そして、受付担当者ではなく患者本人が次回の予約の詳細を予約票に書き入れるとさらに大きな効果があり、すっぽかしが一八パーセントも減りました。私たちは別の手法も検証しました。数カ月間、保健センターの待合室にある掲示物を、前の月に診察予約をすっぽかした患者の多さを強調したものから、その場に存在するより大きな社会的証明――すっぽかさずにセンターにやって来た人の数――を伝えるものに切り替えたのです。これら三つのスモール・ビッグ戦略をまとめて使うと、その後のすっぽかしは三一・四パーセント減少しました。この大きな差を生んだのがこれらの小さな工夫であって、それらと無関係な別の要因でないことを確認するために、いったんすべての変更を取りやめてみたところ、すっぽかしは激増しました。そして、三つの小さな工夫の組み合わせを再開するとすぐ、すっぽかしは再び平均で三〇パーセント減少したため、複数の小さな工夫を組み合わせて使うと、結果がいっそう大きく変わることが実証されました。

ここまでは、複数の説得戦略を同時に使ってもうまくいった例です。しかし、いつもこうなるとは限らないので、大喜びするわけにはいきません。たとえば、行動科学者のP・ドーランとR・メトカーフによる、ひと続きの素晴らしい研究を紹介しましょう。この研究では、近隣世帯よりもエネルギー消費量が多いと伝えることが、結果を大きく変える小さな工夫であるとわかりました。そう告げられた家庭ではその後数カ月間、エネルギー消費量が平均六パーセント減少したのです。

また、エネルギー消費量を減らした家庭に一〇〇ポンド（約一万八千円）の賞金を払うのも、かなり効果的な方法だとわかりました。エネルギー消費量は、ご近所の皆さんと足並みが揃っていないと教えた場合と同じくらい減少しました。

では、この社会規範を使った手法と報酬を使った手法を組み合わせたら、どうなるのでしょうか。幸い、ドーランたちもこの疑問を抱き、別の実験を実施しました。その実験では、別の実験参加者グループに、近隣世帯よりもエネルギー消費量が多くなっていると知らせ、同時に、もし消費量を減らせたら一〇〇ポンドを渡すと伝えました。さて、その結果は……。

なんとこのやり方は、エネルギー消費量にまったく何の影響も与えなかったのです！

一見すると、この結果は、まったく筋が通らないように思えます。算数の場合、一に一を足せば二になります。ところがこの研究では一に一を足しても、一よりちょっと大きくなることすらありませんでした。結果はゼロだったのです！　さっぱり効果なし、零点です。まるで、片方の効果的な説得手法が、もう片方の、同じくらい効果的な説得手法を打ち消したかのようでした。これならいっそのこと、何もしないほうがまだマシだったかもしれません。

いったいどうなっているのでしょう。なぜ、説得の手法を組み合わせるというやり方は、ある場合にはうまくいき、全体的な結果をより良いものとするのに、別の場合にはうまくいかないのでしょうか。

考えられる説明は三つあります。

一つめは、多角的なメッセージによって発動される複数の根源的な欲求が、互いに両立不能だからだと思われます。たとえば省エネを心掛けるよう言われたとき、自分の利益（研究者がくれる一〇〇ポンド）のためにそうしたいという欲求は、（近所の人によって承認されるというような）公共の利益のために自己犠牲を払いたいという欲求とは相容れなかったのかもしれません。その結果、それぞれに強力でありながら互いに拮抗するこれら二つの欲求が、相殺されてしまった可能性があります。

このため、説得の手法をいくつか組み合わせて影響力を行使しようとするときに大切なのは、それらの手法それぞれの活性化する欲求が両立可能で、手法同士が互いを補完し合うようにしておくことです。

二つめの理由は、他者に影響を与えようという一回の試みに利用する説得の道具が増えれば増えるほど、相手があなた（というよりあなたの伝達する内容）にきちんと向き合ってくれる見込みが減ってしまうためです。たとえば、上司から早退の許可をもらいたいときは、六つのパラグラフに何十という説得のテクニックを投入した電子メールより、説得のテクニックが一つしか入っていない一行の電子メールのほうが、すぐに読まれて返事をもらえる見込みはよほど高いはずです。そうなる理由は単に、上司が六つもパラグラフのある電子メールを読んでいる時間はないと考える可能性があるからです。その結果、送った電子メールは後回しにされ、手遅れになるかすっかり忘れられてしまうかもしれません。上司のメールボックスには、ほかにも緊急の（そしておそらくはもっと短くまとまった）要求がいくつも届いているのです。同じように、家庭でのエネルギー消費レポート――あるいは、その件に関する何らかのマーケティング材料――が、多くの手法を盛り込んだ大量の文章でできていたら、受け取った住人がそれを放り出す、つまり「あとで見ることにする」（実際には二度と見たりはしないわけですが）見込みは高まるでしょう。

三つめの理由は、影響力を行使する技術がもつ露骨さに関係しています。複数の小さな工夫を組み合わせると、ときとしてそれらは目立たないままではいられず、一つにまとまって、より大きくずっと露骨な説得の試みになってしまいます。そのため、相手の抵抗感が強まるのです。

例を挙げましょう。社会心理学者のD・フェイラー、L・トスト、A・グラントが実施した研究では、規模の大きい公立大学の卒業生八千人に電子メールを送り、大学への寄付を募りました。第一のグループに送ったメールには、寄付のお願いとともに、寄付することで得られる「利己的な」利益を指摘するメッセージ（「これまで寄付してくださった卒業生の皆さまからは、寄付をすると気分が良いとの声が届いています」）が添えられていました。第二のグループに送ったメールには、寄付のお願いとともに、利他的な理由（「あなたの寄付で現役学生と教職員の生活が向上します」）が添えられていました。そして、第三のグループに送ったメールには、寄付によって得られる利己的および利他的な利益の両方を強調したメッセージが寄付のお願いに添えられていました。結果を見ると、第三のグループでは寄付に応じる割合が、ほかのグループの半分にも届きませんでした。

同じ研究者グループが行った別の研究では、実験参加者がメイク・ア・ウィッシュ基金[訳註]への寄付を求める依頼文を受け取りましたが、文面は利己的な理由を二つ挙げたもの、利他的な理由を二つ挙げたもの、前記四つがすべて書かれたものの三種類がありました。ここでもまた、四つの理由が書かれた文面を受け取った人たちが寄付に応じる割合は、著しく低くなりました。後の調査で、そうなるのももっともな理由が明らかになりました。彼らには、そのメッセージの本質が見えていたのです――説得の試みだと。どうやら、説得のメッセージを作成するときに、盛り込む議論や正当性の訴えの数がある限度を超えると相手の抵抗感が高まり、その結果、メッセージの効果は大きく損なわれてしまうようです。

では、主張の数がいくつのとき、相手に最も良い印象を与えるのでしょうか。

この重要な問いに答えるために、行動科学者のS・シューとK・カールソンが実施した研究を検討してみましょう。シューとカールソンの研究では、参加者を六つのグループに分け、五種類の宣伝文を読ませました。アピールされているのは、朝食向けシリアル、レストラン、シャンプー、アイスクリームショップ、政治家です。文面の例を出すと、シャンプーの宣伝文は次のように始まります。

あなたがお気に入りの雑誌を読んでいて、新しいシャンプーの広告に目が留まったところを想像してください。あなたはこの新製品に切り替えるべきかを考えるために、その広告をしっかり読んでみることにしました。広告によると、このシャンプーには以下のような特長があるそうです。

〈空　欄〉

〈空欄〉には、そのシャンプーに関する肯定的な主張が、実験参加者グループごとに一〜六個まで入っていました。たとえば、特長がすべて入っていた場合には、「あなたの髪をより清潔に、より強く、より健康的に、よりしなやかに、よりつやつやに、そしてよりボリューム感が出るようにします」となっていました。

政治家の宣伝文で六つの主張がすべて入っている場合には、候補者が「誠実で、高潔で、経験豊富で、知的で、人好きがし、奉仕の精神に満ちている」と書かれていました。

訳注：難病の子どもが夢をかなえるための支援を行う国際ボランティア団体。

参加者たちが宣伝文を読んだ後に、シューとカールソンは、宣伝されたものや人物に対する参加者の考え方と、各宣伝文に対する印象の善し悪しを調べました。また、参加者の感じた疑念の強さも調べて、宣伝文句がいくつ並んだ時点で、それらの宣伝は情報を伝えようとしているのではなく特定の製品・店舗・人物を選ばせようとしているのだと、受け手が考え始めたかを調べました。

結果からはっきりわかったのは、**三つ**の宣伝文句を読んだ人は、宣伝されるものが何であれ（つまり、朝食向けシリアルであろうと、政治家であろうと、ほかのものであろうと）、他に抜きん出て高い好感を示したということでした。どうやら、説得の訴えに肯定的な主張を追加して効果を上積みできるのは、三つめまでのようです。その後さらに説得の試みを追加すると、相手は猜疑心を抱き、説得の訴え全体への抵抗感が高まります。

ですから、少なくともこの事例に関しては、主張の数がいくつのとき相手に最も良い印象を与えるのかという問いへの答えは、「三つ」ということになりそうです。

むしろこう言ったほうがよいでしょうか、「三つは人を引きつける《チャーム》が、四つは警戒させる《アラーム》」と。

これらの研究から、たとえ、完全に倫理的なやり方でこれらの手法を組み合わせて使ったとしても、いくつもの説得の主張や手法を用いた時点で、実際以上に胡散臭い真似をしていると**思われかねないこと**がわかります。

ほかの人の考え方、感じ方、行動の仕方に影響を与えるときに、小さな工夫が大きな効果を上げる根本的な理由は一つしかありません。それが小さいということです。それは相手のレーダーに引っかかりません。疑いや注意を喚起することは、まずありません。音もなく任務を遂行し、大部分は自動的かつ無意識的に、私たちの意思決定や行動に影響を与えます。この世界では、より大きいことがより良いことと同じ意味になりますが、私たちが嬉しく思っているのは、影響力を倫理的に行使するための道具をひと揃い、読者に提供できたことだけではありません。もう一つあります。それは、その道具自体が非常に小さいために、一見しただけではほとんど気づかれないことです。そしてその意味で、他者に影響を与えるときの「スモール」は、疑いの余地がまったくないほど確実に、新しい「ビッグ」なのです。

＊　＊　＊

説得の科学に関する最新情報を知りたい、無料の月間ニュースレター **Inside Influence Report** を購読したいという方は、次のサイトをご訪問ください。

WWW.INFLUENCEATWORK.com

謝　辞

こんな諺があります。「子どもを一人育てるには村全体が協力しなければならない」。同じことが、本を一冊育て上げるときにも言えるのかもしれません。そしてその意味で言えば、私たちには感謝すべき人が大勢います。

影響力および説得の理論と実践を研究する者として、私たちは非常に運が良いと感じています。私たちの住む「村」には、熱心で優秀な研究者がたくさん暮らしています。皆がそれぞれ説得のプロセスの知識と教訓を求めて積極的に前進を続けていて、仲間には困りません。そうしたすべての研究者に、特に本書に論文や知見を引用させていただいた方々に御礼を申し上げたいと思います。

そして、本書に影響を与えてくれた以下の方々にも御礼申し上げます。キース・アンダーソン、スーラジ・バッシ、ルーパート・ダンバー＝リース、ポール・ドーラン、バーニー・ゴールドスタイン、ジェイムズ・ニコルズ。

本書の執筆中には、多くの人が各章の草稿を快く読み、そこに書かれた知見の実際的な利用法についてアイデアを出してくれたのは大きな力になりました。ロブ・ブラッキー、ナタリー・ブリット、ショーン・バックランド、エイリー・カナリー、エマ・ローズ・ハースト、ベンジャミン・カウベ、グレゴール・マクファーソン、スティーブ・マウンドジョン・ビンセント、ジェイムズ・ウェストに、御礼申し上げます。

また、エイリー・バンダミア、サラ・トビットをはじめとする、インフルエンス・アット・ワークのアメリカ・イギリス両オフィスの仲間、そして本書の出版元ビジネス・プラス、ニューヨークのグランド・セントラル・パブリッシング、ロンドンのプロファイル・ブックスにも感謝したいと思います。さらに念入りに感謝しなくてはならない相手は、担当編集者のリック・ウォルフとダニエル・クルーでしょう。二人の支えと励ましと洞察は、私たちにとってかけがえのないものでした。

さらに名前を挙げて感謝しなければならない人が、あと三人残っています。ダニカ・ジャイルズは調査協力者として辛抱強く作業し、事実に関する確認を繰り返し行ってくれました。君の支援と助力にとても感謝してるよ、ダニカ。この本を出せたのは、君のおかげだ！

レバイン・グリーンバーグ社のジム・レバインは、本書の企画段階から代理人として働いてくれ、一緒に仕事ができて大変楽しかったです。ジム、君と君のスタッフは、パートナーシップの何たるかをしっかりと体現していた。本当にありがとう。

そして、素晴らしい洞察力と活力、そして意欲で私たちを鼓舞してくれたボベット・ゴードンにも感謝します。彼女こそ、本書の陰の立役者です。

最後に、私たちを支え、愛してくれている妻と家族に感謝の気持ちを贈ります。

皆さん、ありがとうございました。

監訳者あとがき

一九九一年に『影響力の武器―なぜ、人は動かされるのか』が翻訳出版されてから四半世紀が経とうとしている。この間、同書第二版（二〇〇七年）、第三版（二〇一四年）が出版され、さらに『実践編』（二〇〇九年）と『コミック版』（二〇一三年）が加わって「ファミリー」を構成してきた。これに新たに加わったのが本書である。『実践編』と同じ三名の著者によるものであること、五十ほどのトピックを並べるスタイルが共通していることを考えれば、本書は「チーム・チャルディーニ」による続『実践編』として位置づけることができる。

『影響力の武器』では、人が特定の手がかりに対して「カチッ・サー」と自動的に反応することを基礎にすえて六つの影響力が説明されていたが、近年の心理学ではまさにそうした「自動性」や「非意識」といった側面がさらに強調されるようになり、新たな知見が続々と報告されてきた。これらの知見を取り入れた行動経済学の発展も目覚ましい。本書は、『実践編』以降のそうした最近の研究の中からテーマを選りすぐり、わかりやすく解説したものである。

本書でも触れられているが、心理学や行動経済学の知見を国の施策に生かそうとする流れが出来つつある。英国では政府が特別の部署（通称ナッジ・ユニット）を設置して、国民が合理的な判断を行うように「そっと肘をつつく」試みが行われた。米国では二〇一三年、ホワイトハウスに「社会・行動科学チーム」が置かれ、二〇一五年九月には、オバマ大統領が「行動科学の洞察をアメリカ国民の役に立つように利用すること」を旨とする大統領令に署名した。米政府が行動科学に関心を持ち始めたことによって、心理学者が公共政策に影響を及ぼすための新しい、より直接的なチャンネルが提供されたことになる。喜ばしいことではあるが、国がこうした方法を採用することについては、選択の自由が制限されるのではと懸念を表明する人もいる。

一方で、人の行動に影響を与えるための知識そのものは、自分自身が賢い選択をするために「パーソナル・ユース」として役立てることもできる。著者たちもこの点を気にしてか、本書では多くの章で、日常生活における利用の仕方についてのアイデアがいくつも示されている。読者の方々は、ぜひ著者の「ねらい」にのって、さらにご自身でアイデアを考え出していただきたい。

さて、本書に続いてチャルディーニの単著 *Pre-suasion: A Revolutionary Way to Influence and Persuade.* も近く刊行される（訳書が誠信書房から出版予定）。これによって「ファミリー」はさらに拡がり、一般の方々が「なぜ、人は動かされるのか」に関する知識を得るための材料がさらに充実することになる。こうした知識が偏りなく人々の「常識」となる日がくることを望みたい。

安藤清志

参考文献・覚え書き

はじめに

⬇保健センターにおけるすっぽかしの研究は以下を参照。

Martin, S. J., Bassi, S., & Dunbar-Rees, R. (2012). Commitments, norms and custard creams: A social influence approach to reducing did not attends (DNAs). *Journal of the Royal Society of Medicine*, 105(3), 101–104. doi:10.1258/jrsm.2011.110250

⬇ロバート・チャルディーニの著作については，すべて以下を参照。

Cialdini, R. B. (2009). *Influence: Science and Practice* (5th ed.). Boston: Allyn & Bacon.（ロバート・B・チャルディーニ『影響力の武器――なぜ，人は動かされるのか』誠信書房，2014 年）

⬇『影響力の武器　実践編―「イエス！」を引き出す 50 の秘訣』についてはすべて以下を参照。

Goldstein, N. J., Martin, S. J., & Cialdini, R. B. (2007). *Yes! 50 Secrets from the Science of Persuasion*. London: Profile Books.（ノア・J・ゴールドスタイン，スティーブ・J・マーティン，ロバート・B・チャルディーニ『影響力の武器　実践編「イエス！」を引き出す 50 の秘訣』誠信書房，2009 年）

1　納税期限を守ってもらうための簡単な工夫

⬇督促状の研究についてさらなる詳細は以下を参照。

Martin, S. J. (2012). 98% of HBR readers love this article. *Harvard Business Review*, 90, 23–25.

⬇本章で説明されている，人間がもつ三つの根源的な動機を踏まえた服従と同調の研究の概説は，以下を参照。

Cialdini, R. B., Goldstein, N. J. (2004). Social influence: Compliance and conformity. *Annual Review of Psychology*, 55, 591–621. doi:10.1146/annurev.psych.55.090902.142015

⬇家庭でのエネルギー消費の研究については以下を参照。

Schultz, P. W., Nolan, J. M., Cialdini, R. B., Goldstein, N. J., & Griskevicius, V.

(2007). The constructive, destructive, and reconstructive power of social norms. *Psychological Science*, 18(5), 429–434. doi:10.1111/j.1467-9280.2007.01917.x

⬇ストリートミュージシャンにお金を渡した通勤・通学者についての説明は以下を参照。

Cialdini, R. B. (2007). Descriptive social norms as underappreciated sources of social control. *Psychometrika*, 72(2), 263–268.

⬇HMRC に関する私たちの最初の研究に続いて，HMRC とイギリス政府が一連の総合的な研究を実施した。詳しくは以下を参照。

Hallsworth, M., List, J. A., Metcalfe, R. D., & Vlaev, I. (2014). The behavioralist as tax collector: Using natural field experiments to enhance tax compliance. *National Bureau of Economic Research*, working paper no. 20007.

2　集団との結びつきを利用したスモール・ビッグ

⬇ウェーブの研究については以下を参照。

Farkas, I., Helbing, D., & Vicsek, T. (2002). Mexican waves in an excitable medium. *Nature*, 419(6903), 131–132. doi:10.1038/419131a

⬇アッシュの同調実験については以下を参照。

Asch, S. E. (1951). Effects of group pressure upon the modification and distortion of judgments. *Groups, Leadership, and Men*, 222–236.

⬇fMRI を用いた同調実験については以下を参照。

Berns, G. S., Chappelow, J., Zink, C. F., Pagnoni, G., Martin-Skurski, M. E., & Richards, J. (2005). Neurobiological correlates of social conformity and independence during mental rotation. *Biological Psychiatry*, 58(3), 245–253.

⬇高度なデジタル技術を駆使したオバマ大統領の再選キャンペーンの詳しい解説記事は，以下を参照。

Inside the Cave at: http://enga.ge/projects/inside-the-cave/

⬇政治キャンペーンに用いられる説得戦略の歴史についてのさらなる詳細は，以下を参照（一読の価値ありです）。

Issenberg, S. (2012). *The Victory Lab: The Secret Science of Winning Campaigns*. New York: Crown Books.

⬇人が外集団と同じ選択をしないようにすることを調査した研究については，以下を参照。

Berger, J., & Heath, C. (2008). Who drives divergence? Identity signaling, outgroup dissimilarity, and the abandonment of cultural tastes. *Journal of Personality and Social Psychology*, 95(3), 593.

3　社会規範の効果的な利用法

⬇「くしゃみ」の研究については以下を参照。

Blanton, H., Stuart, A. E., & Van den Eijnden, R. J. J. M. (2001). An introduction to deviance-regulation theory: The effect of behavioral norms on message framing. *Personality and Social Psychology Bulletin*, 27(7), 848–858. doi:10.1177/0146167201277007

⬇健康的な習慣の研究については以下を参照。

Blanton, H., Van den Eijnden, R. J. J. M., Buunk, B. P., Gibbons, F. X., Gerrard, M., & Bakker, A. (2001). Accentuate the negative: Social images in the prediction and promotion of condom use. *Journal of Applied Social Psychology*, 31(2), 274–295. doi:10.1111/j.1559-1816.2001. tb00197.x

4　わずかな環境の変化がもたらす大きなパワー

⬇ジェイムズ・ウィルソンとジョージ・ケリングの割れ窓理論についての詳細は，以下を参照。

Wilson, J., & Kelling, G. (1982). Broken windows. *Atlantic Monthly*, 249(3), 29–38.

⬇ケイゼルたちの研究についてはすべて以下を参照。

Keizer, K., Lindenberg, S., & Steg, L. (2008). The spreading of disorder. *Science*, 322 (5908), 1681–1685. doi:10.1126/science.1161405

⬇望ましい行動の促進についての研究は以下を参照。

Keizer, K., Lindenberg, S., & Steg, L. (2013). The importance of demonstratively restoring order. *PLOS ONE*, 8(6). e65137. doi:10.1371/journal.pone.0065137

⬇ポイ捨てを減らす研究は以下を参照。

Cialdini, R. B., Reno, R. R., & Kallgren, C. A. (1990). A focus theory of normative conduct: Recycling the concept of norms to reduce littering in public places. *Journal of Personality and Social Psychology*, 58(6), 1015.

5　名前が生み出す驚くべき効果

⬇ハリケーン被害への寄付の研究は以下を参照。

Chandler, J., Griffin, T. M., & Sorensen, N. (2008). In the "I" of the storm: Shared initials increase disaster donations. *Judgement and Decision Making*, 3(5), 404–410.

⬇アダム・オルターの『心理学が教える人生のヒント』については以下を参照。

Alter, A. (2013). *Drunk Tank Pink: The Subconscious Forces That Shape How We Think,*

Feel, and Behave. New York: Penguin.（アダム・オルター『心理学が教える人生のヒント』日経 BP 社，2013 年）
⬇カクテルパーティー効果の詳細は以下を参照。
Conway, A. R. A., Cowan, N., & Bunting, M. F. (2001). The cocktail party phenomenon revisited: The importance of working memory capacity. *Psychonomic Bulletin & Review*, 8(2), 331-335.
⬇好きなアルファベットの研究は以下を参照。
Nuttin, J. (1985). Narcissism beyond Gestalt and awareness: The name letter effect. *European Journal of Social Psychology*, 15, 353-361.
• 携帯メールの文面に受信者のファーストネームを入れるとすっぽかしが減ることを調べた研究は，イギリスの医師たちと経営コンサルタント会社 BDO（http://www.bdo.co.uk/）が実施した需要と処理能力に関するより広範な実験の一部であり，現在未刊行。
⬇罰金の支払いを要求する携帯メールに違反者のファーストネームを入れて送る効果を調べた研究については，以下を参照。
Behavioural Insights Team (2012). *Applying Behavioural Insights to Reduce Fraud, Error and Debt*. London: Cabinet Office.

6　共通点を探すことの大きなメリット

⬇サッカーファンの研究は以下を参照。
Levine, M., Prosser, A., & Evans, D. (2005). Identity and emergency intervention: How social group membership and inclusiveness of group boundaries shape helping behavior. *Personality and Social Psychology Bulletin*, 31(4), 443-453.
⬇アダム・グラントの『GIVE & TAKE「与える人」こそ成功する時代』については，すべて以下を参照。
Grant, A. (2013). *Give and Take：A Revolutionary Approach to Success*. New York: Viking.（アダム・グラント『GIVE & TAKE「与える人」こそ成功する時代』三笠書房，2014 年）

7　「よく知っている人」という思い込み

⬇好みの予測の研究は以下を参照。

Scheibehenne, B., Mata, J., & Todd, P. M. (2011). Older but not wiser: Predicting a partner's preferences gets worse with age. *Journal of Consumer Psychology*, 21(2), 184-191. doi:10.1016/j.jcps.2010.08.001

8　約束を守ってもらうためのスモール・ビッグ

⬇イギリスの医療機関のすっぽかしによって生じる全般的なコストについては，以下を参照。

BBC News. (2009, August). "No shows" cost the NHS millions. http://news.bbc.co.uk/1/hi/health/8195255.stm

⬇ビーチでの窃盗に関する研究は以下を参照。

Moriarty, T. (1975). Crime, commitment, and the responsive bystander: Two field experiments. *Journal of Personality and Social Psychology*, 31(2), 370–376. doi:10.1037/h0076288

⬇すっぽかしの減らし方を調べた研究は以下を参照。

Martin, S. J., Bassi, S., & Dunbar-Rees, R. (2012). Commitments, norms and custard creams: A social influence approach to reducing did not attends (DNAs). *Journal of the Royal Society of Medicine*, 105(3), 101–104. doi:10.1258/jrsm.2011.110250

9　行動力を倍加させる小さなコミットメント

• 私たちの著作『影響力の武器　実践編―「イエス！」を引き出す 50 の秘訣』については，「はじめに」欄を参照。

⬇ホテルのタオル使用に関する研究は以下を参照。

Goldstein, N. J., Cialdini, R. B., & Griskevicius, V. (2008). A room with a viewpoint: Using social norms to motivate environmental conservation in hotels. *Journal of Consumer Research*, 35(3), 472–482. doi:10.1086/586910

⬇ホテルでの環境保護に関連したコミットメントの効果を調べた研究は以下を参照。

Baca-Motes, K., Brown, A., Gneezy, A., Keenan, E. A., & Nelson, L. D. (2013). Commitment and behavior change: Evidence from the field. *Journal of Consumer Research*, 39(5), 1070–1084. doi:10.1086/667226

10　思わぬ逆効果を防ぐためのひと工夫

⬇お目こぼし《ライセンシング》効果の研究については以下を参照。

Catlin, J. R., & Wang, Y. (2013). Recycling gone bad: When the option to recycle increases resource consumption. *Journal of Consumer Psychology*, 23(1), 122–127. doi:10.1016/j.jcps.2012.04.001

11　従業員のやる気を高める簡単レシピ

⬇作業の意義の研究は以下を参照。

Grant, A. M. (2008). The significance of task significance: Job performance effects, relational mechanisms, and boundary conditions. *The Journal of Applied Psychology*, 93 (1), 108–124. doi:10.1037/0021-9010.93.1.108

12　「つながりが薄い人」の活用法

⬇視点取得の罠の研究は以下を参照。

Gunia, B. C., Sivanathan, N., & Galinsky, A. D. (2009). Vicarious entrapment: Your sunk costs, my escalation of commitment. *Journal of Experimental Social Psychology*, 45 (6), 1238–1244. doi:10.1016/j.jesp.2009.07.004

⬇評価を別の人間にさせることで過大評価を減らせると実証した研究は，以下を参照。

Pfeffer, J., Cialdini, R. B., Hanna, B., & Knopoff, K. (1998). Faith in supervision and self-enhancement bias: Two psychological reasons why managers don't empower workers. *Basic and Applied Social Psychology*, 20, 313–321.

13　目標到達へのプラン作りが導く確実な成果

⬇投票行動の研究は以下を参照。

Nickerson, D. W., & Rogers, T. (2010). Do you have a voting plan?: Implementation intentions, voter turnout, and organic plan making. *Psychological Science*, 21(2), 194–199. doi:10.1177/0956797609359326

⬇行動洞察チームが職業紹介所で行った研究は今後出版される報告書の主題となる。データに関しては以下を参照。

http://blogs.cabinetoffice.gov.uk/behavioural-insights-team/2012/12/14/new-bit-trial-results-helping-people-back-into-work/

⬇インフルエンザ予防接種の研究は以下を参照。

Milkman, K. L., Beshears, J., Choi, J. J., Laibson D., & Madrian, B. C. (2011). Using implementation intentions prompts to enhance influenza vaccination rates. *Proceedings of the National Academy of Sciences*, 108, 10415–10420.

14 「未来へのロックイン」が導くより良い選択

⬇人が将来の出来事についてどう考えるかを調べた調査は以下を参照。

Trope, Y., & Liberman, N. (2003). Temporal construal. *Psychological Review*, 110(3), 403.

⬇人が将来のことをどう考えどう感じるかに関するより広範な議論については，以下が大変有益。

Wilson, T. D., & Gilbert, D. T. (2003). Affective forecasting. *Advances in Experimental Social Psychology*, 35, 345–411.

⬇「未来のロックイン」というコミットメント戦略の研究は以下を参照。

Rogers, T., & Bazerman, M. H. (2008). Future lock-in: Future implementation increases selection of "should" choices. *Organizational Behavior and Human Decision Processes*, 106(1), 1–20. doi:10.1016/j.obhdp.2007.08.001

⬇「明日もっと貯蓄」プログラムの詳細は以下を参照。

Thaler, R., & Benartzi, S. (2004). Save more tomorrow™: Using behavioral economics to increase employee saving. *Journal of Political Economy*, 112(1), S164–S187.

15 「将来の自分」への義務感が人を動かす

⬇退職後に備えた貯金の研究は以下を参照。

Bryan, C. J., & Hershfield, H. E. (2012). You owe it to yourself: Boosting retirement saving with a responsibility-based appeal. *Journal of Experimental Psychology: General*, 141(3), 429.

⬇経年人相画を用いた研究については以下を参照。

Hershfield, H. E., Goldstein, D. G., Sharpe, W. F., Fox, J., Yeykelis, L., Carstensen, L. L., & Bailenson, J. N. (2011). Increasing saving behavior through age-progressed renderings of the future self. *Journal of Marketing Research*, 48(SPL), S23–S37.

⬇変化する部分があるにせよ，各個人のアイデンティティーの芯になる部分は変わらないと相手に思い出させることの効果については，以下を参照。

Bartels, D. M., & Urminsky, O. (2011). On inter-temporal selfishness: How the perceived instability of identity underlies impatient consumption. *Journal of Consumer Research*, 38(1), 182–198.

16　目標値の「幅」がやる気を誘う

⬇特定の数値目標と幅を持たせた数値目標を比較した実験は以下を参照。
Scott, M. L., & Nowlis, S. M. (2013). The effect of goal specificity on consumer goal reengagement. *Journal of Consumer Research*, 40(3), 444–459.
⬇人を説得して目標へ向かわせる要因についての詳細は以下を参照。
Oettingen, G., Bulgarella, C., Henderson, M., & Gollwitzer, P. M. (2004). The self-regulation of goal pursuit. In R. A. Wright, J. Greenberg, & S. S. Brehm (Eds.), *Motivational Analyses of Social Behavior: Building on Jack Brehm's Contributions to Psychology*. Mahwah, NJ: Erlbaum, 225–244.

17　「望ましい選択肢」を選んでもらう工夫

⬇強化能動選択の研究は以下を参照。
Keller, P., Harlam, B., Loewenstein, G., & Volpp, K. G. (2011). Enhanced active choice: A new method to motivate behavior change. *Journal of Consumer Psychology*, 21, 376–383.

18　「先延ばし」に対処するためのスモール・ビッグ

⬇商品券に関する研究は以下を参照。
Shu, S., & Gneezy, A. (2010). Procrastination of enjoyable experiences. *Journal of Marketing Research*, 47(5), 933–944.
⬇電子メールの招待状を使った調査は以下を参照。
Porter, S. R., & Whitcomb, M. E. (2003). The impact of contact type on web survey response rates. *Public Opinion Quarterly*, 67, 579–588.

19　待つ間の「苛立ち」を「楽しみ」に変える

⬇順番待ちに関する調査は以下を参照。
Janakiraman, N., Meyer, R. J., & Hoch, S. J. (2011). The psychology of decisions to abandon waits for service. *Journal of Marketing Research*, 48(6), 970–984.

20　「実績」に勝る「将来性」の魅力

⬇将来性と実績を比較した研究については以下を参照。

Tormala, Z. L., Jia, J. S., & Norton, M. I. (2012). The preference for potential. *Journal of Personality and Social Psychology*, 103(4), 567–583. doi:10.1037/a0029227

21 退屈な会議を一変させる四つの工夫

⬇スタッサーとタイタスの集団における意思決定に関する調査は以下を参照。

Stasser, G., & Titus, W. (1985). Pooling of unshared information in group decision making: Biased information sampling during discussion. *Journal of Personality and Social Psychology,* 48(6), 1467–1478. doi:10.1037//0022-3514.48.6.1467

⬇症例検査の研究は以下を参照。

Larson, J. R., Christensen, C., Franz, T. M., & Abbott, S. (1998). Diagnosing groups: The pooling, management, and impact of shared and unshared case information in team-based medical decision making. *Journal of Personality and Social Psychology*, 75(1), 93–108.

⬇アトゥール・ガワンデの著書『アナタはなぜチェックリストを使わないのか？』については，すべて以下を参照。

Gawande, A. (2009). *The Checklist Manifesto: How to Get Things Right*. New York: Metropolitan Books. (アトゥール・ガワンデ『アナタはなぜチェックリストを使わないのか？』晋遊舎，2011 年)

⬇座席の配列に関する調査については以下を参照。

Zhu, R., & Argo, J. J. (2013). Exploring the impact of various shaped seating arrangements on persuasion. *Journal of Consumer Research*, 40(2), 336–349. doi:10.1086/670392

22 成功を導く服の着こなし

⬇きちんとした服装がもつ強い影響力の詳細は以下を参照。

Bickman, L. (1974). The social power of a uniform. *Journal of Applied Social Psychology*, 4(1), 47–61.

⬇聴診器の研究は以下を参照。

Castledine, G. (1996). Nursing image: It is how you use your stethoscope that counts! *British Journal of Nursing*, 5(14), 882.

⬇交通規則を無視して道路を横断する歩行者の研究は以下を参照。

Lefkowitz, M., Blake, R. R., & Mouton, J. S. (1955). Status factors in pedestrain violation of traffic signals. *Journal of Abnormal Psychology*, 51(3), 704–706.

23　説得は「自分が何をどう話すか」より「相手が何を思うか」

⬇「認知反応モデル」の詳細は以下を参照。

Greenwald, A. G. (1968). Cognitive learning, cognitive response to persuasion, and attitude change. *Psychological Foundations of Attitudes*, 147–170.

⬇脳撮像を用いた研究は以下を参照。

Engelmann, J. B., Capra, C. M., Noussair, C., & Berns, G. S. (2009). Expert financial advice neurobiologically "offloads" financial decision-making under risk. *PLOS ONE*, 4(3), e4957. doi:10.1371/journal.pone.0004957

・医師紹介の仕方の工夫は，第 5 章で言及した需要と処理能力に関する研究の一環であり，現在未刊行。

24　「自信なさげな専門家」の意外性が生み出す説得力

⬇確信のある（ない）専門家に関する研究は以下を参照。

Karmarkar, U. R., & Tormala, Z. L. (2010). Believe me, I have no idea what I'm talking about: The effects of source certainty on consumer involvement and persuasion. *Journal of Consumer Research*, 36(6), 1033–1049.

25　センターに位置することの重み

⬇『もっとも弱い鎖《ザ・ウィーケスト・リンク》』と不注意の中心に関する研究は以下を参照。

Raghubir, P., & Valenzuela, A. (2006). Center-of-inattention: Position biases in decision-making. *Organizational Behavior and Human Decision Processes*, 99(1), 66–80. doi:10.1016/j. obhdp.2005.06.001

⬇チューイングガムなどを使った研究は以下を参照。

Raghubir, P., & Valenzuela, A. (2009). Position based beliefs: The center stage effect. *Journal of Consumer Psychology*, 19(2), 185–196.

26　創造的な思考を引き出す環境の力

⬇皿の大きさに関する研究は以下を参照。

Van Ittersum, K., & Wansink, B. (2012). Plate size and color suggestibility: The Delboeuf Illusion's bias on serving and eating behavior. *Journal of Consumer Research*, 39(2), 215–228.

⬇チップの研究は以下を参照。

McCall, M., & Belmont, H. J. (1996). Credit card insignia and restaurant tipping: Evidence for an associative link. *Journal of Applied Psychology*, 81(5), 609.

⬇投票の研究は以下を参照。

Berger, J., Meredith, M., & Wheeler, S. C. (2008). Contextual priming: Where people vote affects how they vote. *Proceedings of the National Academy of Sciences*, 105(26), 8846-8849.

⬇天井の高さに関する研究は以下を参照。

Meyers-Levy, J., & Zhu, R. (2007). The influence of ceiling height: The effect of priming on the type of processing that people use. *Journal of Consumer Research*, 34, 174-187.

27　交渉を有利に進める舞台設定

⬇ホームアドバンテージの研究は以下を参照。

Brown, G., & Baer, M. (2011). Location in negotiation: Is there a home field advantage? *Organizational Behavior and Human Decision Processes*, 114(2), 190-200. doi:10.1016/j.obhdp.2010.10.004

Courneya, K. S., & Carron, A. V. (1992). The home field advantage in sports competitions: A literature review. *Journal of Sport and Exercise Psychology*, 14, 13-27.

28　自信を引き出すスモール・ビッグ

⬇温かい飲み物と温かい気持ちに関する研究は以下を参照。

Williams, L. E., & Bargh, J. A. (2008). Experiencing physical warmth promotes interpersonal warmth. *Science*, 322(5901), 606-607

⬇活力が呼び水となることに関する研究は以下を参照。

Lammers, J., Dubois, D., Rucker, D. D., & Galinsky, A. D. (2013). Power gets the job: Priming power improves interview outcomes. *Journal of Experimental Social Psychology*, 49(4), 776-779. doi:10.1016/j. jesp.2013.02.008

⬇のびのびとした姿勢を取ると感じられるパワーが強まることを示す研究に関しては，以下を参照。

Carney, D. R., Cuddy, A. J. C., & Yap, A. J. (2010). Power posing: Brief nonverbal displays cause changes in neuroendocrine levels and risk tolerance. *Psychological Science*, 21, 1363-1368.

29 「愛こそはすべて」を実践する

⬇歩行者を対象に実施した研究は以下を参照。

Fischer-Lokou, J., Lamy, L., & Guéguen, N. (2009). Induced cognitions of love and helpfulness to lost persons. *Social Behavior and Personality*, 37, 1213-1220.

⬇「寄付＝愛」の研究については以下を参照。

Guéguen, N., & Lamy, L. (2011). The effect of the word "love" on compliance to a request for humanitarian aid: An evaluation in a field setting. *Social Influence*, 6(4), 249-58. doi:10.1080/15534510.2011.627771

⬇ハート型のプレートに関する研究は以下を参照。

Guéguen, N. (2013). Helping with all your heart: The effect of cardioid dishes on tipping behavior. *Journal of Applied Social Psychology*, 43(8), 1745-9. doi:10.1111/jasp.12109

30 喜ばれるプレゼントの選び方

⬇プレゼントに関する研究は以下を参照。

Gino, F., & Flynn, F. J. (2011). Give them what they want: The benefits of explicitness in gift exchange. *Journal of Experimental Social Psychology*, 47(5), 915-22. doi:10.1016/j.jesp.2011.03.015

31 生産性も高める「上手な」親切

⬇親切に関する研究は以下を参照。

Flynn, F. J. (2003). How much should I give and how often? The effects of generosity and frequency of favor exchange on social status and productivity. *Academy of Management Journal*, 46(5), 539-53. doi:10.2307/30040648

32 感謝の表明はやる気を高める隠れた一手

⬇感謝に関する研究は以下を参照。

Grant, A. M., & Gino, F. (2010). A little thanks goes a long way: Explaining why gratitude expressions motivate prosocial behavior. *Journal of Personality and Social Psychology*, 98, 946-955.

33　意外性が生み出す意外な効果

⬇スティール牧師と彼の「資金放出」の詳細は以下を参照。
http://www.bbc.co.uk/news/uk-22012215
⬇レストランのチップに関する研究は以下を参照。
Strohmetz, D. B., Rind, B., Fisher, R., & Lynn, M. (2002). Sweetening the till: The use of candy to increase restaurant tipping. *Journal of Applied Social Psychology*, 32(2), 300–309.
⬇買物客が予期せぬ割引券に対してより好意的な反応を示すことを明らかにした研究に関しては，以下を参照。
Heilman, C. M., Nakamoto, K., & Rao, A. G. (2002). Pleasant surprises: Consumer response to unexpected in-store coupons. *Journal of Marketing Research*, 242–252.

34　助けが必要なとき、まず何をすべきか？

⬇手助けを求めることに関する研究は以下を参照。
Flynn, F. J., & Lake, V. K. B. (2008). If you need help, just ask: Underestimating compliance with direct requests for help. *Journal of Personality and Social Psychology*, 95(1), 128–143. doi:10.1037/0022-3514.95.1.128
⬇助けが必要ならそう言ってくるという見込みが過大に見積もられる傾向に関する研究は，以下を参照。
Bohns, V. K., & Flynn, F. J. (2010). "Why didn't you just ask?": Underestimating the discomfort of help-seeking. *Journal of Experimental Social Psychology*, 46(2), 402–409.

35　最初の提示が交渉を制する

⬇交渉で最初の提案を行うことに関する研究は以下を参照。
Galinsky, A., & Mussweiler, T. (2001). First offers as anchors: The role of perspective-taking and negotiator focus. *Journal of Personality and Social Psychology*, 81(4), 657–669. doi:10.1037/0022-3514.81.4.657

36　提示額につけた端数の絶妙な効果

⬇端数を含む提示額に関する研究は以下を参照。
Mason, M. F., Lee, A. J., Wiley, E. A., & Ames, D. R. (2013). Precise offers are potent anchors: Conciliatory counteroffers and attributions of knowledge in

negotiations. *Journal of Experimental Social Psychology*, 49 (4), 759–763. doi:10.1016/j.jesp.2013.02.012

37 あなどってはいけない「左端」の数字

⬇価格の末尾を端数にしたり 99 セントにしたりする慣習の起源に関する有益な解説は，以下を参照。

Gendall, P., Holdershaw, J., & Garland, R. (1997). The effect of odd pricing on demand. *European Journal of Marketing*, 31 (11/12), 799–813.

⬇ 99 で終わる価格に関する研究は以下を参照。

Gaston-Breton, C., & Duque, L. (2012). Promotional benefits of 99-ending prices: The moderating role of intuitive and analytical decision style. In Proceedings of the 41st Conference of the European Marketing Academy (EMAC). Lisbon, Portugal.

⬇水準低減効果についての詳細は以下を参照。

Stirving, M., & Winer, R. (1997). An empirical analysis of price ending with scanner data. *Journal of Consumer Research*, 24, 57–67.

⬇ペンを用いた研究は以下を参照。

Manning, K. C., & Sprott, D. E. (2009). Price endings, left-digit effects, and choice. *Journal of Consumer Research*, 36 (2), 328–335. doi:10.1086/597215

38 注文《オーダー》が増える順番《オーダー》の秘密

⬇品目と価格の表示順に関する研究は以下を参照。

Bagchi, R., & Davis, D. F. (2012). $29 for 70 items or 70 items for $29?: How presentation order affects package perceptions. *Journal of Consumer Research*, 39 (1), 62–73. doi:10.1086/661893

39 特典付加の思わぬ逆効果

⬇付加効果と平均化効果の対立に関する研究は以下を参照。

Weaver, K., Garcia, S. M., & Schwarz, N. (2012). The presenter's paradox. *Journal of Consumer Research*, 39 (3), 445–460. doi:10.1086/664497

⬇「ザッツ・ノット・オール」アプローチの研究は以下を参照。

Burger, J. M. (1986). Increasing compliance by improving the deal: The that's-not-all technique. *Journal of Personality and Social Psychology*, 51 (2), 277–283. doi:10.1037/0022-3514.51.2.277

40　個に注目させる「ユニットアスキング」

⬇寄付の研究は以下を参照。

Hsee, C. K., Zhang, J., Lu, Z. Y., & Xu, F. (2013). Unit asking: A method to boost donations and beyond. *Psychological Science*, 24(9), 1801-1808. doi:10.1177/0956797613482947

41　個を識別する工夫で得られる確実な効果

⬇ CT スキャンのデータに写真を添付する効果の詳細は以下を参照。

Wendling, P. (2009). Can a photo enhance a radiologist's report? *Clinical Endocrinology News*, 4(2), 6.

⬇この話題を扱った素晴らしい記事が以下で読める。

http://www.nytimes.com/2009/04/07/health/07pati.html

⬇寄付における「識別可能な犠牲者」のもつ効果に関する詳細は以下を参照。

Small, D. A., & Loewenstein, G. (2003). Helping the victim or helping a victim: Altruism and identifiability. *Journal of Risk and Uncertainty*, 26(1), 5-16.

⬇医療的な判断に対して「識別可能な犠牲者」がもつ効果に関しては以下を参照。

Redelmeier, D. A., & Tversky, A. (1990). Discrepancy between medical decisions for individual patients and for groups. *The New England Journal of Medicine*, 322, 1162-1164.

⬇「識別可能な介入」がもつ効果の研究については以下を参照。

Cryder, C. E., Loewenstein, G., & Scheines, R. (2013). *The donor is in the details. Organizational Behavior and Human Decision Processes*, 120(1), 15-23. doi:10.1016/j.obhdp.2012.08.002

42　機会費用を利用して決定を後押し

⬇機会費用の無視に関する研究は以下を参照。

Frederick, S., Novemsky, N., Wang, J., Dhar, R., & Nowlis, S. (2009). Opportunity cost neglect. *Journal of Consumer Research*, 36(4), 553-561. doi:10.1086/599764

43　「もう何個」と「あと何個」の賢い使い分けは？

⬇ポイント制プログラムの研究は以下を参照。

Koo, M., & Fishbach, A. (2012). The small-area hypothesis: Effects of progress monitoring on goal adherence. *Journal of Consumer Research*, 39(3), 493–509. doi: 10.1086/663827

44　「自由」より「制限」が目標達成を後押しする不思議

⬇ヨーグルトの研究は以下を参照。

Jin, L., Huang, S., & Zhang, Y. (2013). The unexpected positive impact of fixed structures on goal completion. *Journal of Consumer Research*, 40(4), 711–725.

45　「分ける」だけで価値を高め負担を減らす

⬇報酬を二つのカテゴリーに分けることの研究は以下を参照。

Wiltermuth, S., & Gino, F. (2013). "I'll have one of each": How separating rewards into (meaningless) categories increases motivation. *Journal of Personality and Social Psychology*, 104(1), 1–13.

⬇大きい借金ではなく小さな借金から返済しようとするしばしば有害な傾向は，以下を参照。

Amar, M., Ariely, D., Ayal, S., Cryder, C., & Rick, S. (2011). Winning the battle but losing the war: The psychology of debt management. *Journal of Marketing Research*, 48 (SPL), S38–S50.

46　一歩引いて眺めるだけのスモール・ビッグ

⬇物理的距離の影響力に関する研究は以下を参照。

Thomas, M., & Tsai, C. I. (2012). Psychological distance and subjective experience: How distancing reduces the feeling of difficulty. *Journal of Consumer Research*, 39(2), 324–340. doi:10.1086/663772

47　他人の失敗から学ぶ成功への大きな一歩

⬇否定的な情報に関する研究の概説は以下を参照。

Baumeister, R. F., Bratslavsky, E., Finkenauer, C., & Vohs, K. D. (2001). Bad is

stronger than good. *Review of General Psychology*, 5(4), 323–370. doi:10.1037//1089-2680.5.4.323

48　失敗を生かして成功の糧に

⬇人間の寿命の研究の詳細は以下を参照。

Seery, M. D., Holman, E. A., & Silver, R. C. (2010). Whatever does not kill us: Cumulative lifetime adversity, vulnerability, and resilience. *Journal of Personality and Social Psychology*, 99, 1025–1041.

⬇エラー・マネジメント・トレーニングに関する研究は以下を参照。

Keith, N., & Frese, M. (2008). Effectiveness of error management training: A meta-analysis. *Journal of Applied Psychology*, 93, 59–69.

⬇カスタマー・エクスペリエンスの記事は以下を参照。

Schrange, M. (2004, September). The opposite of perfect: Why solving problems rather than preventing them can better satisfy your customers. *Sales & Marketing Management*, 26.

49　ネットのレビューに信頼を与えるひと工夫

⬇レビュー投稿のタイミングが口コミに与える影響については以下を参照。

Chen, Z., & Lurie, N. (2013). Temporal contiguity and negativity bias in the impact of online word-of-mouth. *Journal of Marketing Research*, 50(4), 463–476.

50　メールの書き方ひとつで変わる交渉結果

⬇ユーモアに関する二件の研究は以下を参照。

Kurtzberg, T. R., Naquin, C. E., & Belkin, L. Y. (2009). Humor as a relationship-building tool in online negotiations. *International Journal of Conflict Management*, 20(4), 377–397. doi:10.1108/10444060910991075

⬇交渉前に個人的な情報を明かすことの効果に関する研究は以下を参照。

Moore, D., Kurtzberg, T., Thompson, L., & Morris, M. (1999). Long and short routes to success in electronically mediated negotiations: Group affiliations and good vibrations. *Organizational Behavior and Human Decision Processes*, 77(1), 22–43. doi:10.1006/obhd.1998.2814

⬇ペットのカエルというジョークを使った研究は以下を参照。

O'Quinn, K., & Aronoff, J. (1981). Humor as a technique of social influence. *Social*

Psychology Quarterly, 44 (4), 349–357.

51　触れるだけで高まるモノの価値

⬇触れることに関する研究は以下を参照。
Peck, J., & Shu, S. B. (2009). The effect of mere touch on perceived ownership. *Journal of Consumer Research*, 36 (3), 434–447. doi:10.1086/598614

52　ラストシーンは美しく豊かに

⬇大腸内視鏡検査に関する研究は以下を参照。
Redelmeier, D., Katz, J., & Kahneman, D. (2003). Memories of colonoscopy: A randomized trial. *Pain*, 104 (1–2), 187–194.

53　おまけの章

⬇保健センターのすっぽかしに関する研究については以下を参照。
Martin, S. J., Bassi, S., & Dunbar-Rees, R. (2012). Commitments, norms and custard creams: A social influence approach to reducing did not attends (DNAs). *Journal of the Royal Society of Medicine*, 105 (3),101–104.

⬇社会規範とインセンティブを組み合わせた研究については以下を参照。
Dolan, P., & Metcalfe, R. (2013). *Neighbors, Knowledge, and Nuggets: Two Natural Field Experiments on the Role of Incentives on Energy Conservation*, (CEP discussion paper no. 1222). Centre for Economic Performance, London School of Economics.

⬇ここで論じられている三つの根源的な欲求に関する詳細は以下を参照。
Cialdini, R. B., & Goldstein, N. J. (2004). Social influence: Compliance and conformity. *Annual Review of Psychology*, 55, 591–621.

⬇利己的な訴えと利他的な訴えを組み合わせることに関する実験の詳細は以下を参照。
Feiler, D. C., Tost, L. P., & Grant, A. M. (2012). Mixed reasons, missed givings: The costs of blending egoistic and altruistic reasons in donation requests. *Journal of Experimental Social Psychology*, 48 (6), 1322–1328.

⬇訴えに含める主張の数は「三つ」が最も良いことを示す研究は以下を参照。
Shu, S. B., & Carlson, K. A. (2014). When three charms but four alarms: Identifying the optimal number of claims in persuasion settings. *Journal of Marketing*, 78 (1), 127–139.

ロバート・B・チャルディーニ博士

職業人生のすべてを影響力の科学的研究に捧げ，説得，承諾および交渉の分野のエキスパートとして国際的な名声を博している。現在，アリゾナ州立大学の心理学およびマーケティングの指導教授。

ベストセラーとなった著書だけでなく，その画期的な研究は，一流の科学学術誌，テレビ，ラジオ，そして世界中の企業や新聞で取り上げられてきた。

世界中で研修，講演，資格認定を行う会社インフルエンス・アット・ワークの代表も務める。

また，現在，影響と説得の分野において，最も引用回数が多い存命の社会心理学者である。

アメリカ，アリゾナ州フェニックス在住。

著者紹介

スティーブ・J・マーティン

作家，ビジネスコラムニスト，インフルエンス・アット・ワーク（UK）常務取締役。行動科学を公共部門・民間企業が抱える課題に応用したその研究は，BBC テレビおよび BBC ラジオ，MSNBC，タイムズ，ニューヨーク・タイムズ，ロサンゼルス・タイムズ，ワイアード，ハーバード・ビジネス・レビューといった世界各地の放送媒体，および紙媒体で取り上げられている。また月刊連載のビジネスコラムは，毎月 250 万人以上に読まれている。

彼は一流の講演者であり，一流のコンサルタントでもあるため，世界中から依頼が舞い込んでいる。ロンドン・ビジネス・スクール，カス・ビジネス・スクール，ケンブリッジ大学ジャッジ・ビジネス・スクールの企業幹部用教育プログラム特別講師を務める。

イギリス，ロンドン在住。

ノア・J・ゴールドスタイン博士

UCLA アンダーソン・スクール・オブ・マネージメント准教授（専門はマネジメント論，組織論，心理学，医学)。シカゴ大学ブース・ビジネス・スクール元職員。

優秀な教育者として，また研究者として，いくつもの賞を受賞。

説得と影響力に関する研究と著述は，多くの一流ビジネス誌に掲載されている。ゴールドスタインの説得に関する業績は，ハーバード・ビジネス・レビューの「2009 年革新的なアイデアリスト」に掲載されるとともに，ニューヨーク・タイムズ，ウォール・ストリート・ジャーナル，ナショナル・パブリック・ラジオなどの一流ニュース機関で，何度も取り上げられている。多くの団体で講演やコンサルタント業務を行う一方，フォーチュン・グローバル 500 に選出された企業二つで科学諮問委員を務める。

アメリカ，カリフォルニア州サンタモニカ在住。

監訳者紹介

安藤清志（あんどう　きよし）

1950 年　東京都に生まれる
1979 年　東京大学大学院人文科学研究科博士課程満期退学
東京女子大学文理学部教授を経て，
現　在　東洋大学社会学部社会心理学科教授
（専門　社会心理学）
編著書　『対人行動学研究シリーズ 6　自己の社会心理』（共編）誠信書房 1998 年，『社会心理学パースペクティブ 1～3』（共編）誠信書房 1989-90 年
訳　書　R. B. チャルディーニ『PRE-SUASION《プリスエージョン》――影響力と説得のための革命的瞬間』（監訳）誠信書房 2017 年，R. B. チャルディーニ『影響力の武器［第三版］――なぜ，人は動かされるのか』（共訳）誠信書房 2014 年，R. B. チャルディーニ他『影響力の武器 実践編［第二版］――「イエス！」を引き出す 60 の秘訣』（監訳）誠信書房 2019 年，J. H. ハーヴェイ『悲しみに言葉を――喪失とトラウマの心理学』誠信書房 2002 年

訳者紹介

曽根寛樹（そね　ひろき）

現　在　翻訳家
訳　書　R. B. チャルディーニ『PRE-SUASION《プリスエージョン》――影響力と説得のための革命的瞬間』誠信書房 2017 年，『ベスト・アメリカン・短編ミステリ 2012』（共訳）DHC 2012 年

スティーブ・J・マーティン，ノア・J・ゴールドスタイン，ロバート・B・チャルディーニ

影響力《えいきょうりょく》の武器《ぶき》　戦略編《せんりゃくへん》

——小《ちい》さな工夫《くふう》が生《う》み出《だ》す大《おお》きな効果《こうか》

2016年 7 月 15 日　第 1 刷発行
2020年 6 月 30 日　第 5 刷発行

監 訳 者　安 藤 清 志
発 行 者　柴 田 敏 樹
印 刷 者　日 岐 浩 和

発行所　株式会社　誠 信 書 房
〒112-0012　東京都文京区大塚 3-20-6
電話 03（3946）5666
http://www.seishinshobo.co.jp/

中央印刷　協栄製本

Printed in Japan
ISBN 978-4-414-30423-7　C0011